범죄수사 심리학

범죄자의 심리와 행동에 접근하기 위한
과학적 범죄수사기법을 말하다

오치 케이타 저 | 이미정 역

학지사

犯罪捜査の心理学―凶悪犯の心理と行動に迫るプロファイリングの最先端
WORDMAP HANZAISOUSA NO SHINRIGAKU
by Keita Ochi

역자 서문

해마다 쏟아져 나오고 있는 범죄를 소재로 한 영화와 드라마, TV 프로그램, 그리고 수십 종의 책들을 보면, 일반대중이 이 분야에 가지고 있는 관심이 어느 정도인지를 가늠할 수 있다. 그래서인지 최근 '범죄심리학'이라는 용어에 대해서 일반인들도 그리 낯설게 여기지 않는 것 같다. 그것의 학문적 실체가 무엇이든지 간에, 대개의 사람들에게 범죄심리학이라는 것은 영화나 드라마의 한 장면으로, 특정 인물이나 사건의 이미지로, 또는 자신의 경험의 일부 등으로 기억되고 있을 것이다.

자고 일어나면 연일 마주하는 끔찍한 사건사고들, 갈수록 더 가망이 없어지는 듯한 인간의 흉악한 범행에 사람들은 경악하고, 공분하고, 때론 절망하기도 한다. 한편으로는 범죄사건에 대한 지나친 언론보도와 그것을 무분별하게 확대·소비하는 대중, 그리고 그러한 정보들을 악용하거나 모방하는 부작용이 심각하게 우려되기도 하나, 다른 한편으로는 사람들이 더 이상 범죄사건을 간접적으로 전해 듣는 것에 그치지 않고, 범죄사건의 실체적 진실과 해결방안을 찾는 데 적극적으로 참여하는 긍정적인 모습을 발견하기도 한다. 그만큼 오늘날 범죄는 우리 모두의 일이 되어 버렸다.

　그동안 범죄심리학은 시대적 변화와 요구에 따라 범죄사건을 이해하고 해결하는 데 심리학적 지식과 원리를 적용해 왔으며, 그 범위와 성질은 계속 변화·발전되고 있다. 인간의 범죄행동에 대해 단순히 "왜?"라는 질문을 넘어, 그것이 "어떻게?" 가능한지에 대한 합리적이고 과학적인 증거를 제시하도록 요구받고 있는 것이다. 오늘날 그것은 범죄수사를 지원하기 위한 '수사심리학'이나, 공정한 판결을 내리기 위한 '재판심리학', 또는 '법심리학' 등으로 분화·발전되었다. 이처럼, 범죄심리학이라는 학문은 범죄원인론의 연대기를 넘어, 범죄사건의 실질적 해결에 기여할 수 있는 구체적이고 실용적인 학문으로 우리의 삶에 더 가까이 다가서고 있는 중인지도 모르겠다.

　이 책은 범죄사건 정보를 수집·분석하여 범죄행동을 예측하기 위한 방법을 개발하고 향상시킴으로써, 범죄수사를 직접적으로 지원하고자 하는 '수사심리학'에 초점을 맞추고 있다. 이 분야의 저서는 그리 많지도 않을뿐더러 그동안 국내에는 주로 영미국가의 저서와 연구들이 소개되어 왔는데, 강의교재로 삼을 만한 적절한 저서를 발견하기 어려워 고심하다가, 풍부한 사례와 연구 동향을 통해 수사심리학을 간명하게 소개하고 있는 이 책을 발견하고 번역하게 되었다. 특히 우리나라와 일본은 범죄의 발생추세나 경향뿐만 아니라, 법제도 및 정서문화적인 측면에서 매우 유사한 점이 많기 때문에, 이 책에서 소개되는 일본의 범죄사건이나 연구결과들의 상당 부분이 우리나라의 상황과 부합하여 많은 시사점을 줄 수 있을 것이라고 생각한다. 이 책을 통해 국내에도 수사심리학이 더 널리 알려지고 연구되는 동시에, 가까운 일본의 수사기법 및 연구 동향을 상호 참고하고 교류할 수 있는 기회가 되기를 바란다.

수사심리학은 그 짧은 역사만큼이나 아직까지 국내에는 생소한 학문이고, 연구성과들이 조금씩 축적되고 있는 단계이다. 이 책에서는 수사심리학의 발전을 주도해 온 영미국가의 연구 동향과 함께 일본의 현황과 성과를 매우 간단명료하게 정리하여 설명하고 있다. 그러나 국내 독자들에게는 이러한 내용만으로 아쉬운 부분이 있을 것이다. 따라서 우리나라의 연구 동향도 간단히 소개하고자, 각 장마다 '역자주'를 통해 보충설명을 하거나 참고자료 목록을 추가하였다[추가된 역자주는 본문에 *(별표)로 표시하였다].

이와 더불어, 범죄수사심리 관련 용어들이 주로 번역되어 사용되다 보니 연구자들마다 서로 다른 용어로 지칭하는 경우가 있어 독자들에게 혼란을 줄 수 있다. 따라서 이 책에서는 그러한 용어들을 가급적 통일적으로 정리하는 한편, 형사사법 분야에서 쓰이고 있는 일본식 용어와 번역투를 최대한 순화시키고자 노력하였다. 이러한 부분들이 형사사법 계통의 전공자나 실무자뿐 아니라 일반대중에게 범죄수사 심리학을 보다 쉽고 체계적으로 이해하는 데 조금이나마 도움을 줄 수 있기를 바란다.

지금부터 딱 1년 전 일본 연수기간 중 느닷없는 방문요청에도, 낯선 한국인 연구자를 반갑게 맞아주셨던 오치 교수님께 이 자리를 빌려 진심으로 감사드린다. 저자와의 짧은 만남이 번역을 완주하는 고달픈 시간을 견딜 수 있도록 용기와 열정을 불어넣어 주었던 것 같다. 또한

3개월간의 긴 교정기간을 포함하여 이 책이 출간되기까지 놓치는 부분 없도록 세심한 도움을 주신 학지사의 백소현 차장님을 비롯한 관계자 여러분께도 깊이 감사드린다.

마지막으로, 한 계절을 더 함께 보내지 못하고 일찍 하늘로 떠나셨지만 곁에 계실 때보다 더 자주 생각나는 아버지와, 고난의 순간에도 희망과 기쁨을 안겨주는 사랑하는 우리 가족들, 그리고 마음으로 응원과 지지를 보내 주셨던 고마운 많은 분들께 이 책을 바친다.

2017년 8월
이미정

저자 서문

이 책은 범죄심리학 분야 가운데에서 특히, 범죄수사와 관련된 분야인 '수사심리학'의 주요 연구주제들에 대해 설명한 것이다. 저자는 『사례로 배우는 범죄심리학』과 『범죄심리학의 절차와 적용』등의 저서를 출간한 바 있으나, 이 책에서는 범죄수사에 대한 보다 심층적인 내용과 최신 정보를 최대한 수록하고자 하였다. 범죄심리학에 대한 입문 단계의 지식을 가진 사람은 '중급' 지식을 습득하기 위한 하나의 방법으로서 이 책을 접해 볼 수 있을 것이다. 물론 대학 및 대학원에서도 범죄심리학과 관련된 심화 강의에 이 책을 교재나 참고서로 활용할 수 있을 것이다.

그동안 형사사법체계의 일선에서 활동하고 있는 경찰수사관 및 기타 공안직 공무원들과 경찰수사 및 범죄추리물의 마니아층, 외국 범죄드라마의 팬과 작가, 그리고 언론매체기관 등에서 범죄수사 심리학 분야에 관한 최신 범죄지식을 알고 싶다는 요청이 있었다. 또한 매일 보도되는 새로운 형태의 범죄사건을 접하는 일반인들은 '도대체 왜 그러한 사건이 발생하는가?' '이러한 사건은 도대체 어떤 사람이 저지르는가?' '경찰은 어떠한 방법으로 이러한 사건을 수사하고 있는가?' 등의 의문을 가질 수 있을 거라 생각한다. 따라서 사전지식이 거의 없는 일반 독자들도 이 책을 읽고 최신 정보를 이해할 수 있도록 내용을 구성하였다. 이 책은 처음부터 순서대로 읽지 않아도 자신이 알고 싶은 부분만 읽고 이해할 수 있도록 목차의 각 항목을 독립적으로 구성하였다.

이 책의 구성은 크게 두 부분으로 나뉜다. 제1부에서는 '범죄수사의 심리학'이라는 제목으로, 프로파일링이나 폴리그래프, 피의자 신문, 인질협상 등 수사심리학과 관련된 다양한 수사기법의 개요와 현황, 문제점 및 최근 연구에 대해 설명하였다. 제2부는 '범죄자의 특성과 행동패턴'이라는 제목으로, 연쇄살인과 다중살인, 테러리즘, 강간, 강도 등 여러 가지 범죄유형별 범인의 특징과 범행동기, 행동 특성에 대해 설명하였다. 1부와 2부 모두 실제사건을 예로 들면서 설명하였는데, 이것은 독자들이 보다 생생한 사례를 통해 이론과 연구내용을 이해할 수 있도록 돕고 싶었기 때문이다. 이 책은 아직까지 부족한 부분이 있지만, 현재로서는 범죄수사 심리학에 대한 꽤 유용한 최신 개괄서를 완성하였다는 점에서 자부심을 느낀다.

이 책은 신요사(新曜社)의 모리미츠 유우 씨의 적극적인 권유와 지지가 있었기에 세상에 나올 수 있었다. 또한 이 책을 집필하면서 호세이(法政)대학 범죄심리학연구실 대학원생 여러분에게 많은 조언을 받았다. 그들의 도움이 없었다면 이 책은 완성되지 못했을 것이다. 이들 모두에게 감사드린다.

범죄심리학은 범죄라는 인간의 어두운 면에 초점을 맞추는 연구분야로서, TV 드라마에서 활약하는 멋진 프로파일러들과는 달리 화려하기보다 묵묵하고 충직한 분야라고 하겠다. 또한 범죄를 사회에서 최대한 감소시키고, 피해자의 억울함을 풀어주며, 가해자를 교정하여 사회복귀시키는 중요한 역할에 기여하고 있는 학문영역이기도 하다. 그러한 점에서 많은 사람들이 이 책을 통해 범죄심리학 분야에 관심을 갖고, 더 배우고 연구하고 싶다는 생각을 하게 된다면, 저자로서 큰 보람을 느낄 것이다.

2015년 11월
오치 케이타

차례

제1부 | 범죄수사의 심리학

제 1 부

범죄수사의 심리학

1

범죄심리학

무엇을 연구하는가?

❖ ❖ ❖

범죄심리학(Criminal psychology/Forensic psychology)은 범죄를 둘러
싼 인간행동의 다양한 측면을 과학적 · 실증적으로 연구하는 심리학
의 한 분야이다.[1][2] 범죄심리학의 범위를 폭넓게 해석하면, 다음과 같
은 하위영역으로 구분할 수 있다.*

범죄원인론[3]은 범죄의 원인을 규명하고자 하는 연구분야이다. 범죄
원인론 중에는 범죄행동이 유전에 의한 것인지, 두뇌의 호르몬이나
신경전달물질의 이상과 관련된 것인지, 범죄자의 두뇌에 어떠한 특징
이 있는지 등을 연구하는 생물학적 접근법과, 사회경제적 격차나 사

---

1) 범죄심리학과 관련된 가장 중요한 분야는 범죄학(Criminology)이다. 범죄학은 주로
   사회학적 방법론을 통해 범죄현상을 규명하는 학문으로, 특히 비행현상에 대한 주요
   이론들을 규명해 왔다. 사회통제이론, 차별적 접촉이론 등이 그 대표적 이론들이다.
2) 법학과에서 가르치고 있는 '형사정책' '형사학' 등의 과목은 범죄에 대한 사회과학적 지
   식을 바탕으로 형사사법제도의 구조 및 법제에 대해 탐구하는 학문이다.
3) 大渕憲一(2006). 『犯罪心理学: 犯罪の原因をどこに求めるのか』. 培風館.

회계층, 지역 특성이나 친구관계가 범죄와 어떠한 관련이 있는지를 조사하는 사회학적 접근법, 그리고 성격과 범죄성의 관계, 폭력적인 TV프로그램이나 게임의 시청과 공격성의 관계, 양육태도나 부모관계와 자녀의 비행과의 관련성 등 심리학적 요인에 대해 연구하는 심리학적 접근법이 있다.

수사심리학은 심리학적 지식을 활용하여 범죄수사를 지원하기 위한 연구분야이다. 범죄현장에서 범인의 특성을 추정하는 범죄자 프로파일링, 범인의 거주지와 추가 범행지점을 예측하는 지리적 프로파일링, 피의자 및 목격자에 대한 효과적인 신문기법, 거짓말이나 정신질환, 기억상실 등의 허위탐지 기법, 인질협상에서 범인설득 및 현장진입 시기의 결정 등과 관련된 연구가 이루어지고 있다.

재판심리학(법정심리학)[4]은 공정한 판결을 내리기 위해 재판절차에 심리학 지식을 응용하여 활용하는 분야이다. 배심원이나 재판원의 수 또는 평의형식의 검토, 증인심문 기법, 전문가 증언 방법, 목격증언의 신뢰성 검증 및 감정 등에 대한 연구가 수행되고 있다. 일본에서는 이 분야를 '법과 심리학'이라고 지칭하는 경우가 많다. 또한 정신감정은 사건 피의자나 피고인에게 책임능력이 있는지를 진단하는 재판심리학과 밀접한 관계가 있는 분야이지만, 범죄자의 책임능력이 정신질환 유무와 관련된 경우가 많기 때문에 범죄심리학보다는 주로 범죄정신의학의 영역으로 간주되고 있다. 따라서 일본에서는 범죄자의 정신감정에 관한 교육을 주로 의학부에서 실시하고 있다.[**]

---

4) 藤田政博(編)(2013). 『法と心理学』. 法律文化社.

교정심리학[5]은 소년원이나 교도소 재소자에 대한 교정교육이나 상담 등 전과자의 사회복귀 지원을 연구하고 실행하는 분야이다. 많은 선진국에서는 범죄자를 교도소에 격리하고 교육시킴으로써 재범을 저지르지 않도록 하는 교육형주의를 행형의 주요 이념으로 삼고 있다. 수형자들을 교육하기 위해서는 성인 및 소년 수형자의 성격특성이나 범죄 원인에 대한 평가가 선행되는 것이 중요한데 이 부분을 담당하는 것이 교정 및 사회복귀를 전문으로 하는 심리학자이다. 일본에서는 소년원이나 소년감별소, 교도소 등의 시설내 처우에 대해 주로 연구하는 분야를 '교정심리학', 보호관찰 등의 사회내 처우를 연구하는 분야를 '사회복귀심리학'으로 구분하기도 한다.***

　　범죄예방심리학[6]은 범죄를 예방하기 위한 방법을 연구하는 분야이다. 범죄를 예방하기 위해서는 범죄자의 행동을 파악할 필요가 있으며, 그러한 지식을 통해 효과적인 범죄예방 기법을 개발하는 것이다. 이 분야에서 가장 오랜 역사를 가지고 있는 것이 주거설계 및 도시계획을 통해 범죄를 감소시키고자 하는 환경범죄심리학이다. 그 밖에 아동을 범죄로부터 보호하기 위한 범죄예방 교육도 이 분야의 하나이다.

---

5) 藤岡淳子(編)(2007). 『犯罪・非行の心理学』. 有斐閣; 犬塚石夫・松本良枝・進藤眸(編)(2004). 『矯正心理学: 犯罪・非行からの回復を目指す心理学 上・下』. 東京法令出版; 法務省矯正研修所(編)(2013). 『矯正心理学』. 矯正協会; 矯正協会(編)(2014). 『研修教材矯正心理学』. 矯正協会.

6) Sherman, L. W. et al. (Eds.)(2002). *Evidence-based crime prevention*. Routledge. [L・W・シャーマンほか(編)/津冨宏・小林寿一(監訳). 島田貴仁 ほか(訳)(2008). 『エビデンスに基づく犯罪予防』. 社会安全研究財団; 羽生和紀(2005). 「犯罪環境心理学」. 越智啓太(編), 『犯罪心理学』. 朝倉書店.

피해자심리학[7]은 범죄피해자들을 대상으로 상담하는 임상심리학의 한 분야이다. 그동안 형사사법관련 연구 및 행정은 가해자나 피의자의 권리를 보호하고 그들의 사회복귀를 지원하는 것을 목적으로 실시되어 온 것에 비해, 피해자는 거의 주목받지 못했다. 그러나 최근 이에 대한 비판이 제기되어, 피해자 보호에 대한 연구 및 지원활동이 이루어지게 되었다. 범죄피해자는 ASD(급성스트레스 장애)나 PTSD(외상후 스트레스 장애)를 경험하는 경우가 많기 때문에, 이러한 증상에 대한 평가나 심리치료방법은 피해자심리학의 주요 연구분야가 되어 왔다. 이 밖에도 범죄피해 직후의 사회복지 서비스나 법적 절차 등에 대한 연구들이 실시되고 있다.****

이러한 범죄심리학 분야 중 일본에서 가장 많은 연구자 및 실무자를 보유하고 있는 것이 교정심리학이다. 일본 범죄심리학회 회원의 상당수가 이 분야를 연구대상으로 하고 있으며, 법무성 관할의 소년원, 소년감별소, 교도소 등에 근무하고 있다.

한편, 지금까지 범죄심리학의 방법론으로 임상심리학적 연구방법이 많이 사용되었다. 본래 범죄라는 행위는 범죄자 개개인의 고유한 성질을 담고 있는 것이어서, 이를 평균화하거나 범주화하는 것이 그다지 적합하지 않다고 여겨졌기 때문이다. 또한 범죄심리학이라는 학문이 비행소년이나 범죄자 개개의 특성에 대한 조사와 개별화된 처우를 실시하는 실무분야와 밀접한 관련이 있기 때문이기도 하다. 그러나 임상심리학적 연구방법을 통해 범죄와 관련된 일반 법칙을 이끌어

---

7) 小西聖子(2006). 『犯罪被害者の心の傷』, 増補新版. 白水社; 藤森和美(2001). 『被害者のトラウマとその支援』. 誠信書房.

내기에는 과학성이나 객관성 면에서 한계가 있으므로, 여러 가지 범죄데이터를 분석하는 계량적 연구방법이 활용되고 있다.[8] 이 밖에도 목격증언, 재판의 판결 절차에 관한 연구에 실험연구(experimental research) 방법을 활용하거나, 실제 도시환경에 범죄예방 기법을 도입하여 길거리범죄를 감소시키는 현장연구(field research) 방법 등이 활용되고 있다.

---

8) 이러한 연구를 근거중심 범죄심리학이라고 한다. 이에 대해서는 다음 문헌을 참고하기 바란다. 越智啓太(編)(2005). 『犯罪心理学』. 朝倉書店; 松浦直己(2015). 『非行·犯罪心理学: 学際的視座からの犯罪理解』. 明石書店; 原田隆之(2015). 『入門犯罪心理学』. ちくま新書.

* 범죄심리학(Criminal psychology)은 범죄원인의 심리학적 이해에 중점을 두는 연구영역으로, 법심리학(Forensic psychology)은 심리학적 지식을 법이나 형사 사법에 적용함으로써 실무상 다양한 범죄문제를 해결하는데 도움을 제공하는 측면에 중점을 두는 연구영역으로 구분할 수 있다. 그러나 범죄심리학을 광의의 개념으로 해석하면, 특정 범죄자의 심리기제를 연구하는 미시적 연구영역뿐만 아니라, 경찰, 법원, 교정단계를 포함한 형사사법 절차 전반에 활용되는 심리학적 연구영역까지 포함한다. 이 책에서는 범죄심리학을 바로 이러한 광의의 개념으로 해석하여, 법심리학과 동일한 맥락에서 관련된 다양한 하위영역들을 포괄하여 설명하고 있다. 범죄심리학과 법심리학의 관계에 대한 상세한 내용은 다음과 같은 문헌들을 참고해 보기 바란다. 황성현·이창한·이강훈·이완희·한우재(2015).『한국 범죄심리학』(제1장). 피앤씨미디어; 김민지(2013). 법심리학이란 무엇인가?: 연구 영역 및 법심리학자의 역할.『한국심리학회지: 법정』4(3), 125-142.

** 재판심리학(법정심리학) 및 일본의 재판원제도에 대한 상세한 내용은 다음 문헌들을 참고해 보기 바란다. 박재현(2010).『배심제와 법심리학』. 도서출판 오래; 이마이 테루유키(2013). 일본의 재판원제도의 실정.『법조』62(4), 201-240.

*** 교정심리학에 대한 전반적 내용과 한국의 소년분류심사원에 해당하는 일본의 소년감별소에 대한 상세한 내용은 다음 문헌들을 참고해 보기 바란다. C. R. Bartol & A. M. Bartol 저, 이장한 역(2013).『법정 및 범죄심리학 입문』(제6부). 학지사; 이영호·김영용(2005).『일본의 소년보호제도』(제3장). 법무부 보호국.

**** 피해자심리학의 보다 상세한 내용은 다음 문헌을 참고해 보기 바란다. C. R. Bartol & A. M. Bartol 저, 이장한 역(2013).『법정 및 범죄심리학 입문』(제5부). 학지사.

2

수사심리학

심리학을 활용하여 범죄수사를 지원하다

❖ ❖ ❖

수사심리학(Investigative psychology)[1]은 범죄심리학 분야의 하나로서, 심리학의 지식을 이용하여 범죄수사를 지원하는데 목적이 있다. '수사심리학'이라는 용어는 본래 데이비드 캔터(David Canter)가 자신의 연구접근법을 명명한 것이었지만, 현재는 캔터의 접근법뿐만 아니라 보다 넓은 범위의 범죄수사 연구를 지칭하는 용어로 사용되고 있다. 수사심리학은 주로 다음과 같은 주제들을 연구한다.*

범죄자 프로파일링(Offender profiling)은 범죄현장에서의 범행수법이나 증거물 등을 통해 범인의 연령, 직업, 가족구성, 성격과 같은 속성

---

1) 수사심리학에 대한 문헌은 많지 않지만, 일본에서는 와타나베(渡辺)의 저서가 많이 알려져 있고, 입문서로 오치(越智)의 저서가 있다. 서구에서는 캔터(Canter)와 영스(Youngs)의 저서가 대표적이다. 渡辺昭一(編)(2004). 『捜査心理学』. 北大路書房; Canter, D. & Youngs, D. (2009). *Investigative psychology: Offender profiling and the analysis of criminal action.* John Wiley & Sons; 越智啓太(2008). 『犯罪捜査の心理学: プロファイリングで犯人に迫る』. 化学同人.

을 추정하는 기법으로서, FBI가 연쇄살인사건을 해결하기 위해 처음 개발하였다. 이 기법은 피해자와 가해자(Victim-Offender: VO)가 전혀 모르는 비면식 관계의 사건에 주로 적용되었다. 현재는 연쇄살인사건뿐만 아니라, 비면식 강간(낯선 사람에 의한 강간), 아동 대상 성범죄, 방화, 테러사건 등에도 활용되고 있다. 범죄자 프로파일링에는 FBI에서 개발한 FBI 방식과 영국 리버풀 대학을 중심으로 캔터에 의해 개발된 리버풀 방식이 있다. TV 드라마나 영화에서 묘사하는 프로파일링의 대부분은 FBI 방식이지만, 실제 연구에서는 리버풀 방식이 주로 사용되고 있으며, 일본을 비롯한 각국의 경찰기관에서 리버풀 방식을 채택하고 있는 경우가 많다.

지리적 프로파일링(Geographical profiling)은 지리정보를 분석하는 형태의 프로파일링으로서, 주로 연쇄범죄의 지리 패턴을 이용하여 범인의 거주지를 추정하거나, 추가 범행지점을 예측하기 위해 활용된다. 범죄자의 지리적 행동에 대한 연구나 범죄 발생지역을 지도상에 맵핑(mapping)하여 그 경향을 파악하는 수사기법은 전부터 존재했지만, 그것을 학문으로 체계화시킨 것은 영국의 캔터와 캐나다 밴쿠버 경찰이었던 로스모(Kim Rossmo)의 업적이다.[2] 최근에는 컴퓨터 지리정보 시스템(GIS)이 급속히 발전되어, 보다 고차원적인 연구가 수행 가능해졌다.

범죄수사 심리학 가운데 가장 오랜 역사를 가지고 있는 연구 분야

---

2) Rossmo, K. D. (2000). *Geographic profiling*. CRC Press; Rossmo, K. D. (2014). Geographic profiling. *Encyclopedia of criminology and criminal justice*. Springer Reference. pp. 1934-1942.

는 **허위탐지**(Lie detection)이다. 이것은 거짓말을 간파하는 방법을 개발하는 연구분야이다. 범죄수사 현장은 그야말로 거짓말이 넘쳐나는 곳이다. 많은 피의자들은 자신이 범인임에도 범인이 아니라고 거짓말하거나, 실제로 정신질환을 앓고 있지 않으면서 죄를 감면받기 위해 정신질환자 행세를 하곤 한다. 피의자 말고도 범인의 지인이나 가족이 거짓 알리바이를 대거나, 목격자가 자신이 목격하지 않은 것까지 상세하게 진술하기도 한다. 그들의 증언이 어디까지가 진실인지를 안다면, 분명 범죄수사에 크게 기여할 수 있을 것이다.

허위탐지 연구는 크게 두 가지 영역으로 나눌 수 있다. 그중 하나는 동작이나 표정 따위의 비언어적 단서를 통해 거짓말을 탐지하는 영역이다. 거짓말을 할 때에는 하지 않을 때와 비교해서 신체 반응이나 동작이 달라질 것이라는 전제하에, 그 단서를 발견해서 거짓말을 탐지하는 것이다. 또 다른 하나는 이른바 '거짓말탐지기'와 같은 장비를 개발하여 거짓말을 탐지하고자 하는 영역이다. 현재 범죄수사에 활용되고 있는 폴리그래프는 그러한 시도 가운데 개발된 것이다.

목격증언(eyewitness)[3]도 수사심리학의 주요한 연구분야 중 하나이다. 사건정보의 대부분은 피해자나 목격자에게 얻게 되므로 목격자가 어떻게 사건을 지각하고 기억하고 회상하는지에 대해 규명할 필요가

---

3) 厳島行雄・仲真紀子・原聰(2003). 『目撃証言の心理学』. 北大路書房; 渡部保夫(監修)(2001). 『目撃証言の研究: 法と心理学の架け橋をもとめて』. 北大路書房; Sporer, S. L., Malpass, R. S. & Koehnken, G. (1996). *Psychological issues in Eyewitness identification.* L. E. A. 〔S・スポラー, R・マルパス, G・ケーンケン／箱田裕司・伊東裕司(監訳)(2003). 『目撃証言の心理学』. ブレーン出版〕; Lindsay, R. C. L., Ross, D. F., Read, J. D. & Toglia, M. P. (2007). *The handbook of eyewitness psychology.* L. E. A.

있다. 또한 피해자나 목격자가 아동, 노인, 장애인인 경우처럼 취약한 목격자에게 보다 정확한 진술을 얻기 위한 면담기법도 개발해야 한다. 그 밖에 정동적 스트레스 상황, 즉 분노, 두려움, 슬픔, 고민 등의 정서적 반응을 불러일으키는 상황에서 나타나는 목격자 증언의 특성, 사후정보에 의한 목격자 기억의 왜곡, 몽타주 작성기법 등 다양한 주제의 연구가 수행되고 있다. 한편, 공판에서 목격자 증언을 어느 정도 신뢰할 수 있는지에 대해 전문가 증언을 실시하거나(미국), 목격자 증언의 신뢰성에 대해 감정을 실시하는(일본) 것과 관련된 연구도 수행되고 있는데, 이것은 재판심리학과 중복되는 분야이기도 하다.

신문(Interrogation) 연구[4]는 피의자나 참고인(목격자나 피해자 등 관계인)을 상대로 조사를 실시하여, 보다 정확한 정보를 획득하는 방법을 탐구하는 것이다. 피의자의 자백은 법률상 공판에서 필수적인 것은 아니지만, 기소를 하거나 유죄를 입증하는 데 있어서 매우 큰 역할을 한다. 따라서 경찰은 신문과정에서 자백을 받기 위해 피의자를 지나치게 혹독하게 다루거나, 피의자가 범죄를 저지르지 않았음에도 허위자백을 하도록 강요하기도 하였다. 이와는 반대로 신문이 충분히 이루어지지 않아 자백을 받을 수 없어서 기소를 못한 사건들도 많다. 이러한 상황이 발생하지 않도록 하기 위해 신문기법에 관한 과학적 연구가 반드시 필요하다.

인질협상(Hostage negotiation)[5]은 인질극이 발생한 상황에서 경찰이

4) Milne, R. & Bull, R. (1999). *Investigative interviewing: Psychology and practice*. J. Wiley. 〔R・ミルン, R・ブル/原聰(編訳)(2003). 『取調べの心理学: 事実聴取のための捜査面接法』. 北大路書房〕
5) Slatkin, A. (2010). *Communication in crisis and hostage negotiations*. Charles C

범인과 협상을 통해 인질을 구출하는 동시에 범인이 투항하도록 설득하는 의사소통 기술을 다룬다. 이를 위해서는 범인이 왜 인질극을 벌이게 되었는지에 대한 상황요인과 범인의 성격 및 행동 특성, 정신질환 상태 등을 정확하게 파악하여 협상을 진행해야 하며, 이때 인질 개개인의 심리적·정신적 상태도 고려해야 한다. 인질 협상은 최종적으로 범행 현장에 진입하여 사태를 수습해야 하므로, 먼저 장소의 특징을 충분히 파악하고 현장진입 시 범인과 인질의 행동을 예측하여 진입 시기를 결정해야 하는데, 바로 이러한 부분에 대한 연구를 통해 수사지원을 할 수 있다.

일본 수사심리학의 중심은 경찰청 **과학경찰연구소**이다. 일본의 수사심리학은 폴리그래프 검사를 도입하면서 시작되었다고 할 수 있다. 그 후 미야자키 쓰토무(宮崎勤) 사건[6] 등 특수강력사건의 발생을 계기로, 1994년 무렵부터 과학경찰연구소는 토막살인사건이나 아동강간사건 등에 대한 프로파일링 연구를 실시하였다. 과학경찰연구소는 FBI와 리버풀 대학에 연구원을 파견함으로써 일본에 프로파일링을 도입할 수 있도록 하였다. 일본 경찰은 기본적으로 리버풀 방식의 프로파일링을 사용하고, FBI 방식은 보조적으로 사용하고 있다. 과학경찰연구소에서 수사심리학 연구를 담당하고 있는 곳은 수사지원연구실(주로 범죄자 프로파일링, 신문기법 연구)과 범죄예방연구실(주로 지리

Thomas Pub LTD.

6) 1988~1989년 동안 사이타마 현의 이루마 시(入間市), 한노 시(飯能市), 가와고에 시(川越市)와, 도쿄의 고토구(江東区)에서 연쇄적으로 4명의 여자아이가 납치살해된 사건이다. 범인 미야자키 쓰토무는 피해아동의 집에 유골을 보내고, '이마다 유코(今田勇子)'라는 가명으로 신문사에 범행 성명을 보냈다. 범인은 여러 가지 기괴한 행위로 시체를 훼손하고 인육을 먹은 것으로 드러나, 결국 사형판결을 받았다.

적 프로파일링 연구), 정보과학 제1연구실(폴리그래프 검사) 등이다.

또한 도쿄도 경시청 및 각 도부현(都府県)에는 **과학수사연구소**가 설치되어 있는데, 그곳에 심리학을 이용하여 과학수사를 실시하는 부서가 있다.[7] 과학경찰연구소가 주로 기초연구를 담당하는 반면, 과학수사연구소는 실제 범죄사건을 다루고 일선 수사관들과 협력하여 직접적으로 사건을 해결하는 데 기여하고 있다. 그동안 과학수사연구소는 폴리그래프 검사를 중심으로 수사지원을 했지만, 최근에는 프로파일링을 활용한 수사지원이 증가하고 있다. 또한 일부 지역은 프로파일링과 지리정보시스템(GIS) 분석을 담당하는 수사지원 부서를 설치하였다.**

---

7) 과학수사연구소는 법의학, 화학, 물리, 전기 등 다양한 전문부서로 나뉘어 있다(이러한 부서의 구성은 각 지역 경찰마다 조금씩 다르다). 그중 심리계(心理係)는 범죄수사 실무에 심리학을 적용하고 있는 부서이다. 각 지역에는 1~6명 정도의 연구원이 있으며, 이들은 지방공무원 상급시험(심리직) 및 경찰직 1종 전문시험(심리학), 경시청 1종 전문직 시험 등을 통해 채용되는데, 이러한 시스템은 각 지역마다 조금씩 다르다.

* 국내에서도 수사심리를 다룬 문헌은 매우 드문 실정이며, 수사실무와 심리학
  이론에 대한 체계적 정립을 시도한 대표적인 저서로는 다음과 같은 것이 있
  다. 김종률(2002).『수사심리학』. 학지사.

** 일본의 경찰조직은 국가기관인 경찰청 및 7개 관구(管區) 경찰국이 주로 정
  책 · 관리 업무를 담당하는 한편, 경찰청과 독립적으로 설치 · 운영되고 있는
  자치경찰인 각 도도부현 경찰이 수사 · 치안 등 경찰의 본래 업무를 담당하고
  있다. 이러한 일본의 독특한 구조 때문에 과학수사조직 역시 국가경찰인 경찰
  청 소속의 과학경찰연구소와 자치경찰인 도도부현 경찰본부 소속의 과학수사
  연구소라는 2원적 체제로 구성되어 있는 것이다. 이에 반해, 우리나라는 국가
  경찰체제이기 때문에 경찰청에 '과학수사센터'가 설치되어, 전국 지방경찰청
  과 경찰서의 과학수사 업무를 총괄하고 있다. 경찰청 과학수사센터는 1999년
  경찰청 수사국 '감식과'를 '과학수사과'로 개편한 후, 2004년 '과학수사센터'로
  명칭을 변경하면서 정식으로 발족되었다.
  일본과 한국의 과학수사기관관련 조직편제 및 역할 등에 대해서는 다음과 같
  은 문헌에서 좀 더 구체적으로 설명하고 있다. 김혜경 · 김택수(2014).「선진
  국의 법과학체계 및 입법례 비교」. 대검찰청; 신회식(2010).「한국 경찰 과학
  수사의 발전방안에 관한 연구」. 중부대학교 대학원 석사학위논문. 그 밖에 일
  본 경찰청 과학경찰연구소 홈페이지(http://www.npa.go.jp/nrips/en/)와 한국
  경찰청 과학수사센터 홈페이지(http://www.kcsi.go.kr/)도 참고해 볼 수 있다.

3

프로파일링의 탄생
어떻게 시작되었는가?

❖ ❖ ❖

　프로파일링은 범행현장, 피해자의 상황과 범인의 행동패턴으로부터 범인의 연령, 성별, 직업, 가족구성, 정신질환 유무 등의 속성을 추정하여, 범죄수사를 지원하는 기법이다. 이것은 다양한 범죄수사 심리 기법 가운데 가장 주목받고 있는 분야이다.[1]

---

1) 프로파일링은 일반적으로 생각하는 것처럼 '범인의 심리상태'를 규명하는 것이 아니라, 범인행동의 일반적 법칙을 통해 개별사건에서 범인의 특징을 추정하는 것이다. 이러한 점은 리버풀 방식과 FBI 방식 프로파일링 모두 동일하다. FBI의 전설적 프로파일러로 알려진 러셀 보파겔(Russell Vorpagel)도 다음과 같이 언급한 바 있다. "한 사람이 어떤 행위를 하게 된 이유는 결코 알 수 없다. 우리가 알 수 있는 것은 열 명, 수십 명, 수백 명의 사람들이 유사한 행동을 하는 경향이 있다는 것 정도이다". Vorpagel, R. (2001). *Profiles in murder: An FBI legend dissects killers and their crimes*, Random House LLC.

토머스 본드의 '잭 더 리퍼' 프로파일링

　그렇다면 프로파일링은 어떻게 시작된 것일까? 범죄수사를 담당하는 경찰관들은 오래전부터 사건이 발생하면 자신의 과거 경험을 통해 '범인은 이러한 인물일 것이다'라고 추정해 왔다. 물론 이러한 방법도 경험을 바탕으로 한 프로파일링이라고 할 수 있다. 그러나 심리학과 정신의학의 전문가들이 전문적 지식에 근거하여 범인상을 추측한 최초의 시도는 런던에서 발생한 '잭 더 리퍼(Jack the Ripper)' 사건부터라고 할 수 있다.

　'잭 더 리퍼'는 1888년 8월 31일부터 11월 9일까지 약 2개월 동안 런던의 이스트엔드(East End) 지역에서 최소한 5명의 매춘부가 각각 살해된 사건을 말한다.[2] 이러한 형태의 사건은 당시 경찰관들도 처음 경험한 것이어서, 그들의 수사경험으로는 도대체 범인이 어떠한 인물이며 무엇을 위해 그러한 범행을 저지른 것인지를 파악할 수 없었다. 그러한 상황에서 1888년 11월, 의사였던 토머스 본드(Thomas Bond)는 런던경시청의 로버트 앤더슨 형사부장에게 이 사건의 범인상을 추정한 편지를 보냈다. 그는 자신의 의학적 지식을 이용하여 다음과 같이 범인을 추측하였다.

　　"범인은 언뜻 보기에 온화한 느낌의 중년 남성으로, 옷차림은 단정하며 항상 망토를 걸치고 있다. 주변사람들은 그가 언젠가는 정신병을 일으킬 것이라고 생각하고 있지만, 그와의 마찰이 두려

---

2) Wilson, C., Odell, R. & Gaute, J. H. H. (1987). *Jack the ripper: Summing up and verdict*. Bantam Books.

워서 경찰에 신고하지 못하고 있다. 범인은 고독하며, 변태성욕자로서 성적 흥분을 위해 범행을 저지른다."

이 사건은 미해결로 남아 있기 때문에 그의 프로파일링이 실제로 적중했는지는 알 수 없지만, 현재의 프로파일러들도 '잭 더 리퍼' 사건에 대해 이와 유사한 프로파일링 결과를 내놓고 있다는 점은 매우 흥미롭다.

제임스 브러셀의 '매드 바머' 프로파일링

프로파일링이라는 방법에 대해 처음으로 세상이 주목했던 것은 제임스 브러셀(James Brussel)이 '매드 바머(Mad Bomber: 미치광이 폭발범)'에 대해 실시한 프로파일링이었다. 당시 미국에서는 연쇄폭발사건이 사람들을 공포로 몰아넣고 있었다. 이 사건은 1940년 11월 16일, 뉴욕에 위치한 전력회사인 콘에디슨 사(Consolidated Edison)의 한 공장에서 모조폭탄과 협박문이 담긴 수상한 나무상자가 발견되면서 시작되었다. 그 후 제2차 세계대전 중에는 범인이 휴전선언을 하고 활동을 중단하였으나, 종전 후 1950년 3월 19일부터 다시 활동을 시작하여 뉴욕의 그랜드센트럴 터미널과 브룩클린의 파라마운트 영화관 등의 공공장소에서 연이은 폭발사건을 일으켰다. 미수사건을 포함하여 폭발사건은 총 31건에 달하였으며(이 가운데 22건은 실제 폭발이 일어났다), 사망자는 없었지만 많은 부상자가 발생했다. 이 사건에서도 도대체 누가 무엇을 위해 이러한 범행을 저지른 것인가를 알 수 없었다.

그러자 뉴욕경시청 감식과의 하워드 피니(Howard Finney) 형사가 정신과의사인 브러셀에게 범인상의 추정을 의뢰했던 것이다.

"범인은 남성이다. 역사적으로 폭발범은 거의 예외없이 남성이었다. 범인은 편집증이 있는 것이 확실하다. 편집증은 30세 초반까지 본격적인 증상이 나타나지 않는 경우가 많다. 그러므로 범인은 최소 30세 이상이며, 최초 범행 이후 16년이 지났으므로 현재는 50세 전후일 것이다. 생활태도는 깔끔하며, 어머니 또는 여성친족과 함께 뉴욕의 부촌에 거주하고 있을 것이다. 협박문에 미국식 언어표현이 적은 것으로 보아, 이민자일 가능성이 높다. 사용한 단어로 볼 때, 범인은 독일이나 이탈리아, 스페인 사람은 아니다. 그렇다면 가능성이 있는 것은 동유럽인이다. 만약 그렇다면 독실한 가톨릭 신자이거나 예전에 가톨릭 신자였을 가능성이 높다. 협박문의 글씨를 보면, 범인의 꼼꼼한 성격을 짐작할 수 있다. 품행이 단정한 모범적인 사람, 더블버튼 양복을 입고 단추를 모두 채울 것 같은 인물이다. 협박문에서 범인은 중병을 오랫동안 앓아왔다고 고백하고 있는데, 현재 결핵이나 심장병을 앓고 있을 것으로 보인다."[3]

이 사건의 범인은 조지 메테스키(George Metesky)라는 남성이었다. 그가 신문사에 편지를 보낼 때 실수로 적은 개인정보를 단서로 검거할 수 있었는데, 검거하고 보니 놀랍게도 브러셀의 추측 대부분이 적중하였다. 특히 검거 당시 범인이 양복 상의의 단추를 모두 채우고 있었던

---

3) 브러셀은 당시 정신분석학을 근거로 프로파일링을 실시하였다. 예를 들어, 브러셀은 범인이 협박문에 쓴 W자가 두드러졌던 점이나 영화관에 폭탄을 설치할 때 좌석을 W자 형태로 절단했던 점에 주목하였는데, 그것은 범인이 쓴 W자가 여성의 유방 모양이었기 때문이다. 브러셀은 바로 이 점 때문에 '범인은 성욕이 강하고, 어머니와 관계가 좋지 않다'고 추론하였다. 현재 그러한 추론기법은 타당성이 없는 것으로 보고 있다.

점에 뉴욕경시청은 경악했다. 그리고 범인상이 명확하지 않은 사건에 정신의학적 지식을 이용한 '프로파일링'이라는 기법을 사용하여 효과를 거두었다는 점은 대중과 수사관들에게 깊은 인상을 남기게 되었다.

프로파일링의 실패

이와 같은 사건을 계기로 범행 동기나 범인상이 명확하지 않은 사건을 수사하는 데 프로파일링 기법이 시도되었다. 그러나 이러한 시도가 반드시 성공한 것은 아니었다. 한 예로, 1960년대 미국 보스턴에서 발생한 보스턴 연쇄교살사건(Boston Strangler)에서는 브러셀을 포함하여 7명의 저명한 정신의학자들로 구성된 자문위원회가 범인상을 유추하였다. 이 사건의 피해자 중에는 나이 많은 여성과 젊은 여성이 포함되어 있었기 때문에, 자문위원회는 범인이 2명이라는 결론을 내렸다. 즉, 나이 많은 여성을 살해한 범인은 독단적인 어머니 슬하에서 컸기 때문에 나이 든 여성에게 적대감을 함부로 표현하지 못한 독신 남성이며, 젊은 여성을 살해한 범인은 동성애 성향의 남성으로 피해자와 아는 사이일 것으로 유추하였다. 그러나 실제로 검거된 범인은 앨버트 드살보(Albert DeSalvo)라는 남성 1명이었다.[4]*

---

4) 당시 브러셀은 자문위원회 위원들 가운데 유일하게 범인이 단독범일 것이라고 주장했으며, 범인의 특징을 상당히 정확하게 포착하고 있었다고 한다. 그는 범인이 처음에 나이 많은 여성을 표적으로 삼았으나 강간은 하지 않았고, 그 후 젊은 여성을 공격했을 때에는 강간을 한 점에 대해, 범인이 2명이 아니라 범인 자체가 심리적 아동기에서 성인으로 성장하고 있기 때문이라고 설명하였다. 또한 그는 범인이 여성에게 잘 보이기 위해 단정한 장발을 하고 있을 것이라고 예측하였는데, 실제로 범인은 그의 예측대로였다. Wilson, C. (2008). *Serial killer investigations: The story of forensic and*

토머스 본드와 제임스 브러셀의 프로파일링, 그리고 보스턴 연쇄교살사건 자문위원회의 프로파일링은 모두 정신의학적 지식과 그들의 임상적 경험을 바탕으로 한 것으로서, 과학적 예측이라기보다 개인적 직관에 의존한 기술에 가까웠다.

FBI 프로파일링의 탄생

한편, FBI 훈련원(Academy)에서는 장기간 범죄수사를 담당해 온 하워드 테텐(Howard Teten), 패트릭 뮬라니(Patrick Mullany) 등과 같은 교관들이 미국 전역에서 온 수사관들에게 세미나 형식으로 수사방법을 교육하는 수업을 진행하고 있었다. 그 수업에서 수사관들은 각자 수집한 미국 전역의 다양한 범죄사건들에 대해 토론하였는데 이를 통해 교관들은 범행현장의 상세한 자료들(수사보고서, 사체검안서, 현장조서, 범죄통계 등)을 검토하는 것만으로도 각 사건의 범행 동기나 특징을 어느 정도 유추할 수 있다는 점을 깨달았다. 특히 브러셀과 절친한 사이였던 테텐은 이러한 방법을 활용한다면, 범인의 특징이나 범행동기를 전혀 모르는 살인사건의 범인을 추측하는 것이 가능할 것이라고 생각했다. 그들이 실제 사건에 이 기술을 처음 적용한 것은 수잔 예거(Susan Jaeger) 사건이었다. 이 사건은 1973년 수잔 예거라는 7세 소녀가 미시간 주의 한 캠프장에서 텐트를 찢고 침입한 범인에게 납치된 아동유괴사건이었다. 당시 FBI 교관이었던 테텐과 그의 팀 신입요원

profiling through the hunt for the world's worst murderers. Wakefield Press.

이었던 로버트 레슬러(Robert Ressler)는 이 사건의 수사보고서 및 현장조서와 과거 데이터 등을 검토하여, 범인을 '20대 백인남성, 단독범행, 사건발생지 근처에 거주, 평균 이상의 지능' '소녀를 납치 후 곧바로 살해하고, 시신의 일부를 자택에 보관하고 있을 것'이라고 프로파일링하였다. 실제 검거된 범인 데이비드 마이어호퍼(David Meirhofer)는 이러한 프로파일링과 완전히 일치하였다.

로버트 레슬러와 FBI 행동과학부

1970년대 미국에서는 몇 가지 기괴한 살인사건이 발생했다. 1920년대 독일의 페터 퀴르텐(Peter Kürten) 사건에 필적할 만한 조디악(Zodiac) 사건[5], 테드 번디(Ted Bundy) 사건[6] 등이 잇따라 발행한 것이다. 레슬러는 수잔 예거 사건 때부터 프로파일링 업무를 담당하면서, 그러한 살인자의 내면과 독특한 사고방식 및 망상에 관심을 가졌다. 그는 그것을 이해할 수 있다면 프로파일링을 한층 더 발전시킬 수 있을 것이며, 이를 위해서는 결국 살인자들에게 직접 이야기를 들을 수밖에 없다고 생각했다. 당시 수사기관이 보유한 자료는 피상적인 정보뿐이었기 때문에, 레슬러는 연쇄살인자들과 직접 면담을 통해 개별적인 프로파일링을 실시하게 된 것이다. 그는 윌리엄 하이렌스(William

---

5) 1968~1974년에 걸쳐 미국 샌프란시스코에서 발생한 연쇄살인사건이다. 주로 연인들을 총으로 사살하는 수법으로 총 5명을 살해하였다. 범인은 신문사와 경찰서에 '조디악(Zodiac)'이라는 필명으로 편지를 보냈으며, 항상 '⊕' 형태의 심볼마크를 남겼다. 현재까지도 미해결 사건으로 남아 있다.
6) 테드 번디는 1974~1978년 동안 워싱턴 주, 유타 주, 플로리다 주 등에서 30명 이상을 살해하여, 전 세계적으로 악명 높은 연쇄살인범으로 기록되고 있다.

Heirens)[7], 비샤라 시르한(Sirhan Bishara Sirhan), 존 프레이저(John Frazier)[8], 허버트 멀린(Herbert Mullin)[9] 등의 악명 높은 범죄자들과 차례로 면담을 실시했다.**

사실 FBI 수사관은 배지를 보여 주면 어떤 교도소에서 누구라도 면회가 가능했기 때문에, 면담이 순조롭게 이루어졌다. 레슬러는 이것을 FBI에 정규 프로젝트로 제안하였다. 그러나 당시 보수적 성향이 강한 FBI 고위간부였던 존 맥더모트(John McDermott)는 "범인을 검거하는 것이 FBI의 임무이지, 그들을 연구하는 것이 임무는 아니다"라는 이유로, 그의 계획안을 곧바로 기각시켰다. 그러나 다행히 그 해에 맥더모트가 은퇴하고, 진보적 성향의 윌리엄 웹스터(William Webster)가 신임국장으로 부임하였다. 그는 '범인을 체포하기 위해 범인을 연구한다.'는 취지의 이 프로젝트를 승인하고, 국립사법연구소에서 12만 8천 달러의 보조금을 받아 FBI 행동과학부(Behavior Science Unit: BSU)를 설립하였다. 1980년대 초 레슬러는 국립폭력범죄분석센터(National Center for Analysis of Violent Crime: NCAVC)의 설립에 중심적 역할을 하였는데, 이곳에서는 미국전역에서 발생한 강력범죄 데이터를 수집하고 데이터베이스화하여, 이를 프로파일링의 기초에 활용하는 업무

---

7) 1945년 7월부터 1946년 1월까지 총 3명을 살해한 연쇄살인범이다. 두 번째 피해자인 프랜시스 브라운(Frances Brown)을 살해한 뒤, 그녀의 집 벽에 립스틱으로 "더 이상의 살인을 저지르지 않게 날 붙잡아 줘. 나를 통제할 수 없어"라는 메시지를 남겼다. 이로 인해 그는 '립스틱 살인자'라고 불리고 있다.
8) 1970년 10월 캘리포니아의 일본계 안과의사 가족 5명을 사살한 후, 자택에 방화를 저지른 범인이다. 피해자 차량의 앞 유리에는 "자연환경을 파괴하는 행위는 자유로운 시민에 의해 처벌된다"라는 메시지가 적혀 있었다.
9) 환상형 연쇄살인범으로, 그와 관련된 내용은 〈제2부 2. 환상형 연쇄살인〉 각주를 참고하기 바란다.

를 담당하였다. 그 과정에서 프로파일링이라는 기법이 본격적으로 개발되었고, 오늘날 중요한 수사기법 중 하나로 알려지게 되었다.[10]***

---

10) FBI 프로파일링 프로젝트의 초기 연구결과는 *FBI Law Enforcement Bulletin*이라는 FBI에서 발행하는 기관학술지와, 심리학 및 범죄학 전문연구학술지에도 게재되어 있다. 이와 관련하여 다음 문헌을 참고하기 바란다. Campbell, J. H. (2010). *Profilers: Leading investigators take you inside the criminal mind.* Prometheus Books.

* 보스턴 연쇄교살사건은 종신형을 선고받고 수감 중이던 범인 앨버트 드살보가 1973년 동료 죄수에게 살해됨으로서 종결되었지만, 그의 사망 후 피해자의 몸에서 검출된 범인의 DNA가 드살보의 DNA와 다르다는 주장이 제기되면서 진범에 대한 논란이 계속되고 있다(http://www.huffingtonpost.com/the-lineup/who-was-the-boston-strang_b_10130720.html). 한편, 이 사건을 소재로 1968년 제작된 영화 〈보스턴 교살자(Boston Strangler)〉는 오늘날 범죄영화의 수작으로 꼽히고 있으니 참고해 보기 바란다.

** **페터 퀴르텐**: 독일의 악명 높은 연쇄살인범으로, 일명 '뒤셀도르프의 뱀파이어(The Vampire of Düsseldorf)'라고 불리고 있다. 그는 1913년부터 1929년 동안 어린 소녀와 여성들을 강간살해하고 피해자들의 피를 마시는 등 성도착적 범죄행동을 한 것으로 드러나, 1931년 교수형을 당했다(https://en.wikipedia.org/wiki/Peter_K%C3%BCrten).
비샤라 시르한: 1968년 6월 5일, 당시 대통령 후보이자 존 F. 케네디 미국 대통령의 동생인 로버트 케네디 상원의원을 암살한 범인이다. 팔레스타인계 미국인이었던 시르한은 로버트 케네디의 친이스라엘 행보에 분노하여 범행을 저질렀다고 진술하였지만, 당시 그의 진술과 수사절차의 미심쩍은 부분들로 인해 다양한 음모론이 제기되기도 하였다(https://en.wikipedia.org/wiki/Sirhan_Sirhan).

*** FBI 프로파일링의 배경과 연쇄살인범들의 심리분석 결과를 상세히 기술한 레슬러의 저서는 우리나라에도 번역되어 있으니 참고해 보기 바란다. 로버트 레슬러 저, 황정하 등 역(2004). 『살인자들과의 인터뷰: 이상살인자들의 범죄심리를 해부한 FBI 심리분석관 로버트 레슬러의 수사기록』. 바다출판사.

4
FBI 방식 프로파일링
연쇄살인범의 범인상을 추정하다

❖ ❖ ❖

프로파일링은 FBI 방식과 리버풀 방식으로 구분할 수 있다.[1] 우선, FBI 방식 프로파일링의 가장 기본적인 논리는 유형론[2]이다. 즉, 축적된 범죄사건 데이터를 통해 범죄 행동특징과 범죄자의 특성에 따라 범죄를 몇 가지 범주로 유형화하고, 각각의 범주에 해당하는 전형적인 범인상의 특징을 파악하는 방식이다. 범죄사건이 발생하면, 사건 자료를 분석하여 범인이 어느 범주에 해당되는지를 판단하고, 그 범주에 해당하는 범인상의 특징을 추정하여 수사선을 좁히고 용의자를

---

1) 일본에서 범죄자 행동에 관한 기초 연구는 경찰청 과학경찰연구소를 중심으로 수행되었다. 당시 소년범죄예방과장이었던 다무라 마사유키(田村雅幸)는 과학경찰연구소의 연구원들을 FBI와 리버풀 대학에 파견하여, 각각의 프로파일링 기법을 배우고 이를 비교·검토함으로써 일본에 프로파일링을 도입하는 데 중요한 역할을 하였다. 일본에서는 이때부터 프로파일링을 FBI 방식과 리버풀 방식으로 구분하고 있다.
2) 성격을 파악하는 방법에는 유형론과 특성론이 있다. 유형론은 성격을 몇 가지 유형으로 분류하여 파악하는 방식이고, 특성론은 성격을 구성하고 있는 다양한 요소들의 조합으로 파악하는 방식이다. FBI의 프로파일링은 유형론에 따라 범죄자의 성격을 파악하는 방식이라고 하겠다.

파악하는 것이다.

FBI의 연쇄살인 프로파일링

FBI는 연쇄살인범을 '체계적(organized)' 범주와 '비체계적(disorganized)' 범주라는 이분법적 유형으로 구분하였다.* **체계적 유형**은 범인이 범죄현장에서 일관된 범행의도를 가지고 통제된 행동을 하는 경우이다. 이 유형의 전형적인 범행 특징은 계획성, 말솜씨나 속임수로 피해자 유인 및 지배, 범행 후 흉기나 증거 은닉, 시체 유기 등이다. 이 유형의 범인은 대개 비교적 높은 지능을 가진 고학력자에 사회성이 좋고, 배우자가 있으며, 차가 깨끗하게 정비되어 있고, 아버지가 안정된 직업을 갖고 있으며, 형제 중 연장자라는 특징이 나타났다.

비체계적 유형은 범인이 통제되지 않은 행동을 마구잡이로 하는 경우이다. 구체적으로, 범행계획성이 거의 없어 보이고, 피해자를 갑자기 공격하며, 사건현장에 있는 흉기를 그대로 사용하고, 범행 도구 및 시체를 사건현장에 그대로 방치하는 등의 행동특징이 나타난다. 범인의 개인적 특성으로는 평균보다 낮은 지적 수준을 보이고, 사회적으로 미숙하며, 단순작업 등의 비숙련노동직에 종사하며, 혼자 또는 부모와 함께 범행현장 가까이에 거주하고, 부모의 훈육이 엄격했으며, 아버지의 직업이 불안정한 점 등이 있다.

실제 프로파일링은 단순히 이러한 특징들을 확인하는 것이 아니라, 수사관의 다양한 경험칙과 정신의학적·심리학적 지식을 활용하여 보다 구체적인 범인상을 구성해 나가는 것이다.

FBI 프로파일링의 과학성

FBI 방식의 프로파일링은 '과학(Science)'이 아닌 '기술(Art)'이라고 평가되곤 한다. FBI 방식 프로파일링이 프로파일러의 재량에 달려 있다고 보기 때문이다. 그러나 FBI는 적어도 실무에 있어서 일정한 교육훈련을 받고 경험을 쌓으면 누구나 동일한 결론에 이르는 과학적 지식체계를 지향해 왔다. 실제로 FBI는 프로파일러 간의 판단 일치도(신뢰성)를 파악하기 위한 연구를 실시하였다. 64건의 살인사건에 대한 간략한 사건기록을 읽고, 그것이 성적 살인인지 아닌지, 체계형인지 비체계형인지, 아니면 양쪽 특징이 공존하는 혼합형인지를 판단한 연구에서 프로파일러의 74~100%가 일치된 결론을 내린 것으로 나타났다.[3]

FBI 프로파일링은 연쇄살인사건에 적용되어 나름의 성과를 거둔 이후 다양한 사건에 적용되었다. 특히 피해자와 가해자가 전혀 모르는 사이이거나, 범인 검거가 어려운 사건을 분석하는 데 활용되었다. 예를 들면, 비면식 강간, 아동 대상 성범죄, 방화, 테러 사건 등이다. 여기에서도 기본적인 방법론은 범죄를 유형화하고, 해당 범주에 사건을 적용하여 범인상을 추정하는 방식이었다.[4]

---

3) 레슬러(Ressler)와 버제스(Burgess)가 64건의 살인사건 데이터(체계형 31건, 비체계형 21건, 혼합형 9건, 미상 3건)를 FBI 행동과학부 요원 6명에게 보여 주고 살인사건의 유형을 분류하도록 한 결과, 74.1%의 판단 일치율이 나타났다.
4) FBI의 범죄자 유형화에 대해서는 다음의 문헌을 참고하기 바란다. Douglas, J., Burgess, A. W., Burgess, A. G. & Ressler, R. K. (2013). *Crime classification manual: A standard system for investigating and classifying violent crime*. John Wiley & Sons.

오늘날의 FBI 프로파일링

프로파일링을 개발한 FBI 훈련원의 행동과학부(BSU)는 현재 수사 인력 양성 교육으로 특화된 조직이 되었다. 실무에서 프로파일링을 수행하는 곳이 바로 FBI 국립폭력범죄분석센터(NCAVC) 산하의 행동과학부이다. 이곳에서는 지역경찰이 FBI 지역국을 통해 요청한 범죄 사건의 수사 지원을 담당하고 있다. 그러나 행동과학부의 임무 중 프로파일링 업무는 전체의 10% 정도에 불과하다.

프로파일링을 통해 획득한 정보는 범죄수사에 효과적으로 활용되는 경우도 있지만, 범죄 드라마에서 묘사되는 것처럼 중심적인 역할을 하는 것은 아니다. 행동과학부에 주로 요구되는 것은 수사방법 및 신문기법에 대한 자문이다. 미국 경찰은 본래 각각의 지방자치단체가 경찰조직을 보유하고 있는 형태이므로, 일본 경찰청처럼 지역 경찰기관들을 통합하는 상위 조직이 없다.[5] 따라서 살인이나 연쇄성범죄 등이 발생할 경우, 각 지방자치단체의 경찰조직이 그에 대한 범죄 수사 역량이 부족한 경우도 많다. 그래서 각 지방경찰은 FBI에 수사방법에 대한 지원 및 자문을 요청하는 것이다.

한편, 뉴욕이나 로스앤젤레스 등의 대도시 경찰은 이미 자체 수사 노하우를 축적해 왔기 때문에 FBI에 지원을 요청하는 일이 거의 없다 (사실 수사력은 해당 경찰기관의 자존심이 걸린 문제로 보기 때문이기도 하

---

5) 미국의 경찰체제는 주(State), 시(City), 카운티(County) 단위의 경찰이 존재하며 각각 독립된 치안활동을 하고 있다. FBI는 연방정부 소속 경찰이지만, 최상위 경찰조직은 아니다. 연방정부 소속의 다른 경찰조직으로는 DEA(마약단속국), ATF(주류·담배·화기 및 폭발물 단속국) 등이 있다.

다). 실제로 연쇄살인범의 대다수는 FBI가 아니라, 시경찰 및 지역 경찰에 의해 검거되고 있다. 현재 행동과학부에는 10명 정도의 수사관이 프로파일러로 배치되어 있다.

FBI 프로파일링의 문제점

FBI 프로파일링의 최대 문제점은 체계적 범주와 비체계적 범주 한쪽에만 해당하지 않는 범죄가 존재한다는 것이다. 두 가지 범주의 특징 모두를 가진 양분할 수 없는 범인을 **혼합형** 범죄자라고 부를 수는 있겠지만, FBI의 프로파일링이 이분법적 유형론에 기초하고 있는 이상, 혼합형 범죄자에 대한 프로파일링은 하기가 어렵다.[6]예컨대, 연쇄살인사건에서 범인이 피해자와 대화를 거의 하지 않은 채 피해자를 살해하고 시체를 범행현장에 방치한 경우, 그를 비체계적 범주로 분류할 수 있다. 그러나 동시에 그 범인이 집에서 준비해 온 흉기를 사용했거나 계획적인 범행을 한 것으로 보인다면, 그것은 체계적 범주의 특징이므로 범인을 어느 하나의 범주로 분류하여 범인상을 추정하기가 곤란해진다. 실제로 조디악 사건처럼 혼합적 유형의 범죄자도 적잖이 나타나고 있다. 일본의 악명 높은 연쇄살인범인 미야자키 쓰토무도 경찰에게 도전장을 보내거나, 어린아이에게 속임수를 써서 유괴하는 등의 체계적 범죄행동을 하는 동시에, 시체의 일부를 먹는 등

---

6) 실제로 이러한 범주에 정확하게 들어맞는 사건은 소수에 불과하다. 따라서 이러한 유형론은 사건의 대략적인 경향을 파악하는 경험적 지식(heuristics)에 근거한 방법에는 적합할 수 있지만, 그 정확성은 보장되지 않는다. 성격심리학에서도 이러한 유형론은 이제 낡은 방법이 되고 있다.

의 비체계적 특징을 나타냈다.

　이처럼 하나의 범주에 속하지 않는 사건이 많아질수록, FBI 방식의 프로파일링은 원칙적으로 불가능해진다. 따라서 그러한 사건이 많이 존재한다는 것 자체가 FBI 방식 프로파일링의 한계가 될 수 있다.**

FBI 프로파일링의 타당성 검증

　리버풀 대학의 캔터(Canter) 등은 다변량분석[7]을 통해 FBI 방식 프로파일링의 타당성을 검증하였다. 그들은 100명의 연쇄살인범에 대한 데이터를 수집하여 각각의 범죄자가 저지른 세 번째 사건을 대상으로 분석을 실시하였다. 만약 FBI 방식의 프로파일링이 타당하다면, 체계적 범죄행동으로 '살해하기 전 강간' '증거 은폐' '끈으로 목졸라 살해(교살)' 등이, 비체계적 범죄행동으로 '시체 훼손' '현장에 있던 흉기 사용' 등이 나타날 것으로 예상하였다. 그러나 실제 분석결과에서는 그러한 범죄행동이 구분되지 않고 동시에 나타나는 경우가 많았다. 연구진은 체계형과 비체계형이라는 유형이 각각 존재하는 것이 아니라, 연쇄살인범들이 체계적 범죄행동을 비교적 더 많이 하는 동시에, 자신만의 인증행동(signature), 즉 범인의 고유특성을 나타내는 비체계적 범행특성을 많이 나타내기도 한다는 결론을 내렸다.[8]

---

7) 다수의 변수 간의 관계 구조를 분석하거나, 관련변수를 예측하는 통계분석 기법을 말한다.

8) Canter, D. V., Alison, L. J., Alison, E. & Wentink, N.(2004). The organized/disorganized typology of serial murder: Myth or model?. *Psychology, Public Policy, and Law, 10*, 293-320.

* FBI는 범행현장의 특징에 따라 분류한 범인의 유형을 경찰 및 수사관들에게 알기 쉽고 수사현장에서 범인을 검거하는 데 도움이 될 만한 말로 설명하기 위해, 심리학이나 정신의학적 용어들 대신 '체계적' '비체계적'이라는 개념으로 표현하다 보니, 지나치게 단순한 이분법적 유형론이 되었다는 점을 밝히고 있다. 로버트 레슬러 저, 황정하 등 역(2004).『살인자들과의 인터뷰: 이상살인자들의 범죄심리를 해부한 FBI 심리분석관 로버트 레슬러의 수사기록』(제6장). 바다출판사.

** 이 밖에도 그동안 FBI 프로파일링 방법에 대해 많은 의구심이 제기되어 왔는데, 좀 더 구체적인 내용은 다음 문헌들을 참고해 보기 바란다. 남궁현 · 심희섭(2015). 범죄자 프로파일링: 과학인가 과장인가?.『형사정책연구』26(3), 209-238; 정세종(2012). 범죄자 프로파일링에 관한 비판적 고찰.『한국범죄심리연구』8(2), 149-164; 이수정(2015).『최신 범죄심리학』. 학지사, p. 331; 말콤 글래드웰 저, 김태훈 역(2010).『그 개는 무엇을 보았나』(제3부). 김영사.

5
리버풀 방식 프로파일링
통계기법으로 범죄수사를 지원하다

❖ ❖ ❖

패트릭 툴리의 초기 프로파일링

사건현장을 통해 범인상을 추정하는 프로파일링은 미국뿐만 아니라 영국에서도 독자적인 발전을 이루었다. 그것은 데이비드 캔터(David Canter)가 리버풀 대학 재직 당시 연구한 리버풀(Liverpool) 방식의 프로파일링이다. 그러나 영국 프로파일링의 기원은 캔터보다 좀 더 앞선 시대에 존재하였다.[1] 그것은 패트릭 툴리(Patrick Tooley) 박사에 의한 프로파일링이다. 툴리는 1974년 켄트 주에서 살해된 수잔 스티븐슨(Susan Stevenson) 사건을 조사하면서 자신의 정신의학적 지식을 이용하여 다음과 같은 프로파일링을 작성하였다.

---

1) Canter, D. & Young, D. (2009). *Investigative psychology: Offender profiling and the analysis of criminal action*. John Wiley & Sons.

"범인은 20~35세 사이의 사이코패스로 성범죄나 알코올중독, 강도, 폭력 등의 전과가 있으며, 육체노동을 하거나 무직 또는 일 자리를 전전하고 있는 중이다. 가정환경이 특수하여 모친은 자제 심이 강하고 성적으로 억압적이며 아들을 맹목적으로 사랑한다. 범인은 여성에게 열등감을 느끼고 있어서 여성과 이야기를 나누지는 못하지만, 여성과의 관계를 원하고 있다. 혼자서 배회하고 엿보기도 하지만 노출증은 없다."

실제로 검거된 범인 피터 스타우트(Peter Stout)는 그의 프로파일링에 거의 부합한 것으로 나타났다.

리버풀 방식 프로파일링의 등장

1985년 당시 서리(Surrey) 대학에 재직 중이던 캔터는 런던경시청으로부터 런던에서 발생한 연쇄강간살인사건의 수사협조를 요청받았다.[2] 이 사건은 1982년 6월 무렵부터 이미 20건 이상이 발생한 상태였으며, '철도 강간살인마 사건(Railway rapists)'이라고 불리며, 1982년 6월부터 이미 20건 이상의 사건이 발생한 상태였다. 초기에는 공범에 의한 사건으로 파악되다가 1984년부터는 단독범행으로 분석되었다. 그러나 사건 발생이 장기화되면서 급기야 살인사건으로 확대되었다. 이 연쇄강간사건이 동일범의 소행이라는 증거는 곳곳에서 나타났다. 끈을 사용해서 피해자를 묶은 점, 피해자의 옷으로 재갈을 물린 뒤 강

---

2) Canter, D. V. (1994). *Criminal shadows: Inside the mind of the serial killer.* HarperCollins. 〔D · カンター/吉田利子(訳)(1996). 『心理捜査官ロンドン殺人ファイル』. 草思社〕

간을 한 점, 피해자의 성기에 휴지를 집어넣고 불을 붙인 점, 범행 후에 피해자의 이름을 묻거나 집으로 돌아가는 길을 알려준 점 등의 공통적인 행동이 나타났고, DNA 감정에서도 동일인이라는 결과를 얻었다. 그러나 정작 범인이 누구인지는 알 수 없었다.

그러자 런던경시청은 캔터에게 협조를 요청했던 것이다. 당시 런던경시청은 심리학자의 협조를 받아도 얻는 것은 아무것도 없을 것이라는 인식이 지배적이었다. 그러나 사안이 심각했기 때문에 경찰은 그야말로 '지푸라기라도 잡는' 심정으로 그에게 협조요청을 한 것이다.[3] 캔터는 당시의 경험을 "나는 수사가 실패했을 때를 대비한 희생양이나 보험 역할에 불과했다"라고 기록하였다. 그는 경찰관 두 명의 지원을 받아 해당 사건의 자료를 수집하고 상세하게 분석하기 시작했다. 당시 영국에서도 FBI의 프로파일링이 어느 정도 알려져 있었지만, 구체적으로 어떠한 방법을 통해 프로파일링을 실시하는지에 대한 정보는 거의 없었다. 그래서 캔터는 나름대로의 방법으로 범인을 파악하기로 하였다.

우선 그는 1982~1986년 사이의 범죄 발생장소를 지도에 맵핑했다. 그 결과, 사건발생 범위가 점차 확대되고 있다는 점이 확인되었다. 여기에서 그는 범인이 최초의 사건 발생지점 근처에 거주하고 있으며, 범행이 늘어감에 따라 피해자를 물색하기 위해 다른 지역으로 이동했을 것이라고 추론하고, 범인의 특성을 다음과 같이 추정하였다.

---

3) 캔터는 본래 환경심리학자였으며, 이 당시에는 범죄심리학을 본격적으로 연구하지 않았다.

"범인이 피해자의 이름을 묻거나 대화를 나눈 점으로 볼 때, 여성에 대해 일방적인 적대감을 가진 사람은 아니다. 이처럼 모르는 여성에게도 거절을 두려워하지 않고 평범하게 대할 수 있다는 점에 범인은 기혼자일 가능성이 크다. 한편, 범인은 폭력적이고 아내를 학대하여 부부관계가 파탄났을 가능성이 크다. 범행이 계속 확대되고 있던 시기에 부부간에 어떤 사건이 있었을지도 모른다. 범행 현장에서 범인이 충동적이지 않고 통제된 행동을 한 점, 강간하는 데 필요한 최소한의 폭력만 행사한 점 등으로 볼 때, 항상 폭력적으로 돌변하는 사람은 아니라, 통제가 약해질 때 폭력을 휘두르는 경향이 있는 것으로 보인다. 이 때문에 가정폭력을 저지를 수 있으며, 술집 등에서 취하면 폭력사건을 일으킬 수도 있다."

또한 다음과 같은 이유로 범인의 연령을 20대 후반으로 추정하였다.

"이러한 유형의 계획적인 폭력범죄는 비교적 30대 후반에 나타나기 쉽지만, 강간은 20대에 저지르기 쉬운 범죄이다. 이로 인해 범인의 연령은 그 경계에 있는 20대 후반으로 추정된다."

결국 이 사건의 범인으로 존 더피(John Duffy)*라는 남성이 검거되었는데, 그 특징은 캔터의 프로파일링과 거의 일치하였다. 캔터는 수사관들에게 "어떻게 그러한 특징을 알았습니까? 당신의 프로파일은 실로 정확하고 유용했습니다"라는 찬사를 받았다고 한다. 그는 이러한 경험을 통해 심리학을 활용한 프로파일링의 가능성을 발견하고 본격적으로 연구하기 시작하였다.[4][5]** 당시 캔터는 서리 대학에 소속

---

4) 캔터는 그 후 FBI로 연수를 가서 프로파일링에 관한 교육을 받았다. FBI의 프로파일링은 수사관의 오랜 경험을 통해 사건을 평가하는 방식이었다. 그러나 캔터는 그러한 방식을 따르지 않고, 범죄데이터의 과학적 분석에 근거한 프로파일링 연구를 실시하였다. 이는 FBI의 프로파일링이 기본적으로 '수사관'의 방식이라면, 리버풀 대학의 프로파일링은 '연구자'의 방식이라는 관점의 차이에 따른 것이라고 할 수 있다.

되어 있었지만, 연구거점을 리버풀 대학으로 옮겨 연구는 물론 인재 양성에도 힘을 쏟았다.

리버풀 방식 프로파일링의 방법

'리버풀 방식의 프로파일링은 무엇인가?'에 대한 질문에 한마디로 답하기는 어렵다. 그러나 굳이 정의를 내리자면, 계량적·통계적 방법으로 범죄데이터를 분석하여 범죄수사에 필요한 객관적인 정보를 추론하는 것이라고 할 수 있다. 따라서 FBI 방식의 프로파일링은 범죄자 면담 등 이른바 임상적 방법에 의해 개발되었고, 풍부한 수사실무 경력을 가진 프로파일러가 자신의 경험을 바탕으로 실시하기 때문에 '임상적 프로파일링'이라고 하는 반면, 리버풀 방식의 프로파일링은 계량적 방법에 의해 실시하기 때문에 '통계적 프로파일링'이라고 일컫기도 한다.

리버풀 방식 프로파일링의 주된 방법론은 범죄데이터의 공간적 맵핑(mapping)이다. 각 범죄사건을 열로, 범인이 현장에서 취한 행동과 피해 상황, 범인의 특성 등을 행으로 배치한 매트릭스(행렬)를 구성하여 그것을 바탕으로 범행 특징을 공간적(기본적으로 2차원 공간)으로 배치하는 것이다. 여기에서 동일범행에서 공통적으로 나타나기 쉬운 행동과 동시발생하기 쉬운 범인의 특성은 가까이 배치되고, 공통적으

---

5) 다음의 논문은 미국의 프로파일링과 영국의 프로파일링을 비교·설명하고 있다.
Daéid, N. N. (1997). Differences in offender profiling in the United States of America and the United Kingdom. *Forensic Science International, 90*, 25-31.

로 나타나기 어렵거나 동시발생하기 어려운 범인의 특성은 멀리 떨어져서 배치된다. 이와 같이 배치된 맵핑을 분석함으로써, 범인의 행동과 특성과의 관계를 시각적으로 파악할 수 있다.[6]([그림 1] 참고) 이러한 연구를 **패싯(facet) 접근법**[7]이라고 한다.

이러한 공간적 맵핑에도 몇 가지 방법이 있다. 하나는 **범죄현장 행동분석** 방법이다. 범행현장의 행동을 공간적으로 맵핑하면, 동일범이 취한 행동들은 공간적으로 가까이에 배치된다. 또한 공간의 중심에는 많은 범인이 공통적으로 취한 행동이 배치되고, 주변으로 멀어질수록 어떤 범인만 취한 특징적 행동이 배치된다. 따라서 범인들의 행동이 공간의 중심으로부터 어떻게 퍼져 있는가를 분석함으로써 범인의 행동을 분류할 수 있다. 이것을 '범죄행동 주제'라고 하는데, 이것을 관찰함으로써 범행동기나 범인이 취하기 쉬운 행동을 추정할 수 있다. 또한 동일범은 동일한 범죄행동 주제에 따라 범행을 저지르는 경우가 많기 때문에, 특정 지역에서 발생한 다수의 사건 가운데에서 유사한 범죄행동 주제를 가진 사건은 동일범의 소행일 가능성이 크다고 추정할 수 있다. 이것을 **범죄연계분석**이라고 한다. 더불어, 2차원 공간상에 사건의 특징과 범인의 특성을 동시에 배치함으로써, 특정 범죄의 범인이 어떠한 특성을 가진 인물인가를 추정할 수 있다.

---

6) Canter, D. V., Alison, L. J., Alison, E. & Wentink, N. (2004). The organized/disorganized typology of serial murder: Myth or model?. *Psychology, Public Policy, and Law, 10*, 293-320.
7) 木村通治・真鍋一史・安永幸子・横田賀英子(2002).『ファセット理論と解析事例: 行動科学における仮説検証・探索型分析手法』. ナカニシヤ出版.

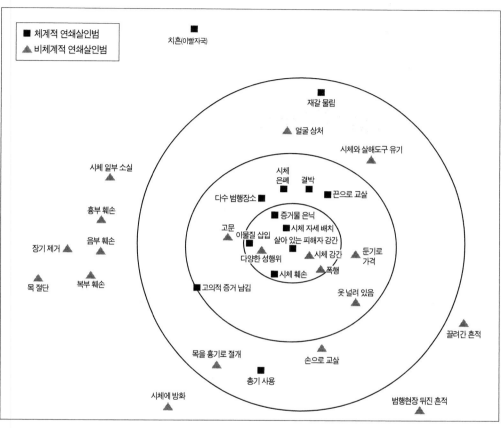

[그림 1] 캔터 등의 연쇄살인사건 범인행동 맵핑

역자주
보충학습

* 존 더피는 체포 후에도 공범에 대해 언급하지 않다가, 2001년 친구인 데이비드 멀케이(David Mulcahy)와 공범으로 범행을 저질렀다고 자백하였고, 이후 유죄가 인정되어 현재 둘 다 무기징역을 선고받고 복역 중이다(http://news.bbc.co.uk/1/hi/uk/1211771.stm).

** FBI 방식을 범행현장 분석기법(crime scene analysis, criminal psychological profiling), 리버풀 방식을 수사심리학적 기법(investigative psychology)으로 구분하기도 한다. 한국심리학회(2014). 『심리학용어사전』(http://terms.naver.com/entry.nhn?docId=2070180&cid=41991&categoryId=41991); 김영오·윤종성(2012). 범죄프로파일링에 관한 실증적 연구: 연쇄강간살인범에 대한 수사심리학적 기법(Liverpool) 적용. 『사회과학연구』51(2), 189-224.

6
범죄현장 행동분석
공통된 범행특징은 무엇인가?

범죄현장 행동분석이란 무엇인가?

리버풀 방식 프로파일링의 기초가 되는 것은 특정 유형의 범죄에 대한 다수의 객관적 데이터로서, 그 첫 단계는 많은 범죄데이터를 수집하여 데이터베이스를 구축하는 것이다. 대부분의 경우, 행에는 범인의 다양한 행동들을, 열에는 각각의 범죄사건을 입력하여 매트릭스(행렬) 형태의 데이터베이스를 작성한다. 이것이 완성되면, 범인이 취한 행동의 유사성을 바탕으로 공간적 맵핑 분석을 실시한다. 여기에서 행동의 유사성이라는 것은 두 가지의 범행이 나타났을 때, 동일범이 동시에 저지르기 쉬운 행동을 의미한다. 예를 들어, 범인이 '시체를 범행현장에 방치'한 행동과 '피해자를 갑자기 공격'한 행동이 동시에 발생하기 쉽다면 그것은 유사한 행동으로 여겨져서 공간적으로 가까운 위치에 배치된다. 또한 범인이 '피해자를 갑자기 공격'한 행동과 '피해자를 감금'한 행동이 동시에 실행되기 어려운 것이라면, 이 두 가지 행동은 공간적으로 멀리 떨어져 배치된다([그림 2] 참고). 이러한 맵핑에는 비계량적 다차원척도법, 대응일치분석, 최적화 척도법 등의 통계기법이 사용되고 있다.[1]

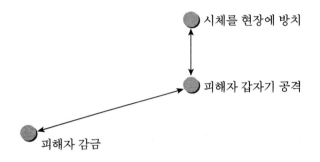

[그림 2] 범죄현장 행동의 공간적 맵핑

강간범의 범죄현장 행동분석

이와 같이 맵핑을 실시해 보면, 중심부에는 많은 범죄사건에서 공통적으로 나타나는 특징들이 몰려 있고, 주변부로 갈수록 개별 범행 고유의 특징이 나타난다. 예를 들어, 캔터(Canter)와 헤리티지 (Heritage)[2]는 27명의 범인이 저지른 66건의 강간사건에서 범인의 행

---

1) 이러한 분석방법들은 변수 간의 공동발생관계 및 상관관계를 바탕으로 변수들을 2차원 또는 3차원 공간상에 맵핑하는 다변량분석기법이다.
2) Canter, D. & Heritage, R.(1990). A multivariate model of sexual offence behaviour: Developments in 'offender profiling'. I. *The Journal of Forensic Psychiatry, 1,*

동을 이 같은 방법으로 분석하였는데, '강간' '옷 벗기기' 등의 행동은 중앙부분에 맵핑되고, '항문성교 및 성적 행위' '언어 폭력' '사과' '변장' 등의 행동은 주변부분에 맵핑되었다([그림 3] 참고). 이는 중심부의 행동은 범행 자체의 공통된 특징을 나타내고, 주변부로 갈수록 범인 특유의 독특한 행동이 나타난다는 것을 의미한다. 연구자들은 원형 중심부에서 주변부로 향할수록 그 범죄유형의 '전형적인 행동' '행동 패턴' '범행수법(Modus Operandi)'에 관한 특징들이 동심원 형태로 배치되어, 가장 바깥쪽에는 출현 빈도는 낮지만 범죄자 개인만의 고유한 특징을 나타내는 '인증행동'이 발견된다고 하였다.

또한 범죄자 개개인이 범행 당시에 취한 행동을 확인해 보면, 중심부에서 주변부로 향하는 타원형으로 분포되는 패턴이 어느 정도 나타난다. 이것은 범인 개개인의 특성이 주변부의 범행특징으로 나타나는 것을 의미한다. 따라서 이러한 공간적 영역을 구분하여 범인의 행동을 분류하는 작업을 수행하였는데, 이러한 각 영역을 '범죄행동 주제(theme)'라고 한다. 캔터와 헤리티지는 강간범의 행동 주제를 다음과 같은 다섯 가지로 제시하였다.

① **폭력성**(Violence): 피해자를 통제하기 위해 필요 이상의 폭력행동을 하는 것으로, 피해자를 때려눕히거나 모욕하는 행위 등을 말한다.
② **비인간성**(Impersonal): 피해자를 갑자기 공격하여 옷을 벗기고 강

185-212.

간을 하는 등 피해자를 인간이 아닌 자신의 욕구를 충족시키기 위한 대상으로 취급하는 행위이다.

③ **범죄성**(Criminality): 피해자를 결박하고 강간 및 강도를 저지르고 나서, 경찰에 신고하지 못하도록 피해자를 협박하는 행위이다.

④ **친밀성**(Intimacy): 피해자와 대화를 나누면서 사적인 정보를 묻거나, 사과를 하는 행동이다.

⑤ **성애성**(Sexuality): 피해자에게 다양한 성적 행위를 시도하는 것이다.

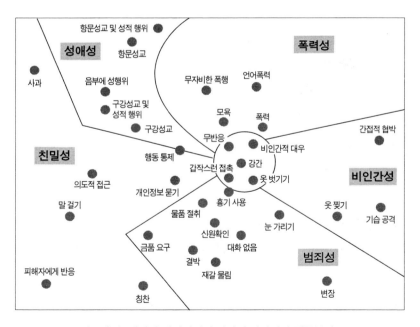

[그림 3] 캔터와 헤리티지의 강간범 범죄현장 행동분석

일본의 강간범 범죄현장 행동분석

일본 과학경찰연구소의 요코타(橫田) 등은 캔터와 헤리티지의 범죄현장 행동분석과 동일한 형태로 연구를 실시하였다. 이들은 주택가에서 강간을 저지른 4,079명의 범죄자들의 행동을 맵핑하여, 다음과 같은 세 가지 행동주제로 분류하였다.[3]

① **지배성**: 피해자를 구속하기 위한 도구나 흉기를 미리 준비한다. 또한 범인은 피해자를 신체적·물리적으로 지배하기 위해 폭력적 언행이나 협박, 목 조르기, 폭행, 결박 등의 행동을 한다.

② **성애성**(폭력성): 피해자를 성적으로 모욕하거나 폄하하는 행동을 한다. 범인은 자신의 성적 욕망을 충족하기 위해 피해자에게 구강성교, 성기에 이물질 삽입, 항문성교, 속옷강탈 등 다양한 성적 행위를 한다.

③ **친밀성**(관여성): 범인은 피해자와 인간관계를 형성하려고 친밀성을 가장하기도 한다. 피해자에게 이것저것 묻거나, 범행 도중에 피해자에게 동정심을 보이거나, 자신의 개인정보를 이야기하거나, 피해자와 다시 만나기로 약속하기도 한다.

요코타 등의 분류는 캔터와 헤리티지의 폭력성, 비인간성, 범죄성

---

[3] 横田賀英子・岩見広一・渡邉和美・藤田悟郎(2004). 屋内強姦犯の犯行スタイルの識別性に関する分析: 多次元尺度法を用いた検討『日本行動計量学会第32回大会発表論文集』, 142-143. 요코타는 그 후 성애성을 폭력성으로, 친밀성을 관여성으로 바꾸어 지칭하였다.

을 지배성이라는 하나의 범주에 분류한 것을 제외하면, 기본적으로 유사한 구조를 갖는다. 이것은 영국의 강간패턴과 일본의 강간패턴이 유사할 수 있다는 점을 시사한다.

방화범의 범죄현장 행동분석

캔터(Canter)와 프리촌(Fritzon)[4]은 영국에서 발생한 방화범죄의 범죄현장 행동분석을 실시하여, 다음과 같은 네 가지의 행동주제를 도출하였다.

① **절망**(Despair): 범인이 원망하고 있는 대상과 직접 관련 있는 물건에 방화를 하는 패턴이다.
② **표출**(Display): 범인이 짜증이나 울분을 풀기 위해 주변의 적당한 사물에 방화를 하는 행동이다.
③ **훼손**(Damage): 범인이 또 다른 범죄를 저지르기 위한 수단 또는 증거를 은폐하기 위한 수단으로 방화를 저지르는 것이다.
④ **파괴**(Destroy): 복수 등의 목적을 위해 목표대상과 관련있는 물건에 방화를 저지르는 것이다.

와치(和智) 등[5]은 1982년부터 2005년까지 일본에서 연쇄방화사건

---

4) Canter, D. & Fritzon, K.(1998). Differentiating arsonists: A model of firesetting actions and characteristics. *Legal and Criminological Psychology, 3*, 73-96.
5) Wachi, T., Watanabe, K., Yokota, K., Suzuki, M., Hoshino, M., Sato, A. & Fujita, G. (2007). Offender and crime characteristics of female serial arsonists in Japan.

을 저지른 여성 연쇄방화범 83명을 대상으로 이와 같은 분석을 실시하였다. 연구진은 캔터와 프리츤의 연구처럼 방화범의 행동주제를 네가지로 분류하였지만, 이것이 2개의 축에 의해 네 가지 유형으로 분류된다는 새로운 결과를 제시하였다. 그 2개의 축은 **도구적-표출적** 축과 **직접적-간접적** 축이다. 도구적 방화는 금전적 목적을 획득하거나 타인에게 복수하기 위해 계획적으로 방화를 저지르는 경우이며, 표출적 방화는 범인이 스트레스를 발산하거나 흥분을 위해 충동적으로 방화를 저지르는 경우이다. 또한 직접적 방화는 목표대상의 자택이나 주변에 휘발유 등으로 방화를 저지르는 경우이며, 간접적 방화는 창고나 자동차 등 아무 곳에나 불을 지르는 경우이다. 이 두 가지 축을 조합하면, 도구적-직접적, 도구적-간접적, 표출적-직접적, 표출적-간접적이라는 네 가지 유형으로 분류될 수 있다. 또한 연구자들은 이러한 유형별로 범인이 다른 특성이나 행동 패턴을 가지고 있다는 점을 제시하였다. 예를 들면, 도구적 방화범은 표출적 방화범에 비해 자택에서 좀 더 떨어진 장소에서 방화를 저지른다는 것이다.

범죄현장 행동분석의 공통 구조

그동안 강간, 연쇄살인, 방화, 강도 등 다양한 범죄 유형별 범행의 공간적 맵핑과 범죄현장 행동분석이 실시되어 왔다. 그 결과, 어떠한 유형의 범죄도 기본적으로는 2개의 축으로 분류될 수 있다는 점이 규

Journal of Investigative Psychology and Offender Profiling, 4, 29-52.

명되었다. 그것은 **도구형-표출형** 축과 **충동형-계획형** 축이다. 도구형은 어떠한 목적, 예를 들어 돈이나 복수 등의 목적을 실현하기 위한 범죄이며, 표출형은 범행 자체가 목적인 범죄이다. 충동형은 의지에 따라 통제되지 않고 감정대로 일회성 범행을 저지르는 것이며, 계획형은 사전에 범행을 계획하고 범행을 저지르는 것이다. 이에 따르면, 모든 범죄는 크게 도구-충동, 표출-충동, 도구-계획, 표출-계획 이 네 가지 패턴으로 분류될 수 있다.[6]

셀파티(Salfati)와 캔터(Canter)[7]가 영국에서 발생한 피해자-가해자 비면식관계에서의 살인사건 82건을 분석한 연구와 고드윈(Godwin)[8]이 미국 연쇄살인범 96명과 그 피해자 288명의 데이터를 바탕으로 분석을 실시한 연구에서도 이와 유사한 패턴의 결과가 나타났다. 일본의 연쇄살인사건을 분석한 스기야마(杉山) 등의 연구[9]에서도 거의 같은 패턴을 보인 바 있다.*

---

6) 그러나 이러한 축 사이의 상관관계는 범죄의 유형에 따라 차이가 있으며, 범죄에 따라 축이 명확하게 드러나지 않는 경우도 있다는 점에 주의해야 한다. 예컨대, 앞서 소개한 와치 등의 방화범 연구(2007)에서는 표출적 행동과 충동적 행동, 도구적 행동과 계획적 행동의 상관관계는 높았으나, 이 2개 차원의 축이 명확하게 구분되지 않아, 제3의 축으로 직접적-간접적 축이 제시되었다.

7) Salfati, C. G. & Canter, D. V. (1999). Differentiating stranger murders: Profiling offender characteristics from behavioral styles. *Behavior, Science & Law, 17*, 391-406.

8) Godwin, G. M.(2000). *Hunting serial predators: A multivariate classification approach to profiling violent behavior.* CRC Press.

9) 杉山翠・越智啓太(2010). 連続殺人事件における犯行形態からの犯人属性の推定に関する研究. 『日本犯罪心理学会第48回発表論文集』. 158-159.

역자주
보충학습

* 국내에서 범죄현장 행동분석을 실시한 연구들로는 다음과 같은 것이 있으니 참고해 보기 바란다. 고선영(2010). 범죄현장 행동에 근거한 연쇄 강간범죄자의 유형 분류.『한국심리학회지: 법정』1(3), 171-183; 고선영(2011).「성적살인범죄자의 프로파일링을 위한 범죄현장 행동 유형 분류 및 동기 · 심리 차이 분석」. 경기대학교 대학원 박사학위논문; 신상화 · 김지호(2014). 범죄 현장 행동 군집에 따른 성범죄 프로파일링 도출을 위한 연구.『경찰학연구』14(1), 131-166; 신상화 · 김지호(2012). 성범죄 피해자 연령대에 따른 범죄 현장 행동 특성 비교 연구.『한국심리학회지: 사회 및 성격』26(4), 107-126; 김경옥 · 이수정(2009). 범죄현장 행동에 근거한 방화범죄의 유형분류에 관한 연구.『한국심리학회지: 사회 및 성격』23(4), 131-146; 박지선 · 최낙범(2010). 범죄 행동을 통한 대인 강도 범죄자의 유형별 분류에 관한 연구『한국공안행정학회보』41, 208-235.

7
프로파일링을 위한 통계분석
범인상을 예측하는 통계분석기법

❖ ❖ ❖

　FBI 방식 프로파일링은 범죄의 유형화와 수사관의 경험적 지식의
적용이 주된 방법으로서, 통계적 기법을 활용하는 경우는 거의 없었
다. 이에 비해, 리버풀 방식 프로파일링은 다변량분석이라는 통계기
법을 자주 사용하였다. 프로파일링을 위한 통계분석기법은 크게 두
가지로 나뉠 수 있다. 하나는 범죄행동을 공간적으로 배치(plot)하여
분류하는 기법이고, 다른 하나는 범인의 행동이나 특성을 예측할 수
있는 수식을 만드는 알고리즘(Algorithm) 기법이다.[1]

---

1) 이러한 알고리즘의 타당성을 검증하는 방법으로는 판별식을 산출할 때 사용하지 않은
데이터(사건)를 수식에 대입하여 어느 정도 예측 가능한지를 검증하는 방법이 있다.
또한 데이터셋(data set)을 n분할하여 n-1개의 데이터셋으로 판별식을 만들고, 사용
하지 않은 데이터셋으로 예측 가능성을 검증한 결과를 전부 조합하여 그 평균 예측률
로 검증하는 n다중교차검정 등의 방법이 있다. 이것이 무작위로 추측한 경우보다 얼
마나 정확한 예측을 할 수 있는가에 따라 수식의 타당성이 담보되는 것이다.

범죄행동의 공간적 분류 기법

범죄행동을 공간적으로 분류하는 기법으로 자주 사용되는 것이 **다차원척도법**(Multi-Dimensional Scaling: MDS)이다. 이것은 범인의 행동이나 속성 정보를 2차원 공간상에 배치하여 유사성의 형태로 분류하는 통계기법이다. 여기에서 분석대상을 살인사건 데이터베이스로 하고, 열에는 개별 사건이, 행에는 범죄현장에서 범인이 취한 행동들이 나열되어 있다고 가정해 보자. 각각의 사건에서 범인이 특정 행동을 했을 경우는 '1', 하지 않았을 경우는 '0'을 입력한다. 이 매트릭스(행렬)를 바탕으로 범인이 취한 행동 간의 유사성을 산출하여, 유사한 행동은 공간적으로 가까이에, 유사하지 않은 행동은 멀리 배치된다. 물론 모든 정보를 2차원 상에 완벽하게 표현할 수는 없지만, 가능한 한 데이터의 특성을 유지하면서 2차원 상에 표현하게 된다.[2]

이러한 방법이 범죄심리학에 도입되기 전에는 각 변수의 빈도를 교차분석하는 정도에 불과했고, 이를 통해 고작 2∼3개 변수간의 관계 밖에는 파악할 수 없었다. 그러나 다차원척도법을 사용함으로써 여러 변수 간의 관계를 동시에 파악할 수 있게 되었고, 이로 인해 범죄심리학이 한 단계 발전할 수 있었다.

그러나 사실 이 방법도 그리 단순하지는 않다. 변수 간의 유사성을 어떤 지표를 기준으로 볼 것인가에 대해서는 다양한 요소들이 고려되기 때문이다. 보통 변수 간의 관계지표로 상관계수가 많이 사용되

---

2) 松田いずみ・荘島宏二郎(2015).『犯罪心理学のための統計学: 犯人のココロをさぐる』. 誠信書房.

지만, 이러한 범죄데이터에서는 사용하기가 곤란하다. 범죄데이터는 주로 이분형 변수로 구성되어 있고, 발생빈도도 변수에 따라 제각각이기 때문이다. 예를 들어, 살인사건 데이터베이스에서 범인이 '남성'인 경우를 검색하면 80% 이상이 해당될 수 있지만, 범행방법에서 '시체훼손'이나 '시체 일부 섭취'를 검색하면 해당되는 경우는 거의 없다. 이로 인해 상관계수 산출의 전제인 데이터의 정규성[3]이 확보되지 않는다. 그러므로 데이터의 성격에 따라 가장 적절한 유사성 지표를 선택할 필요가 있다. 캔터의 연구에서는 자카드 계수[4]가 유사성 지표로 자주 사용되었다.

범죄행동의 유사성이나 특성 간의 관계를 공간분석하는 방법에는 다차원척도법 외에도 다양한 방법이 존재한다. 그중에서 비교적 자주 사용되는 방법은 다중 대응일치분석(Multiple correspondence analysis)과 수량화 Ⅲ류* 등이다.

범죄예측기법

프로파일링은 궁극적으로 범인의 특성 및 추가 범행 등의 예측을 목적으로 한다. 이를 위해 다변량분석 기법이 사용되었는데, 그중에

---

3) 데이터가 평균치 근처에 가장 많이 몰린 지점으로부터 데이터가 양측으로 점차 감소하는 종형 분포(정규분포)를 나타내고 있는 것을 말한다. 통계처리를 할 때에는 데이터가 이러한 정규성 가정을 충족해야 하는 경우가 많다.
4) 자카드 계수(Jaccard's coefficient)는 편향된 발생빈도가 나타나는 변수 간의 유사성 지표 중 하나이다. (A사건에서 발생한 빈도) + (B사건에서 발생한 빈도) + (A, B사건을 바탕으로 발생한 빈도)를 분모, (A, B사건을 바탕으로 발생한 빈도)를 분자로 한 수식으로 산출된다.

서 가장 기초적인 통계기법은 다중회귀분석이다. 이는 어떤 변수로부터 다른 변수의 값을 일차식으로 표현하고 예측하는 것이다. 즉, $y = a_1 x_1 + a_2 x_2 + a_3 x_3 + \cdots a_n x_n$ 라는 수식의 변수(독립변수)에서 하나의 값(종속변수)을 예측하는 수식을 만드는 것이다. 원래 이 분석은 설명변수 및 종속변수가 모두 정규분포를 나타내는 연속형 변수를 가정하고 있는데, 프로파일링에서 이 점은 문제가 된다. 프로파일링은 연속형 변수가 아니라, 범인이 '남성' '범행장소 근처 거주'와 같은 범주형 변수로 구성되어 있기 때문이다. 이러한 경우 많이 사용되는 분석기법이 **로지스틱 회귀분석(Logistic regression)**이다. 이것은 독립변수와 종속변수가 모두 범주형 변수인 경우에 적용할 수 있는 회귀분석방법이다.

다중회귀분석이든 로지스틱 회귀분석이든 회귀분석은 결국 다수의 독립변수에서 하나의 종속변수를 예측하는 것이다. 예를 들어, 범인의 다양한 행동을 독립변수로 놓고, 범인의 전과 유무를 종속변수로 두는 것이다. 일반적으로 독립변수가 많을수록 좋다고 생각할 수 있지만, 반드시 그렇지는 않다. 또한 범죄데이터에는 독립변수 간의 상관관계가 높은 경우가 많아서,[5] 도출된 회귀식이 타당성을 잃거나 불안정해지기도 한다. 그러므로 연구자가 얼마나 적절한 독립변수를 선택했는지가 매우 중요하다.

한편, 로지스틱 회귀분석은 선형판별기법으로서, 예측 데이터가 선형구조인 경우에는 목적한 대로 잘 예측되지만 비선형구조인 경우에는 예측 정확도가 떨어지게 된다. 따라서 2차 이상의 함수를 사

---

5) 이를 다중공선성이라고 하는데, 다중공선성이 발생하면 적절한 식을 얻을 수 없기 때문에 회귀식을 세울 때 가장 유의해야 한다.

용한 판별분석이나 신경망(Neural network) 분석, 자기조직화 네트워크 분석, 베이즈 추정[6] 등의 각종 통계 기법과 최신 기계학습(Machine learning) 기법이 활용되고 있다.** 그러나 이러한 기법은 오분류 확률을 감소시키는 대신 모델 안정성이 떨어지는 경우가 많다.[7]

---

6) 財津亘(2009). 犯人像推定におけるベイズ方式への展開『犯罪心理学研究』47, 75-87.
7) 프로파일링의 정확성은 ROC 곡선(Receiver Operatorating Characteristic curve)을 사용하여 확인하는 경우도 있다. 이것은 가로축에는 특이도(어떤 속성이 없는데 있다고 보고하는 오류 비율), 세로축에는 민감도(어떤 속성이 있다고 예측했을 때 실제 있었던 비율)를 배치하고, 각각의 특이도에 대한 민감도의 변화 곡선을 도식화하는 기법이다. 만약 예측의 적합도가 우연히 발생할 수 있는 수준이라면, 나타나는 곡선은 대각선의 형태가 된다. 예측의 적합도가 크다면, 대각선에서 좌측 상단이 불룩한 곡선이 된다. 적합도의 크기는 ROC 곡선의 하단 면적(Area Under the Curve: AUC)을 지표로 하는 경우가 많고, 보통 그 값이 0.7 이상일 때 비교적 정확성이 높은 것으로 해석하고 있다.

* **수량화 III류**: 수량화이론(Quantification theory)은 일본에서 개발된 다차원데
이터분석법의 하나로, 1950년대 하야시 지키오(林知己夫) 박사가 질적 자료
의 수량화 방법론으로 개발한 것이다. 여기서 질적 자료의 수량화란 질적 범
주에 양적 수치를 부여하는 작업으로, 범주형 변수의 각 범주에 적절한 의미
를 갖는 수치를 부여하는 방식을 말한다. 수량화이론은 보통 외적 기준이 있
는 경우와 없는 경우로 나누어서 설명하고, 그것에 따라 수량화 I, 수량화 II,
수량화 III, 수량화 IV 등의 방법으로 나뉜다. 수량화 III류는 한 종류의 외적
기준을 갖지 않는 비정형 데이터를 구조화하는 방법이다. 허명회(1988). 『수
량화방법 I · II · III · IV』. 자유아카데미.

** 최근 이와 같은 빅데이터 및 정보통신기술(ICT)을 활용한 범죄예측 알고리
즘 개발이 큰 주목을 받고 있는데, 이러한 연구들은 모델링 및 분석기법의 복
잡성으로 인해 주로 이공계열 또는 학제 간 융복합연구로 진행되고 있다. 따
라서 다음과 같은 연구들을 통해 이론적 개념을 먼저 참고해 보기 바란다. 양
종모(2016). 인공지능 이용 범죄예측 기법과 불심검문 등에의 적용에 관한 고
찰. 『형사법의 신동향』51, 210-242; 전진호(2016). 『빅 데이터 분석을 통한
성범죄 예방 예측모형 연구』. 국민대학교 대학원 박사학위논문; 박지호 · 차경
현 · 김경호 · 이동창 · 손기준 · 김진영(2015). 범죄발생 요인 분석 기반 범죄
예측 알고리즘 구현. 『한국위성정보통신학회』10(2), 40-44.

8

범죄연계분석

이것은 동일범의 소행인가?

❖ ❖ ❖

　어떤 지역에서 연쇄강간이나 연쇄방화 등 다수의 동종 범죄가 발생했다고 가정해 보자. 그러한 범죄를 수사하거나 범인상 추정 및 추가 범행 예측을 위한 프로파일링을 실시할 때, 그것이 동일범의 소행인지, 아니면 각각 다른 범인의 소행인지를 규명하는 것이 전제되어야 한다. 또한 그것이 주변 지역에서 발생했던 미해결사건이나 해결된 사건의 범인이 저질렀을 가능성이 있는지를 살펴보아야 한다. 이러한 분석을 **범죄연계분석**(linkage analysis)이라고 한다.

　그동안 경찰은 이러한 분석을 주로 수사관의 경험에 의존하여 실시해 왔다. 과거에는 관할구역을 잘 알고 있는 베테랑 형사가 머릿속에 범죄 데이터베이스를 담아놓고, 특정 수법을 사용한 범죄가 발생하면 그것이 다른 사건과 동일한 범죄자에 의한 소행인지, 그리고 범인이 어디에 사는 누구인지 등을 파악할 수 있었다고 한다.[1] 그러나 오늘

---

1) 小川泰平(2013). 『泥棒刑事』. 宝島社新書.

날의 범죄는 점점 더 활동반경이 넓어지고 복잡하며, 신원을 파악하기 어려운 양상을 띠고 있어서 베테랑 형사라도 사건을 쉽게 해결할 수 없게 되었다. 이에, 범죄연계분석은 통계적 기법을 사용하여 과학적인 수사를 실시하고자 하는 것이다.

범죄연계분석의 전제조건

범죄연계분석에는 '범죄행동 간의 일관성'과 '개별적 분류가 가능한 특징 있는 행동'이라는 두 가지 중요한 전제조건이 존재한다. '범죄행동 간의 일관성'이란 한 범인이 연속적인 범죄를 저지르면서 유사한 형태의 행동을 계속 나타내는 것이고, '개별적 분류가 가능한 특징 있는 행동'이란 어떤 범인의 것으로 특징지을 수 있는 특수한 행동양식을 말한다. 예를 들면, 침입절도범 중에는 침입한 장소에 대변을 보고 나오는 경우가 있는데, 이것은 개인의 행동을 특정할만한 특이한 행동이라고 할 수 있다. 그 범인이 침입했던 모든 집에서 그러한 행동을 했다면 사건 간의 행동의 일관성이 있다고 할 수 있으며, 이 경우 범죄연계분석이 가능하다. 반면, 어떤 범인의 행동이 다른 범인들에게도 공통적으로 나타난다면(예컨대, 침입절도에서 창문으로 침입 또는 금품 절취, 강간사건에서 성기 삽입 등), 그 사건은 범죄연계분석을 할 수 없다. 또한 발생빈도가 적은 행동이나, 범인이 상황에 따라 하기도 하고 안 하기도 하는 행동도 범죄연계분석의 대상이 될 수 없다.

범행빈도는 낮지만 거기에서 범인이 일관되게 취한 행동이 나타난다면, 범죄연계분석이 가능하다. 셀파티(Salfati)와 베이트만

(Bateman)[2]은 연쇄살인사건에서 위의 두 가지 전제조건을 충족하는 행동변인을 탐색하였다. 그 결과, '범행도구를 가지고 침입' '증거 인멸' '구강성교' '노끈 사용' 등의 행동특징과 '지배성' '계획성'과 같은 행동주제는 범죄연계분석에 활용될 수 있지만, '고문' '시체 유기' '흉기 소지'는 발생빈도는 높지만 범죄연계분석이 어려운 행동으로, '시체에 방화' '시체 옆에서 포즈 취하기' 등은 일관성이 낮아서 범죄연계분석이 어려운 행동으로 분석되었다.

그러나 범죄연계분석이 가능한 행동이 반드시 단독적으로 나타나야 할 필요는 없다. 개개의 행동 자체는 그다지 특이하지 않아도, 범인이 조합하여 드물고 일관된 행동(예를 들어, 가정집에 문을 따고 침입하여 속옷을 훔친 뒤, 옷장에 불을 지르는 행위)을 저질렀다면, 그것은 동일범의 소행이라고 추정할 수 있다.

또한 범죄연계분석에 적용되는 개념의 구체적 범위도 중요하다. 예를 들어, 어떤 침입절도범이 '단독주택 화장실 창문으로 침입' 한 행동을 했을 경우, 그것을 '화장실 창문으로 침입'한 행동으로 규정할 것인지, '창문으로 침입'한 행동으로 규정할 것인지, '단독주택에 침입'한 행동으로 규정할 것인지가 문제시된다. 일반적으로 범죄행동을 너무 구체적으로 개념화하면 동일범의 행동 간 유사성을 발견하기 어렵고, 너무 넓은 범위로 개념화하면 동일범의 특징 있는 행동들이 사라져서, 결국 잘못된 범죄연계분석 결과가 도출될 수 있다. 단순히 범죄

2) Salfati, C. G. & Bateman, A. L. (2005). Serial homicide: An investigation of behavioural consistency. *Journal of Investigative Psychology and Offender Profiling, 2*, 121-144.

행동 주제의 동일성 여부를 기준으로 한 연계분석은 엉성하고 잘못된 결과를 나타낼 수도 있지만, 한편으로는 간편하고 나름대로 효과적이라고 평가되기도 한다.

범죄연계분석의 방법

범죄연계분석에도 다양한 방법이 있는데, 그중 하나가 다차원척도법 등을 이용한 공간 맵핑 방법이다. 발생한 각 사건을 열로, 범죄행동들을 행으로 구성한 매트릭스 행렬을 만들어 사건간의 유사성을 산출하여 보다 유사한 사건들은 가까이에, 유사하지 않은 사건들은 멀리 배치함으로써 공간적으로 맵핑하는 것이다. 만약 어떤 범죄행동들에 일관성이 있다면 그러한 행동들은 공간적으로 가까운 위치에 배치되며, 이를 통해 그것을 동일범의 소행으로 유추할 수 있다. 반면, 그러한 행동들이 서로 멀리 떨어진 위치에 배치되면 동일범의 소행이라고 보기 어렵다. 산틸라(Santilla) 등[3]은 연쇄강간범 12명의 사건 특징을 이와 같은 방법으로 공간 맵핑하여, 동일범의 행동은 대부분 공간적으로 가깝게 배치되는 것으로 나타나, 이러한 방법으로 범죄연계분석을 하는 것이 가능하다는 것을 확인하였다.[4]*

---

3) Santtila, P., Junkkila, J. & Sandnabba, N. K. (2005). Behavioural linking of stranger rapes. *Journal of Investigative Psychology and Offender Profiling, 2*, 87-103.
4) 여기에서는 범죄행동을 바탕으로 한 범죄연계분석에 대해 주로 설명했지만, 실제로는 이 외에도 범행일시 및 범행장소의 유사성 등을 바탕으로 한 범죄연계분석도 실시되고 있다.

* 국내에 범죄연계분석과 관련된 연구는 매우 드문 편인데, 다음 논문들을 참고해 보기 바란다. 이창훈(2016). MO-BR=Sig.: 범죄 프로파일링과 연계분석의 새로운 모형.『경찰학연구』16(2), 121-154; 최성재(2007). 살인사건의 연관성 프로파일링 연구.『경찰학연구』7(2), 116-147.

9

지리적 프로파일링
범행거점과 추가 범행지점을 예측하다

❖ ❖ ❖

지리적 프로파일링(Geographical profiling)은 지리정보를 바탕으로 하는 프로파일링 기법으로, 주로 연쇄범죄의 범행 장소로부터 범인의 거점장소 및 추가 범행지점을 예측하거나, 시체 유기 및 증거인멸 장소 등으로부터 범행 장소와 범인의 거주지를 추정하기 위해 활용되고 있다.

범행거점 추정

지리적 프로파일링의 최초 가설로는 캔터(Canter)가 제시한 원가설(Circle hypothesis)이다. 캔터는 한 명의 연쇄살인범의 범행 장소와 거주지를 지도상에 표시해 보면, 그 모든 지점들이 하나의 영역 안에 포함된다는 점(그는 그러한 모든 지점들이 A4 용지에 담겨진다는 의미에서, 이를 A4 효과라고 부르기도 했음)을 발견하였다. 이 가설은 연쇄범죄를 맵핑할 때, 가장 멀리 떨어진 두 범행지점을 연결한 선을 직경으로 하는 원의 중심에 범인의 거주지(또는 직장 등의 범행거점)가 존재한다는 것이다. 캔터는 45명의 범인이 저지른 총 251건의 성범죄에 대한 지리적 데이터를 분석하여, 그중 87%가 원가설에 부합된다는 점을 규명하였다.[1] 한편, 일본 수도권 및 오사카에서 발생한 연쇄방화범 107명의 지리적 행동을 조사한 스즈키(鈴木)의 연구[2]에서는 72%의 범행이, 후쿠시마에서 발생한 방화사건을 조사한 미쓰모토(三本)와 후카타(深田)의 연구[3]에서는 71%의 범행이, 홋카이도에서 발생한 5건 이상의 편의점 강도를 조사한 이와미(岩見)의 연구[4]에서는 80%의 범행이 원가설과 일치한 것으로 나타났다.

이처럼 원가설은 단순한 원리에 비해 비교적 정확한 결과를 나타냈지만, 여기에는 큰 문제점이 하나 있다. 그것은 동일범이 저지른 두 범행지점 간의 거리가 매우 먼 경우, 원의 크기가 너무 커져서 범죄자의 행동반경을 예측하는 데 큰 도움이 되지 않는다는 점이다. 그래서 다음으로 고안된 것이 원가설보다 좁은 범위를 예측하는 모델이다. 예를 들면, **최소 블록집합 폴리곤**(Convex Hull Polygon: CHP) 모델은 범행이 발생한 장소들을 지도 위에 핀을 꽂아 표시하고 그 핀들을 끈

1) Canter, D. & Larkin, P. (1993). The environmental range of serial rapists. *Journal of Environmental Psychology, 13*, 63-69.
2) 鈴木護(2000). 「放火のプロファイリング: 都市の連続放火事件を対象とした知見」. 田村雅幸(監修), 高村茂・桐生正幸(編). 『プロファイリングとは何か』. 立花書房.
3) 三本照美・深田直樹(1999). 連続放火犯の居住地推定: 地理的重心モデルを用いた地理プロファイリング 『科学警察研究所研究報告防犯少年編』40, 23-36.
4) 岩見広一(2012). 連続コンビニ強盗犯の属性と犯行地選択 『犯罪心理学研究』50, 132-133.

으로 연결하여 다각형(폴리곤)을 만들면, 최소한 그 다각형 영역 안에 범인이 거주하고 있을 것이라고 예측하는 방법이다. 이 모델은 FBI가 비면식 연쇄강간범의 거주지를 추정하는 데 활용되어, 탐색영역을 확실히 좁히는 효과를 발휘하였다. 그러나 이 방법을 통해 강간범을 분석한 워렌(Warren) 등[5]의 연구에서는 범인의 24% 정도만 최소 볼록집합 폴리곤 안에 거주하고 있는 것으로 나타났다.[6]

그 후에도 범인의 범행장소를 지도 위에 핀을 꼽아 표시하는 핀 포인트(pinpoint) 방식으로 범인의 거주지를 추정하고자 하는 연구가 이루어졌다. 이러한 연구들은 범인이 살고 있을 확률이 높은 장소와 낮은 장소를 파악하면, 범인을 탐색하기 위한 순서를 정할 수 있게 된다고 보고, 그러한 방법을 고안하는 데 목적을 두었다. 핀 포인트 추정 방법의 기본 가설은 원심가설(円心仮説)로서, 이것은 원의 가운데 지점에 범인의 거주지가 존재할 확률이 높다고 보는 것이다.

범죄 데이터를 실증적으로 분석해 보면, 범행지점이 반드시 범인의 거주지를 중심으로 균등하게 분포되어 있지 않기 때문에 원심가

---

5) Warren, J., Reboussin, R., Hazelwood, R. R., Cummings, A., Gibbs, N. & Trumbetta, S.(1998). Crime scene and distance correlates of serial rape. *Journal of Quantitative Criminology, 14*, 35-59.

6) 범행거점의 탐색영역을 좁히기 위한 또 다른 방법으로, 미쓰모토와 후가타의 의혹영역(疑惑領域) 모델이 있다. 이것은 각 범행 지점까지의 거리의 합이 최소가 되는 최소거리 중심(Center of Minimum Distance: CMD) 지점에 범인의 거주지가 존재한다고 가정하는 모델이다. 三本照美・深田直樹(1999). 連続放火犯の居住地推定過程『科学警察研究所報告防犯少年編』40, 23-36. 한편, 야마모토는 연쇄 빈집털이범의 거주지 추정을 위해 의혹영역 모델과 최소 볼록집합 폴리곤 모델(CHP)을 비교하여, 두 모델이 비슷한 수준의 예측력(탐색영역 내에 범인의 거주지가 있을 확률 대략 40~50%)이 있음을 확인하였다. 山元修一(2009). 凸包ポリゴンによる地理的プロファイリングの検討『犯罪心理学研究』49, 22-23.

설의 타당성은 그리 높지 않은 것으로 나타난다. 오히려, 범인의 거주지는 캔터가 제시한 원가설처럼 원의 주변부 가까이에 존재하는 경우가 많았다. 또한 범죄유형이나 범인의 연령 및 성별에 따라 범행지리적 분포가 다르게 나타났다. 범인이 집이나 직장 등의 범행거점을 중심으로 범행을 저지르는 패턴을 거점형이라고 하는데, 이것은 원가설이 기본적으로 가정하고 있는 범행패턴이다. 한편, 범인이 집에서 다른 어떤 장소로 출퇴근하듯이 범행을 저지르는 패턴을 통근형이라고 한다. 범인의 범행패턴이 거점형이 아닐 경우, 원가설이나 원심가설에 따른 거주지 추정이 어려워지게 된다. 따라서 지리적 프로파일링을 할 때에는 분석대상 범죄의 범죄행동 특성 등을 통해 범인이 거점형에 해당되는지를 먼저 파악해야 한다.

거점형과 통근형의 예측

미네이(Meaney)[7]는 시드니에서 발생한 연쇄성범죄, 연쇄침입강도, 연쇄방화사건의 범행패턴을 통해 범인이 통근형인지 거점형인지를 예측하는 연구를 실시하였다. 그 결과를 살펴보면, 범죄유형별로는 방화나 성범죄가 거점형 범행을 저지르기 쉽고, 범인이 여성인 경우, 사건이 도심에서 발생한 경우, 범인이 범행 당시 음주상태였던 경우에서 거점형이 많이 나타났다. 표출성 범행동기를 가지고 충동적

---

7) Meaney, R. (2004). Commuters and marauders: An examination of the spatial behaviour of serial criminals. *Journal of Investigative Psychology and Offender Profiling, 1*, 121-137.

범죄를 저지르는 경우에는 범인이 자신의 행동반경 내에서 범행을 저지르기 때문에 거점형 행동패턴이 나타나지만, 범행대상을 미리 정한 계획적 범죄나 복수를 위한 방화 등은 통근형 행동패턴이 나타날 수 있다. 또한 직업적 절도범은 미리 범죄를 저지를 지역을 선정한 후에 그곳에 출퇴근하듯 하는 통근형 범행을 저지르는 경우가 많은 것으로 나타났다.

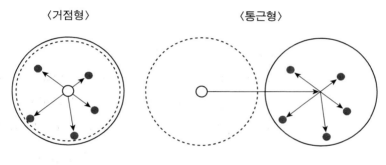

〈거점형〉   〈통근형〉

[그림 4] 거점형과 통근형

버퍼존

범인의 거주지를 추정할 때 중요시되는 또 다른 현상으로 **버퍼존** (Buffer zone)이 있다. 프리츤(Fritzon)[8]은 방화범의 행동패턴과 거주지의 관계를 분석하여 이러한 현상을 규명하였다. 그의 주요 연구결과는 다음과 같다. 첫째, 범인은 집이나 직장과 같은 거점 주변지역에

8) Fritzon, K. (2001). An examination of the relationship between distance travelled and motivational aspects of firesetting behaviour. *Journal of Environmental Psychology, 21*, 45-60.

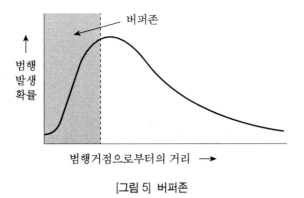

버퍼존

범행
발생
확률

범행거점으로부터의 거리 →

[그림 5] 버퍼존

관해 상세히 알고 있다. 그러나 이 지역에서 범죄를 저지를 경우 목
격자나 피해자에 의해 자신의 신원이 바로 탄로 날 수 있고, 경찰 역
시 범행지점 근처부터 수색을 시작하기 때문에 발각될 위험성이 크
다. 이 때문에 거점 인접지역에서의 범행은 억제된다. 둘째, 거점으로
부터 떨어진 지역에는 신원발각 위험이나 경찰의 수색 위험이 감소하
지만, 그만큼 그 지역에 대한 정보가 부족하다. 이처럼 익숙하지 않은
장소에서 범행을 저지르는 것은 도주나 범행대상의 선택 등에 있어
서 불리하므로 이 역시 범행이 억제된다. 셋째, 결과적으로 범행은 거
점으로부터 충분히 떨어져 있지만 너무 떨어져 있지 않은 지점(최적
거리)에서 이루어진다. 이처럼 거점근처의 일정한 영역에서는 범행이
발생하지 않는 현상을 **흑점 효과**(Coal-sack effect)[*]라 하고, 그 영역을
버퍼존, 즉 완충지대라고 부른다. 버퍼존이 존재하기 때문에 범행지
점은 거점을 중심으로 도넛 형태를 띠게 된다.

시간축을 도입한 지리적 프로파일링

지리적 프로마일링에 범죄발생 장소 데이터와 더불어, 범죄발생 순서 데이터를 동시에 활용하면, 보다 정확한 추정을 할 수 있을 것이다. 예를 들어, '범인은 최초 범행은 집근처에서 저지르고, 점차 집에서 멀리 떨어진 곳에서 범행을 저지르게 된다'는 가설을 세울 수 있다.[9] 이러한 가설을 적용하여 바커(Barker)[10]는 침입절도사건을, 미네이(Meaney)는 성범죄, 침입절도, 방화사건을 검증하였다. 이러한 연구에서 연쇄범죄의 범행장소가 '점차' 집에서 멀어지는 경향은 명확하게 나타나지 않았지만, 최초 범행은 집에서 가장 가까운 곳에서 저지른다는 가설은 대체로 부합하는 것으로 나타났다.

또한 고드윈(Godwin)과 캔터(Canter)는 연쇄살인사건에서 '범인이 피해자와 최초로 만난 장소'와 '시체 유기장소'가 범행이 반복되면서 어떤 패턴을 나타내는가에 대해 연구하였다.[11] 그 결과, 범인과 피해자가 처음 만난 장소에 대해서는 그다지 뚜렷한 경향이 나타나지 않았지만(그러나 몇몇 연구에서는 대체적으로 범행장소가 점차 집에서 멀어지다가 그후 다시 점차 가까워지는 경향을 보였다), 시체 유기장소에 대해서는 최초 범행이 가장 멀고, 범행을 반복하면서 집과 가까워지는 경향이 나타났다. 이러한 결과는 범행순서에 대한 정보를 통해 보다 정

---

9) 이 가설은 영화 〈양들의 침묵〉에서도 소개되었다.

10) Barker, M. (2000). The criminal range of small-town burglars. D. Canter & L. Alison (Eds.), *Profiling property crimes*. Ashgate.

11) Godwin, M. & Canter, D. (1997). Encounter and death: The spatial behavior of US serial killers. *Policing: An International Journal of Police Strategies & Management, 20*, 24-38.

확한 지리적 프로파일링을 할 수 있게 된다는 점을 보여 주고 있다.

범죄자의 지리적 행동패턴

앞에서 범인의 행동이 거점형인지 통근형인지는 범죄유형에 따라 다르게 나타날 가능성이 있다는 점에 대해 설명하였는데, 이와 더불어 범인의 행동패턴을 분류하여 그 패턴에 따라 거점추정을 하는 연구도 이루어지고 있다. 캔터(Canter)와 샬레브(Shalev)[12]는 뉴욕에서 발생한 각종 사건을 통해 범인의 지리적 행동패턴을 분석하여, 다음과 같은 유형을 제시하였다.

① **만족형**(Satisfying): 이것은 '최소한의 노력'으로 범죄를 저지르고 성과를 얻는 데 만족하는 유형으로, 가급적 노력하지 않는 방법을 선택한다. 경찰의 단속이 적고, 피해자가 많은 지역이 있으면 그곳에서 집중적으로 범행을 저지른다. 뉴욕 센트럴파크에서만 강도나 강간을 저지르는 범인이라든지, 항상 동일 장소에서 마약을 판매하는 마약상 등이 이 유형에 해당된다. 이 유형에서 원가설은 성립하지 않을 가능성이 크다.

② **순회형**(Traveling consumers): 범인은 한번 범죄를 저지른 지역에

---

12) Canter, D. & Shalev, G. K. (2008). Putting crime in its place: psychological process in crime site selection. In D. Canter & D. Youngs (Eds.), *Principles of geographical offender profiling*. Ashgate.

서는 범행을 하지 않고 여러 지역을 옮겨다니며 범행을 저지르지만, 이내 원래의 장소로 돌아가 범행을 저지르기 때문에 결과적으로 일부 지역을 순회하면서 범행을 저지르게 된다. 이 경우에는 원가설이 성립될 수 있다.

③ **이동 중의 여행형**(Collection runs): 범인은 범행지점과 거점 간의 교통편을 중요시한다. 예를 들면, 버스나 지하철로 쉽게 갈수 있는 지역이나 집과 직장을 연결하는 교통경로에 속하는 지역에서 범행을 저지른다. 이 유형에서 원가설이 성립될 수도 있지만, 통근형처럼 성립되지 않는 경우도 있다. 예를 들어, 센트럴파크 연쇄강간범은 어머니의 집과 자신의 집의 중간지점에서 연쇄적으로 범행을 저질렀다.

④ **경력형**(Career committment): 범인은 범행경험을 축적함에 따라 범죄에 숙달되어 보다 계획적으로 범행을 하게 되며, 범행거점 선택도 더욱 대담해진다. 이 유형의 범인은 초기에는 좁은 영역에서 범행을 몇 번 저지르는 범행패턴을 보임으로써 원가설에 해당되지만, 그 후 넓은 범위에 걸쳐 통근형 범죄를 다수 저지를 수 있게 된다. 이 유형의 전형적인 사례는 캔터가 처음 프로파일링한 철도 연쇄강간범 존 더피(John Duffy)이다.

추가 범행지점의 예측

연쇄범죄를 수사할 때에는 다음 범행이 언제 어디에서 발생할 것인 가를 예측하는 것이 범인검거를 위해 매우 중요하다. 추가피해를 방지 하는 한편, 예측한 장소에서 범인을 체포할 수 있기 때문이다. 이를 위 해서는 범인이 연쇄범죄를 저지를 때 어떻게 범행장소를 선택하는지 에 대한 시공간적 패턴을 파악해야 한다. 이 문제를 처음으로 연구한 사람은 캔터이다. 그는 범인이 어떤 장소에서 최초 범행을 저지르면 다음에는 그 장소에서 범행을 하지 않고, 그곳에서 다른 방향으로 비 슷한 정도로 떨어진 지점에서 범행을 저지를 것이라고 가정하였다.[13]

프리츤은 방화사건을 대상으로 이와 관련된 연구를 실시하였는데, 그 결과는 다음과 같다. 첫째, 범인이 최초 범행을 저지르면, 그 범행 지점 근처에서는 새로운 범죄가 발생할 위험성이 생긴다. 주민들의 경계가 높아지거나 경찰의 수사 및 순찰이 강화될 수 있으며, 최초 범 행의 피해자나 목격자에 의해 범인이 검거될 수 있다. 이 때문에, 두 번째 사건은 범행 거점으로부터 다른 방향의 최적거리에서 발생된다. 둘째, 세 번째 범행은 첫 번째와 두 번째 범행지점과 다른 방향의 최 적거리에서 발생되며, 네 번째 범행지점도 이와 같은 원리로 선택된 다. 따라서 연쇄범죄의 범행지점들을 맵핑했을 때, 거점을 중심으로 도넛 형태로 각 범행지점이 일정한 거리를 두고 분포한다는 것을 예 상할 수 있다.

---

13) Canter, D. & Youngs, D. (2009). *Investigative psychology: Offender profiling and the analysis of criminal action.* John Wiley & Sons.

그러나 실제로 범인의 공간적 범행패턴이 거주지 주변에 전부 균등하게 분포된 경우는 거의 없고, 거주지에서 도시중심 방향 또는 직장이나 학교를 연결한 방향으로 치우쳐 있는 경우가 많다. 이로 인해, 두 번째 범행은 최초 범행지점과 반대쪽 등 극단적으로 떨어진 곳이 아니라 단순히 어느 정도 떨어진 장소에서 발생하는 경향이 있다. 이것을 런드리간(Lundrigan)과 캔터(Canter)[14]는 거주지에서 도시중심 방향으로 퍼지는 부채꼴 형태로 범행이 나타난다는 '자동차 와이퍼'형 패턴으로 설명하였다.**

지리적 프로파일링의 문제점

이와 같이 지리적 프로파일링에 대한 많은 연구가 이루어져 범인행동에 대한 지식이 어느 정도 축적되어 왔으며, 경찰도 지리적 프로파일링에 대한 기대가 크다. 그러나 그것을 연구하고 실행하는 데 있어서 다소 어려운 점들이 있다.

그중 하나는 동일범이 다수의 범죄를 저지른 경우, 로스모(Rossmo)[15]의 주장에 따라 최소한 5개의 범행지점을 정확하게 파악해야 하는데, 실제로는 그 조건을 충족하기가 쉽지 않다는 것이다. 우선 범행이 실제로 이루어진 장소를 경찰이 파악할 수 없는 경우가 있다. 예를 들

---

14) Lundrigan, S. & Canter, D. (2001). A multivariate analysis of serial murder's disposal site location choice. *Journal of Environmental Psychology, 21*, 423–432.

15) Rossmo, D. K. (2000). *Geographic profiling.* CRC press. [D・K・ロスモ／渡辺昭一(監訳)(2002). 『地理的プロファイリング: 凶悪犯罪者に迫る行動科学』. 北大路書房].

어, 살인사건은 피해자가 사망했기 때문에 살인을 저지른 장소를 알
수 없는 경우가 많고, 피해자가 마지막으로 목격된 장소나 피해자의
시체가 유기된 장소만 파악할 수 있을 뿐이다. 또한 범인은 일련의 범
행을 저지르는 동안 거주지를 바꾸지 않는다는 전제가 있지만, 이것
이 실제로 어느 정도 부합하는지는 알 수 없다. 경찰에 신고되지 않
은 사건의 정보는 알 수 없기 때문에, 절도나 강간, 노출범 등 신고율
이 낮은 범죄에서는 정확성이 떨어질 수 있다. 가장 큰 문제는 분석대
상 사건이 동일범의 소행이라는 것을 사전에 알아야 하는데, 이것을
파악할 수 있는 범죄연계분석의 정확도가 현재로서는 그렇게 높지 않
다는 점이다. 만약 동일 지역에서 두 명 이상의 범인이 범죄를 저지른
경우, 그것을 동일범의 소행으로 잘못 연결해 버리면, 지리적 프로파
일링의 결과도 크게 잘못될 수 있다.

역자주
보충학습

* **흑점 효과**(Coal-sack effect): 본래 '흑점(Coal-sack)'은 은하계의 별자리 이름으로, 주위의 밝은 은하수 속에서 유독 그곳만 검게 보인다는 의미에서 유래한 것이다. Newton과 Swoope(1987)은 이를 연쇄범죄자의 거주지 주변의 일정 영역에서는 범죄가 발생하지 않는 현상에 빗대어 '흑점 효과'라고 칭했으며, 오늘날에는 '버퍼존'과 같은 의미로 사용되고 있다. Rossmo, D. K. (1999). *Geographic profiling*. CRC press, p. 120.

** 최근 지리적 프로파일링은 지리정보시스템(GIS)의 발전과 더불어, 주목받는 범죄예측 분야가 되고 있다. 국내에서 수행된 지리적 프로파일링 연구들로는 다음과 같은 것이 있다. 신상화(2009). 연쇄 강간범에 대한 지리적 프로파일링에 관한 연구. 『경찰학논총』 4(2), 125-160; 박철현(2004). 지리적 프로파일링을 이용한 연쇄방화범의 거주지 추정: 동래연쇄방화사건의 사례. 『형사정책』 16(2), 61-92; 김지영·정선희(2011). 한국연쇄성범죄의 지리적 프로파일링. 『한국공안행정학회보』 43, 38-58; 이문국(2015). 지리적 프로파일링 시스템(GeoPros)을 활용한 범인 거점 예측. 『한국셉테드학회지』 6(1), 106-124; 홍동숙·김정준·강홍구·이기영·서종수·한기준(2008). 시공간 분석 기반 연쇄범죄 거점 위치 예측 알고리즘. 『한국공간정보시스템학회 논문지』 10(2), 63-79; 노성훈(2015). 시공간 분석과 위험영역모델링을 활용한 범죄예측모형의 예측력 검증. 『형사정책연구』 26(3), 1-28.

10
행동관찰을 통한 거짓말 탐지
비언어적 행동에서 거짓말을 탐지할 수 있는가?

신체적 단서를 통한 거짓말 탐지

피의자 신문 현장에서 수사관은 피의자가 말한 내용이 진실인지 거짓인지를 판단해야 한다. 피의자가 "내가 한 짓이 아닙니다"라고 범행을 부인했어도 사실은 그가 범인일 수도 있고, 그의 주장대로 범인이 아닐 수도 있다. 만약 그들의 허위진술을 정확하게 탐지할 수 있다면, 신문은 훨씬 수월해질 것이다.

그러나 현실적으로 거짓말의 탐지는 그리 쉽지 않다. 피의자 중에는 처음부터 창백한 얼굴을 하고 진땀을 흘리는 사람도 많다. 원래 범죄혐의를 받고 경찰에 소환되어 조사를 받는다는 사실 자체가 대다수 사람에게는 격심한 스트레스와 불안을 일으키게 한다. 그러므로 단순히 피의자가 창백한 얼굴을 하고 있다는 것만으로 그의 진술을 거짓이라고 단정할 수 없다. 반면, 실제 범인임에도 불구하고 태연하고 자연스럽게 자신의 알리바이를 이야기하는 사람도 있다. 능숙한 범죄자들 가운데에는 경찰의 신문에도 아무렇지 않은 사람도 있는가 하면, 경찰을 거짓말로 농락하고 희열을 느끼는 사람도 있다. 따라서 피의자의 이러한 태도도 허위진술을 탐지하기 위한 증거가 되기 어렵다. 따라서 범죄심리학 또는 사회심리학의 연구자들은 일찍부터 신체적 동작이나 비언어적 반응을 단서로 거짓말을 탐지하기 위한 연구를 실시하게 되었다.

거짓말이 드러나는 신체적 단서가 있을까?

미국의 저명한 심리학자인 폴 에크만(Paul Ekman)은 허위진술의 탐지가 가능하다고 하면서 다음과 같이 말했다.[1]

"사람은 거짓말을 할 때 주의와 통제를 오직 자신이 하는 말에 집중하게 되어, 동작을 통제하기 위한 '자원'이 감소하고, 긴장을 나타내는 신체적 동작이나 부자연스러운 동작들이 많아진다. 그러한 동작들을 적절하게 식별할 수 있다면, 허위진술을 탐지하는 것이 가능하다."

기존의 연구들은 이와 같은 허위진술을 나타내는 동작으로 말 더듬기, 말실수, 말의 속도가 빨라짐, 음성 피치의 변화, 질문에 답하는 시

---

1) Ekman, P. (1985). *Telling lies: Clues to deceit in the marketplace, politics and marriage*. Norton. [P・エクマン／工藤力(訳編)(1992). 『暴かれる嘘: 虚偽を見破る対人学』. 誠信書房]

간지연, 예시 동작(이야기의 내용을 손동작으로 표현), 상징적 표현(어깨를 움츠리는 등의 무의식적인 몸의 반응), 조작(자신의 몸을 건드리거나 만지는 행동), 땀, 침 삼키기, 눈 깜빡임, 얼굴 표면온도의 상승 등을 지적하고 있다.

그러나 실제 실험참가자들에게 거짓말을 하도록 하고 거짓말을 하지 않는 사람들과 행동의 차이가 나타나는지를 관찰했을 때, 확실한 차이가 나타난 연구들도 있지만 그렇지 않은 연구들이 더 많다. 즉, 대다수의 연구 결과들을 종합해 보면 거짓말을 할 때 일관되게 증가하거나 감소하는 '피노키오의 코'와 같은 특징은 발견되지 않았다.[2] 결국, 인간의 동작을 관찰하여 허위진술을 탐지하는 것은 아직까지 어렵다고 하겠다.

에크만은 거짓말을 할 때 인지적 '자원'이 언어에 집중되기 때문에 거짓말을 나타내는 다른 신체적 단서가 외부에 노출된다고 했는데, 만약 그렇다면 인지부하 상태에서 거짓말을 하는 경우 신체 동작에 거짓이 노출될 가능성은 더 높아질 것이다. 브리지(Vrij)[3]는 이를 실험으로 검증하기 위해 실험참가자들에게 모의로 지갑에서 현금을 훔치도록 하고, 그에 대한 조사 장면을 설정하였다. 실험참가자들은 조사관에게 자신이 돈을 훔치지 않았다는 것을 인정받아야 하고, 성공하면 보상을 받게 된다. 사건을 처음부터 차례대로 진술한 경우와 끝에

---

2) Vrij, A. (2008). *Detecting lies and deceit: Pitfalls and opportunities*, 2nd ed. Wiley.
3) Vrij, A., Mann, S. A., Fisher, R. P, Leal, S., Milne, R. & Bull, R. (2008). Increasing cognitive load to facilitate lie detection: The benefit of recalling an event in reverse order. *Law and Human Behavior, 32*, 253-265.

서부터 역순으로 진술한 경우(이것은 상당히 어려운 일이어서 인지적 부하가 큰 과제이다)로 나누어서 진행하였는데, 후자의 조건에서 거짓말을 한 집단은 말 더듬기나 말실수, 몸동작이 증가하고 진술의 구체성이 떨어지는 등 거짓말을 나타내는 단서들을 더 많이 나타냈다. 숙련된 조사관이 어려운 질문이나 예기치 않은 질문을 하여 피의자의 반응을 관찰할 수도 있는데, 이것은 인지부하 현상을 무의식적으로 이용하는 것이라고 하겠다. 실제 살인범이 경찰 신문에서 허위진술을 할 때는 자신이 검거되느냐 마느냐가 걸린 매우 중대하고 결정적인 상황이다. 이러한 상황에서 거짓말이 좀 더 쉽게 탄로날 수 있지만, 이 역시 인지부하가 높기 때문일 수 있다.[4][5]*

한편, 지인이나 부부 사이는 거짓말을 좀 더 쉽게 파악할 수 있다는 결과가 자주 보고되고 있는데, 이는 거짓말을 하지 않는 평상시의 행동과 거짓말을 할 때의 행동 간의 차이를 검증한 것이다. 거짓말을 하면 긴장도나 '발각되지 않을까?' 하는 불안감이 높아지거나, 거짓말한 것에 대한 꺼름칙함으로 인해 평상시와 미묘하게 다른 행동을 하게 됨으로써 상대방의 의심을 사게 된다는 것이다. 그러나 이 방법은 그 사람의 평상시 본래 행동을 파악하고 있지 않으면 변화된 행동의 차

---

4) Vrij, A. & Mann, A. (2001). Telling and detecting lies in a high-stake situation: The case of a convicted murderer. *Applied Cognitive Psychology, 15*, 187-203.

5) 사이코패스 범죄자는 보통 거짓말을 쉽게 할 수 있기 때문에 허위진술을 탐지하기 어렵다고 하지만, 많은 실증연구에서는 그 반대 경향이 나타났다. 즉, 일반 범죄자보다 사이코패스 범죄자가 오히려 허위진술에 따른 신체적 단서들이 더 많이 나타난다는 것이다. 예를 들어, 사이코패스 범죄자들이 거짓말을 할 때 말의 속도가 빨라지고, 눈 깜빡임이나 머리의 움직임이 증가하는 것으로 보고되고 있다. Klaver, J. R., Lee, Z., Spidel, A. & Hart, S. D. (2009). Psychopathy and deception using indirect measures. *Legal and Criminological Psychology, 14*, 171-182.

이를 검증할 수 없을 뿐 아니라, 거짓말할 때 변화되는 행동상의 특징이 개개인마다 다르기 때문에 보편성이 낮다고 하겠다.

수사관은 거짓말을 쉽게 탐지할 수 있을까?

숙련된 조사관이 자신은 피의자의 허위진술을 탐지할 수 있다고 장담하는 경우가 종종 있다. 오랜 범죄수사 경험을 가진 수사관이 거짓말 탐지 방법에 대한 저서를 발간하는 경우도 많다.** 그렇다면 이들은 정말 거짓말을 쉽게 간파할 수 있는 걸까? 이 질문에 답하기 위한 많은 연구들이 있지만, 여기서는 그러한 연구결과들을 종합한 아모트(Aamodt)와 쿠스터(Custer)의 메타분석 연구를 살펴보자.[6] 이들은 지금까지 수행된 동종 연구 108편, 총 16,537명의 데이터를 분석하여 이를 규명하고자 하였다. 그 결과, 거짓말을 잘 간파할 수 있을 것으로 여겨지는 경찰관이나 판사, 심리학자도 일반인들보다 거짓말 탐지 능력이 반드시 더 높은 것은 아니었다. 즉, 제멋대로 추측 판단한 경우의 거짓말 탐지 정확도가 50%라고 했을 때, 이러한 전문가들의 거짓말 탐지 정확도는 대체적으로 54~55%로 나타났다.

한편, 에크만[7]과 같은 연구자들은 일부 전문가가 일반인들보다 거짓말을 더 정확하게 탐지할 수 있다고 주장한다. 에크만 등은 자신의

---

6) Aamodt, M. G. & Custer, H. (2006). Who can best catch a liar? A meta-analysis of individual differences in detecting deception. *The Forensic Examiner, Spring*, 6-11.

7) Ekman, P., O'Sullivan, M. & Frank, M. G. (1999). A few can catch a lier. *Psychological Science, 10*, 263-266.

연구에 참가한 CIA 등 정부기관 요원의 73%, 거짓말을 연구하는 임상 심리학자의 68%, 보안관의 67%가 거짓말을 탐지했다는 결과를 발표하였다. 이러한 전문가들은 어떤 사람이 진실을 이야기할 때 '사실이다'라고 간파하는 능력보다, 거짓을 이야기할 때 '거짓이다'라고 간파하는 능력이 탁월한 것으로 나타났는데, 그것은 그들의 어떤 무의식적 추론과정을 통해 이루어지는 것이라고 보았다.

그러나 전문가들에게 에크만이 제시한 정도의 거짓말 탐지 능력이 있다 하더라도, 그 실효성에 대해서는 의문이 남는다. 왜냐하면 에크만의 연구는 **오류긍정**(false positive error), 즉 거짓말을 하지 않은 경우를 거짓말이라고 판단해 버리는 오류긍정률이 높게 나타났기 때문이다. 원래 피의자를 신문할 때 수사관은 그가 범인이라는 전제를 가지고 시작하기 쉽다(이것을 **확증오류**라고 한다). 이러한 상황에서 수사관이 오류긍정이 더욱 발생하기 쉬운 거짓말탐지 기법을 사용하면, 피의자가 범인이라고 단정하는 조사가 이루어지게 되고, 결국 유죄판단 가능성이 높아지게 된다.[8]

아모트 등의 연구에서 또 다른 흥미로운 점은 '노인, 고학력자, 여성, 외향적인 사람, 신경질적인 사람, 셀프 모니터링 능력(자신의 행동을 객관적으로 판단하는 능력)이 높은 사람의 거짓말은 탐지하기 더 쉽다'는 가설이 전부 기각되었다는 것이다. 게다가 자신이 거짓말을 어느 정도 탐지할 수 있는가에 대한 '자신감'도 실제 그 사람의 거짓말 탐지 능력과는 관계가 없었다. 이러한 결과는 거짓말 탐지에 대한 일

---

8) Shepherd, E. (1995). Representing and Analysing the Interviewee's Account. *Medicine, Science and the Law, 35*, 122–135.

반상식의 대부분은 잘못된 것이라는 점을 나타내고 있다.

가짜 표정의 탐지

직접적인 거짓말이라고 하기 어려울 수도 있지만, 자신의 진짜 감정의 표출을 억누르거나 다른 표정으로 바꾸거나 하는 '표정의 위장'도 실제로 자주 일어나는 것이다. 예를 들어, 가해자가 재판에서 피해자와 대면할 때 사실은 동요하고 있으면서도 이를 숨기거나, 혐오감을 가지고 있는 사람과 만났을 때에도 웃음을 짓는 경우 등이다. 에크만은 이러한 가짜 표정을 탐지하는 것이 충분히 가능하며, 훈련을 통해 개발될 수 있다고 하였다.

가짜 표정의 탐지를 위한 단서로는 세 가지가 있다. 첫 번째는 **표정의 좌우 대칭성**이다. 진짜 표정은 얼굴의 좌우 표정이 대칭이 되는 반면, 의도적으로 표정을 만든 경우에는 좌우 대칭성이 무너진다. 특히 얼굴의 왼쪽 절반은 조작된 표정이 나타나기 쉽고, 오른쪽 절반은 실제 표정이 나타나기 쉽다. 이것은 안면 표정근육을 의식적으로 움직이려고 하면 아무래도 근육의 좌우 움직임이 불균형해지기 때문이다.[9]

두 번째 단서는 **신뢰할 수 있는 근육**이다. 우리가 표정을 위장하려고 하면, 안면의 특정 근육에 주의를 기울인다. 예를 들어, 웃는 얼굴을 만드는 경우에는 얼굴의 아래쪽, 특히 입가에 주의를 기울이고, 우

---

9) Rinn, W. E. (1984). The neuropsychology of facial expression: A review of the neurological and psychological mechanism for producing facial expression. *Psychological Bulletin, 95*, 52-77.

는 얼굴을 만드는 경우에는 눈가에 주의를 기울인다. 따라서 이러한 부분은 표정의 위장이 쉬운 편인데, 이는 반대로 말하면 이러한 부분을 보고 가짜 표정을 탐지하기는 어렵다는 것이다. 그러나 위장하기 어려운 부분, 예를 들어 웃는 얼굴에서는 이마 주변, 우는 얼굴에서는 입매 등은 진짜 감정이 표현되기 쉽다. 이러한 부분에 대한 관찰을 통해 진실한 표정을 간파할 수 있는 것이다. 또한 자연스러운 표정에서는 쉬울 수 있지만, 조작된 표정에서는 어려운 근육의 움직임도 있다. 예를 들어, 에크만은 자신의 연구를 통해 '턱 근육을 움직이지 않고 입술 양 끝을 내리는 것'을 의도적으로 할 수 있는 사람은 10% 정도에 불과했지만, 슬픔이나 비애, 비통함의 감정을 자연스럽게 체험한 경우에는 모든 사람들이 이와 같은 표정을 지었다는 점을 제시하면서, 이러한 표정의 불균형도 하나의 단서가 된다고 보았다. 그는 전체적으로 볼 때, 특히 이마 주변이 진짜 표정을 나타내기 쉬운 '신뢰할 수 있는 근육'이라고 하였다.

마지막 단서는 **미세표정**(micro expression)이다. 이것은 어떤 자극을 인지한 직후에 극히 짧은 시간 동안 나타나는 표정이다. 표정을 위장하는 데에는 어느 정도의 시간이 필요한데, 자극에 대한 반응 직후 표정이 아직 덜 위장된 단계의 표정을 관찰하면, 진짜 감정을 읽을 수 있다는 것이다. 미세표정이 나타나는 시간은 약 0.25초 정도에 불과하지만, 훈련을 하면 육안으로도 식별할 수 있다고 한다.[10]

---

10) 에크만은 미세표정을 파악하기 위한 훈련기법인 METT(Micro Expression Training Tool)를 개발한 바 있다.

* 국내 피의자 행동관찰관련 연구들로는 다음과 같은 것이 있으니 참고해 보기 바란다. 김시업 · 전우병 · 김경하 · 김미영 · 전충현(2005). 용의자의 거짓말 탐지를 위한 비언어적 단서탐색. 『한국심리학회지: 사회 및 성격』 19(1), 151-162; 이혜수 · 김재홍 · 오영록 · 이장한(2015). 거짓진술행동에서 나타나는 정서적 각성 및 인지적 부하. 『한국심리학회지: 사회 및 성격』 29(4), 85-101; 김수진 · 이장한(2013). 거짓 진술의 인지부하가 안구움직임에 미치는 영향. 『한국심리학회지: 사회 및 성격』 27(2), 37-49.

** 국내에 에크만을 비롯하여 외국의 범죄수사경험이 많은 수사관들의 저서가 번역된 것이 있으므로 참고해 보기 바란다. 폴 에크만 저, 이민주 역(2012). 『텔링라이즈』. 한국경제신문사; 스탠 월터스 저, 류창현 외 역(2014). 『키니식 수사면담과 신문기법』. 시그마프레스; 조 내버로 외 저, 박정길 역(2010). 『FBI 행동의 심리학: 말보다 정직한 7가지 몸의 단서』. 리더스북.

11
폴리그래프 검사
생리적 반응으로 범인을 식별하는 기법

❖ ❖ ❖

폴리그래프 검사(Polygraph test)는 심장박동이나 혈압, 호흡, 피부전기반응 등 여러 가지 생리적 지표를 측정하면서 질문을 하고 그 반응을 바탕으로 범인을 식별하고자 하는 기법으로, 이른바 '거짓말탐지검사'라고 불리기도 한다. 그러나 이러한 생리적 지표를 통한 반응은 엄밀히 말해 '거짓말'이 아니다.

일부 연구자들은 오래전부터 타인의 거짓말을 어떻게 간파할 수 있는가에 대한 문제에 관심을 가지고 연구를 수행해 왔다. 그러한 하나의 접근법이 생리적 반응을 단서로 거짓말을 간파하는 방법이다. 이러한 방법으로 처음 연구를 수행한 사람은 '범죄학의 아버지'라고 불리는 체자레 롬브로조(Cesare Lombroso)이다. 그가 주목한 것은 혈압이다. 그는 물을 채운 용기 안에 피의자의 손을 넣고 고무막으로 밀폐하면 혈압이나 맥박에 따라 수위가 변하는 현상을 이용하여, 세계 최초의 거짓말탐지기라고 할 수 있는 장치(hydrosphygmograph)를 제작하였다. 이 장치를 하고 범죄에 대한 질문을 했을 때, 피의자의 혈압과 심장박동에 변화가 있으면 그것을 거짓말을 나타내는 징표라고 판단했던 것이다.

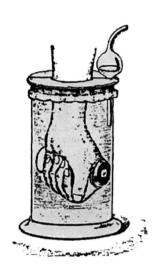

[그림 6] 롬브로조의 거짓말탐지 장치

출처: Trovillo, P. V. (1938). A history of lie detection. *Journal of Criminal Law and Criminology, 29*(6), 848-881.

그 후, 인간의 생리적 지표를 측정하고 반응을 기록하는 기술이 계속 개발되어, 생리학적 지표를 이용한 거짓말탐지 연구가 급속히 발전하였다. 그러나 폴리그래프에 대한 연구가 충분히 축적되기도 전에 이러한 장치들은 소위 '거짓말탐지기'라고 불리며 곧바로 상품화되었는데, 후속 연구가 발전되면서 그러한 거짓말탐지기의 상용화에 큰 문제가 있다는 점이 규명되었다. 이 장치를 사용해서 거짓말 여부를 탐지하고자 했던 주요 대상은 본래 범죄피의자였다. 이들에게 생리적 지표를 측정하면서 신문을 하면, 생리적 자극이나 반응의 혼란이 생기는 것은 당연하다. 혈압과 심장박동이 상승하면 호흡도 흐트러지는데, 그러한 반응이 실제 범인에게 나타나는 것은 당연하겠지만, 문제는 범인이 아니더라도 그러한 반응이 나타날 수 있다는 점이다. 폴리그래프 장치가 발명된 초기에는 사람이 거짓말을 할 때 특유의 생리적 반응(피노키오의 코와 같은 현상)이 나타날 것이라고 기대했지만, 그러한 반응패턴은 발견되지 않았고 측정가능한 것은 긴장이나 정위반응(새로운 자극이나 흥미에 대한 생리반응) 등에 불과했다. 결국 이러한 생리적 반응을 통해 거짓말 여부를 식별하려는 시도는 실패한 채 연구가 종료되었다.

따라서 그 후에는 폴리그래프를 통해 거짓말의 생리적 반응을 규

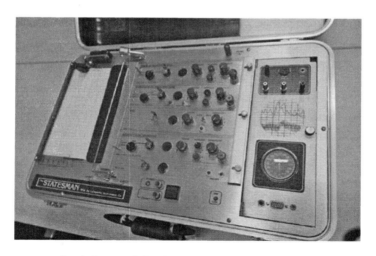

[그림 7] 1980년대부터 2000년대까지 일본에서 사용된
미국 라파예트(Lafayette)사의 폴리그래프[호세이(法政) 대학 소장]

명 하는 것이 아니라, 이러한 장치를 어떻게 효율적으로 사용해서 범인을 식별할 수 있을 것인가에 대한 연구를 실시하게 되었다. 초기에 이와 관련된 고민을 했던 사람이 시카고 경찰연구소의 존 리드(John Reid)였는데, 그는 1947년 CQT(Control Question Technique), 즉 **통제질문기법** 또는 **비교질문기법**이라고 불리는 기법을 개발하였다.

CQT(통제질문법)

리드는 거짓말 특유의 생리적 반응이란 존재하지 않기 때문에 "당신은 ○○씨를 살해했습니까?"라는 질문만 가지고 피검사자가 거짓 진술을 하고 있는지의 여부를 판단할 수 없으므로, 다른 질문과의 반응의 크기를 비교함으로써 범인을 식별할 수 있다고 가정하였다. 그러나 피검사자가 실제 범인이든 아니든, "당신의 나이는 ○○살입니까?"와 같이 일반적인 질문보다 "당신은 ○○씨를 살해했습니까?"와 같은 질문에 생리적 반응이 더 크게 나타날 것이라고 쉽게 예상할 수 있다. 그래서 리드는 다음과 같은 방법을 고안하였다.[1] 즉, 현재 조사받는 사건에 대한 질문(관련질문)과 과거에 피검사자가 저질렀을 법한 불법 또는 부정행위에 대한 질문(통제질문)을 같이 제시하고, 그에 대한 생리적 반응을 비교대조하는 것이다. 예를 들어, "당신은 현재 다니는 회사에 입사하기 전에, 절도를 한 적이 있습니까?"와 같이 피검

---

1) 폴리그래프 검사 개발의 초기 역사에 대해서는 다음 문헌에 상세히 설명되어 있다. Alder, K. (2007). *The Lie detectors: The history of the American obsession*. Free Press.

사자가 실제로 절도를 한 적은 있지만, 이 자리에서는 숨기고 싶어할 만한 통제질문을 선택하여 제시한다. 이러한 질문에 대해 피검사자는 당연히 "아니오"라고 대답한다. 만약 피검사자가 범인이 아니라면, 관련질문보다 과거에 자신이 했던 행위가 발각될 수 있다는 두려움으로 인해 이러한 통제질문에 생리정서적 반응이 더 크게 나타날 수 있다. 이에 반해, 피검사자가 실제 범인이라면, 자신이 현재 사건의 범인이라는 것이 발각될 것을 두려워하여, 통제질문보다 관련질문에 더 큰 반응을 나타낼 수 있다.

〈표 1〉 통제질문에 대한 생리적 반응의 변화 크기

범인	관련질문 > 통제질문
범인 아님	관련질문 < 통제질문

일본 경찰은 폴리그래프 검사에 CQT를 사용할 경우,[2] 일반적으로 위와 같은 통제질문이외에 **가상범죄질문**이라는 하는 또 다른 종류의 질문을 사용한다. 가상범죄질문은 실제 발생하지 않는 사건, 즉 현재 사건과 다른 가상의 동종사건에 대한 질문하는 것이다. 예를 들어, 현재 살인사건과 관련하여 "당신은 ○○씨를 살해했습니까?"라고 질문하고 난 뒤, 다른 가상의 살인사건을 상정하고 "당신은 △△씨를 살해했습니까?"라고 질문하는 것이다. 가상범죄질문의 원리도 기본적으로는 과거 사건을 이용한 통제질문기법과 유사하다. 즉, 피검사자

---

2) 일본 경찰이 폴리그래프 검사를 실시하게 된 상세한 배경은 다음의 문헌에 소개되어 있다. 三宅進(1989). 『ウソ発見: 研究室から犯罪捜査へ』. 中公新書.

가 범인이 아니라면, 현재 사건 이외의 동종 사건에 대한 질문을 받을 때, '내가 다른 사건에 대한 혐의까지 받고 있는 건가?'라거나, '내가 하지도 않은 범죄에 대해 의심을 받고 있다니…'라는 불안과 공포심으로 인해, 관련질문보다 더 큰 생리적 반응을 나타낼 것으로 예상하는 것이다. 반면, 피검사자가 실제 범인이라면, 가상범죄질문보다 당장 자신이 의심받고 있는 사건에 관심이 더 가기 때문에, 관련질문 시 반응이 좀 더 크게 나타날 것으로 예상한다.

〈표 2〉 가상범죄질문에 대한 생리적 반응의 변화 크기

범인	관련질문 > 가상범죄질문
범인 아님	관련질문 ≦ 가상범죄질문

CQT의 정확성

그렇다면, CQT 판정결과는 얼마나 정확한가? 이와 관련된 실험실연구와 실제사건을 분석한 현장연구가 실시된 바 있는데, 라스킨(Raskin)과 헤어(Hare)[3]는 그러한 기존 선행연구들을 통해 CQT의 신뢰성을 비교·검토하였다. 선행연구들 가운데 실험실연구[4]는 총 9편이었는데, 피검사자가 범인인 경우 CQT 검사결과에서 '범인'으로 나

---

3) Raskin, D. C. & Hare, R. D. (1978). Psychopathy and detection of deception in a prison population. *Psychophysiology, 15*, 126-136.
4) 실험참가자들에게 모의절도를 하도록 하고 "만약 폴리그래프 검사에서 '거짓말이 탄로 나지 않았을 경우(진실반응 획득)'에는 상금을 지급한다"라는 지침을 준 집단과, 모의절도를 시키지 않은 집단으로 구분하여 CQT 기법을 이용한 거짓말탐지 검사를 실시하였다.

온 사례(진실반응)가 80%, '범인 아님'으로 나온 사례(거짓반응)가 8%, 판단불능인 사례가 12%였다. 피검사자가 범인이 아닌 경우에는 '범인'으로 나온 사례(거짓반응)가 8%, '범인 아님'으로 나온 사례(진실반응)가 84%, 판단불능인 사례가 8%였다. 한편, 실제사건에 CQT가 사용된 사례를 분석한 현장연구(사건의 실제 수사 결과와 수사단계에서 실시된 폴리그래프 검사결과가 일치했는지의 여부를 사후에 검토하는 것)는 총 4편이었는데, 피검사자가 실제로 범인이었던 경우 CQT 검사결과가 '범인'으로 나온 사례(진실반응)는 89%, '범인 아님'으로 나온 사례(거짓반응)가 1%, 판단불능인 경우가 10%였다. 피검사자가 범인이 아니었던 경우, '범인'으로 나온 사례(거짓반응)가 12%, '범인 아님'으로 나온 사례(진실반응)가 59%, 판단불능인 사례가 29%였다.

이러한 연구결과들을 종합해 보면, 언뜻 보기에는 CQT가 어느 정도 정확하다고 생각할 수 있지만, 사실 그렇지만은 않다. 즉, 범인이 아닌 사람을 범인이라고 판정한 사례(8~12%)와 실제 범인을 범인이 아니라고 판정한 사례(1~8%)를 현장연구 결과를 기준으로 비교해 보

〈표 3〉 CQT의 정확성

		CQT 판정 결과 (%)		
		범인	범인 아님	판단불능
범인	실험실연구	80	8	12
	현장연구	89	1	10
범인 아님	실험실연구	8	84	8
	현장연구	12	59	29

면, 범인인 사람을 범인이 아니라고 판정한 비율보다 범인이 아닌 사람을 범인이라고 판정한 비율이 12배나 더 높음을 알 수 있다. 이와 같은 결과로 볼 때, CQT 기법은 사실상 불안정하다고 할 수 있다.

CIT(숨긴정보검사)[5]

CIT는 리켄(Lykken)[6]에 의해 개발된 폴리그래프 검사기법이며, 일본 경찰이 실시하는 폴리그래프 검사에서 가장 많이 활용되고 있는 기법이다.* 우선, 범죄사건에 대한 다양한 사실 중에서 언론매체 등에 보도되지 않은 정보를 추출한다. 예를 들어, 범인이 피해자의 등을 찔러 살해한 사건이 발생했을 경우, '피해자의 등을 찔렀다'는 정보가 보도되지 않았다면 그 정보를 알고 있는 사람은 담당 수사관과 범인뿐일 것이다. 따라서 그러한 상황에서 〈표 4〉와 같은 질문지를 준비한다. 여기에서 3번 질문을 **관련질문**, 나머지 질문을 **무관련질문**이라고 한다.

이러한 질문을 피의자에게 했을 때, 그가 범인이라면 3번 질문에는 "예"라고 대답하고, 다른 질문에는 "아니요"가 되는 셈인데, 이대로 대답한다면 자신이 범인이라는 것을 경찰이 알아챌 수 있으므로, 피의자는 모든 질문에 "모르겠습니다"라고 대답하게 된다. 그러나 1, 2, 4,

---

5) CIT는 Concealed Information Test의 약자로, '숨긴정보검사'라고 번역되고 있으며, GKT(Guilty Knowledge Test), 즉 '유죄지식검사'라고도 불리고 있다. 경찰실무에서는 예전에 POT(Peak of Tension Test: 긴장최고점 질문법)라고도 불렀다.

6) Lykken, D. T. (1960). The validity of the guilty knowledge technique: The effects of faking. *Journal of Applied Psychology, 44*, 258. 리켄은 CIT가 아닌 GKT로 칭하였다.

〈표 4〉 CIT의 질문예시

1. 범인이 찌른 곳은 ○○씨의 가슴입니까?	무관련질문
2. 범인이 찌른 곳은 ○○씨의 복부입니까?	무관련질문
3. 범인이 찌른 곳은 ○○씨의 등입니까?	관련질문
4. 범인이 찌른 곳은 ○○씨의 옆구리입니까?	무관련질문
5. 범인이 찌른 곳은 ○○씨의 목입니까?	무관련질문

5번의 질문에 비해, 3번의 질문에 대답할 때 긴장과 불안감이 더욱 높아지는 것 같은 정서적 변화가 생길 것이다. 또한 순간 '뜨끔' 하는 정위반응도 나타날 가능성이 높다. 그러한 자율신경계의 변화는 겉으로 봤을 때는 모를 수 있지만, 폴리그래프를 통해 모니터를 하게 될 경우 감지할 수 있다. 반면, 범인이 아닌 피검사자는 1~5번 가운데 어느 것이 실제 범인의 행동인지 모르기 때문에, 모든 질문에 거의 비슷한 정도의 긴장이나 불안을 느낄 것이라고 예상할 수 있다. 따라서 피검사자에게 이러한 질문들을 했을 때, 실제 범인의 행동과 일치하는 질문(관련질문)에서 항상 반응이 나타난다면, 그 피검사자가 모른다고 대답했더라도 실제로는 범인행동을 알고 있을 것이라고 유추할 수 있다. 이러한 CIT에서도 어떤 질문에 피검사자가 우연히 반응을 보이는 결과가 나타날 수 있다. 예컨대, 피검사자가 어떤 질문에서 우연히 다른 생각을 하거나, 몸을 살짝 움직였을 뿐인데 반응이 나타나는 경우도 있다. 그래서 실무에서는 CIT를 사용할 때, 하나의 질문지가 아닌 복수의 질문지를 준비하여 제시하고, 하나의 질문지에서도 한 번만 질문하지 말고 최소 세 번 이상 질문순서를 바꿔가며 제시하도록 하

고 있다.

또한 CIT를 실시하기 전에 미리 피검사자에게 관련질문에서 묻는 범죄 정보를 알고 있는지를 확인한다. 예를 들어, "○○씨가 어디를 찔렸는지 알고 있습니까? 누구에게 들은 적은 없습니까?"와 같은 질문을 해서 본인에게 "모른다"는 확인을 받은 다음, CIT를 시작하는 것이다. 이렇게 하는 이유는 검사관이 피검사자가 범죄 정보를 모르고 있는 것 같다고 생각하는 경우에도, 사실은 다양한 경로를 통해 피검사자가 해당 정보를 알고 있을 가능성이 있기 때문이다. 예컨대, 언론 매체의 보도나 사건관계자, 해당사건을 수사 중인 경찰관이나 유치담당 경찰관 등으로부터 정보가 유출되는 경우가 있다. 이와 같은 기준과 조건들에 따라 피검사자에게 충분한 질문이 제시된다면, CIT 기법의 타당성은 매우 높을 것으로 전망되고 있다.

CIT의 정확성과 문제점

CIT는 비교적 일찍부터 일본 경찰(각 도도부현 과학수사연구소)에서 활용되고 있는 기법이며, 범죄수사 실무에서는 이러한 폴리그래프 검사 데이터를 계속 축적하고 있다.** 히키타(疋田)[7]는 나라현(奈良県) 경찰이 실시한 1,166건의 폴리그래프 검사 결과를 재정리해서 다음과 같은 결과를 발표한 바 있다. 피검사자가 범인이었던 경우 CIT 검사에서 '범인' 판정이 나온 사례(진실반응)는 92%, '범인 아님' 판정이 나

---

7) 疋田圭男(1971). ポリグラフ検査の有効性『科学警察研究所報告 法科学編』24, 230-235.

온 사례(거짓반응)는 8%였고, 피검사자가 범인이 아니었던 경우 '범인' 판정이 나온 사례(거짓반응)는 0.4%, '범인 아님' 판정이 나온 사례(진실반응)는 99.6%였다. 피검사자가 범인인 경우의 정확성은 CQT 결과보다 낮았지만, 여기에서 중요한 것은 범인이 아닌 사람을 '범인'이라고 판정한 오류긍정률이 0.4%로 매우 낮았다는 점이다. 이러한 오류가 발생하게 되면, 수사관이 피의자를 가혹하게 신문하거나, 절망한 피의자가 자백하여 누명을 쓰게 될 가능성이 높다. 따라서 오류긍정률이 낮으면, 실무에서 CIT에 대한 신뢰도가 높아지게 된다. 최근에는 대규모 실험을 통해 CIT의 정확성을 검증하는 연구가 수행되고 있다. 오가와(小川) 등의 실험실연구[8] 에서는 범인이 아닌 집단 72명 중 범인이라고 오분류된 사례는 불과 3명(4%)으로 나타났다.[9]

이처럼 CIT의 정확성은 매우 높은 편이지만, 사실 CIT는 큰 문제점을 하나 가지고 있다. 그것은 실제 사건에서 CIT 질문을 할 수 없는 경우가 많다는 점이다. 예를 들어, 직장에서 현금도난사건이 발생했을 경우, 여러 명의 용의자 모두가 도난당한 금액이나 그것이 있던 장소, 도난당한 시간 등의 정보를 알고 있다면, CIT를 실시할 수 없다. 살인사건에서도 언론매체에서 사건상황을 상세하게 보도해 버리면,

---

8) 小川時洋・松田いづみ・常岡充子(2013). 隱匿情報檢査の妥當性: 記憶檢出檢査としての正確性の實驗的檢証『日本法科学技術学会誌』18, 35-44.
9) 벤-샤카르(Ben-Shakhar)와 퓨레디(Furedy)의 연구에서도 이와 비슷한 결과가 나타났다. CQT를 이용한 검사에서 무죄인 사람을 유죄라고 판정한 9개 사례의 평균정확도가 15.4%인 데 비해, CIT 검사에서는 무죄인 사람을 유죄라고 판정한 10개 사례의 평균정확도가 5.8%로 나타났다. Ben-Shakhar, G. & Furedy, J. J. (1990). *Theories and applications in the detection of deception: A psychophysiological and international perspective.* Springer-Verlag.

역시 질문을 구성하기가 어렵다. 미국에서는 CIT가 거의 사용되지 않고 CQT가 주류인데, 그것은 이러한 CIT의 약점이 미국의 수사 실정에 맞지 않기 때문이다.

한편, 질문항목 가운데 어느 것이 범죄사실에 해당되는 것인지 범인밖에 모르는 PR-POT(탐색질문법)라는 검사기법도 있는데, 그 질문은 〈표 5〉와 같다. 그러나 이러한 일련의 질문 중에 범죄 사실이 포함되어 있지 않으면 판정이 곤란할 뿐 아니라, 피검사자가 특정 질문에 반응을 보인다 해도 그것이 범인임을 의미하지는 않으며(상상만으로도 그러한 반응이 나올 수 있기 때문), 그것이 추후의 검사에도 악영향을 미칠 수 있기 때문에 질문 시 세심한 주의가 필요하다.

〈표 5〉 PR-POT의 질문 예시

1	범인은 훔친 지갑을 바다에 버렸습니까?
2	범인은 훔친 지갑을 강에 버렸습니까?
3	범인은 훔친 지갑을 산에 버렸습니까?
4	범인은 훔친 지갑을 집 안에 숨겨놨습니까?
5	범인은 훔친 지갑을 쓰레기장에 버렸습니까?
6	범인은 훔친 지갑을 이러한 곳 이외의 다른 장소에 버렸습니까?

역자주
보충학습

* 우리나라 경찰은 폴리그래프 검사에서 주로 유타(Utah) 기법을 사용하고 있는데, 관련질문과 통제질문이 포함된 다섯 종류의 질문으로 구성되어 있으며, 원리는 통제질문기법(CQT)과 유사하다고 하겠다. 이와 관련된 상세한 내용은 다음 논문을 참고해 보기 바란다. 박희정(2016). 폴리그래프 검사에서 희생관련질문에 대한 용의자의 생리적 반응 차이. 『경찰학연구』 16(3), 209-230.

** 우리나라에서 폴리그래프는 1960년대 이후부터 사용되기 시작하였으나, 비교적 긴 역사에 비해 관련된 연구가 활발히 진행되지는 않았다. 이는 폴리그래프 검사를 수사기관에서 독점하고 관련 자료를 일반연구자와 공유하지 않았기 때문이라고 지적되고 있다. 이주락(2007). 폴리그래프검사의 판단여부에 영향을 미치는 요인에 관한 연구: 경찰의 교통사고조사를 중심으로. 『한국경찰연구』 6(3), 31-58.
그러나 최근 다음과 같은 실증연구들이 이루어지고 있다. 엄진섭 · 지형기 · 박광배(2008). 폴리그래프 검사의 정확도 추정. 『한국심리학회지: 문화 및 사회문제』 14(4), 1-18; 정재영 · 김재홍 · 김미영 · 강민국 · 지형기 · 김기호 · 이장한(2010). 상반된 주장에 대한 폴리그래프 검사의 판별 정확성. 『한국심리학회지: 사회 및 성격』 24(1), 1-10; 한유화 · 박광배(2008). 범죄수사를 위한 거짓말탐지 검사의 판정기준과 정확성. 『한국심리학회지: 문화 및 사회문제』 14(4), 103-117; 한유화 · 박광배(2009). 폴리그래프 비교질문검사(CQT) 기본 가정의 타당성에 대한 증거: 오류긍정 비율. 『한국심리학회지: 일반』 28(2), 471-484; 김석찬 · 장은희 · 이상현 · 방철 · 김시온 · 김현택(2015). 폴리그래프 검사 요인에 따른 검찰 처분 및 판결 일치도 연구: 검찰청 폴리그래프 실증연구. 『한국심리학회지: 법정』 6(1), 13-31.

12
중추신경계 지표를 이용한 허위탐지
뇌를 통해 범인을 식별하는 과학기술

폴리그래프라고 불리며 발전한 검사는 모두 맥박이나 피부전기반 응 등의 자율신경계 지표를 이용한 것이었다. 다른 한편으로, 뇌파 등 의 중추신경계 지표에 따른 허위탐지기술도 개발되었다.[1]

배경뇌파를 이용한 허위탐지

뇌파를 통한 거짓말탐지에 대해 처음으로 언급한 사람은 오버만 (Obermann)[2]으로 알려져 있다. 그가 주목한 것은 알파(α)파인데, 이것 은 안정을 취할 때 나타나는 뇌파로 8~13헤르츠(Hz)의 주파수를 갖

1) 平伸二(1998). 事象関連脳電位による虚偽検出『日本鑑識科学技術学会誌』3, 21-35; 平伸二(2009). 脳機能研究による concealed information test の動向『生理心理学と精 神生理学』27, 57-70.
2) Obermann, C. E. (1939). The effect on the berger rhythm of mild affective states. *Journal of Abnormal and Social Psychology, 34*, 84-95.

는다. 그는 거짓말을 할 때는 긴장상태가 높아지기 때문에 알파파가 감소할 것이라고 가정하고, 다음과 같은 실험을 실시하였다. 우선 실험참가자들(판정자)에게 각각 다른 숫자가 적힌 5장의 카드에서 1장을 선택하여 기억하도록 하고, 카드를 한 장씩 보여 줄 때마다 "그 카드가 아니다"라고 부정하도록 하였다. 이러한 방법으로 알파파의 감소에 따라 선택한 카드를 맞혔는가를 관찰한 결과, 90회 가운데 41.4회(5명의 판정자 평균)를 맞힌 것으로 나타났다. 이것은 알파파를 이용한 숨긴정보검사(CIT)가 불가능하지는 않지만, 실용 가능한 수준에는 미치지 못함을 나타낸다고 하였다.

사건관련전위를 이용한 허위탐지

연구자들이 다음으로 주목한 것은 **사건관련전위**(Event-Related Potential: ERP)이다. 이것은 반복해서 자극을 준 직후의 뇌파를 기록하여 얻어진 파형을 말한다. 이를 통해, 자극과 무관한 뇌파는 부정하고, 자극과 관계된 뇌파의 변화만을 관찰할 수 있다. 이러한 방법으로 얻어진 파형 중에 **P300**이라는 것이 있다. 이것은 주어진 많은 자극 가운데에서 특별한 의미를 갖지만 출현빈도가 낮은 자극을 제시할 때 나타나는 사건관련전위로, 자극제시 후 300ms(약 0.3초) 전후에 나타난다. 그런데 이 방법은 사실 숨긴정보검사 또는 유죄지식검사(CIT)와 유사한 구조를 가지고 있다. 즉, 관련질문과 무관련질문을 무작위로 제시하는 상황을 생각해 보면, 무관련질문은 특별한 의미를 갖지 않는 출현빈도가 높은 정보이고, 관련질문은 특별한 의미를 갖는 출현빈도가 낮은 정보이기 때문이다. 이와 마찬가지로, 관련질문(자극)을 제시했을 때 P300이 출현하면 범인이고, 출현하지 않으면 범인이 아니라고 판단하는 것이 가능하다.

네시게(Neshige) 등[3]은 이 원리를 모의절도실험에 적용하였다. 이들은 14명의 실험참가자들을 유죄집단과 무죄집단으로 나누고, 유죄집단에게 옷장에서 통장을 훔치도록 했다. 그 후 관련자극으로 통장을, 무관련자극으로 지갑이나 봉투 등을 이용하여 그 사진들을 무작위로 보여 주고 나서 500ms(약 0.5초) 지점의 사건관련전위를 측정하였다. 그 결과, 유죄집단은 관련자극에서 P300을 나타냈다. 이러한 방법을 **수동적 탐지 과제**라고 한다. 이 과제는 수동적으로 피검사자에게 영상을 보여 주기만 하는 것으로, 과제가 단순하여 범죄수사실무에서 사용하는 경우에는 쉽게 방해가 가능하다는 문제(예를 들면, 영상을 보여 줄 때 눈을 감아버리는 행위)가 있다.

따라서 그 다음으로 고안된 것이 **3자극 오드볼(oddball) 과제**라는 방법이다. 이것은 관련자극과 무관련자극 이외에 목표자극을 도입하여, 피검사자에게 목표자극이 제시될 때 버튼을 누르도록 하는 것이다. 물론 이 과제는 목표자극에서 P300이 출현하는 것을 예상하며, 범인인 경우에는 목표자극 이외에 관련자극에서도 P300이 나타날 것이고, 범인이 아닌 경우 목표자극 이외의 항목에서는 P300이 나타나지 않을 것이다. 로젠펠드(Rosenfeld) 등[4]은 이것을 실험으로 검증하였다. 그

---

3) Neshige, R., et al. (1991). Event-related brain potentials as indicators of visual recognition and detection of criminals by their use. *Forensic Science International, 51*, 95–103.
4) Rosenfeld, J. P., Cantwell, B., Nasman, V. T., Wojdac, V., Ivanov, S. & Mazzeri,

들은 피검사자에게 9개의 단어 가운데에서 하나의 단어를 기억하도록 하고, 그것을 관련자극으로 하는 실험을 통해 관련자극과 무관련자극에서 P300의 진폭 차이가 있음을 규명하였다. 페어웰(Farewell)과 돈친(Donchin)[5]도 가상 스파이 실험에 이러한 P300 진폭차이를 이용하여 20명의 유죄집단 가운데 18명, 20명의 무죄집단 가운데 17명을 식별하였다.

그런데 사건관련전위 가운데에는 P300 이외에도 몇몇 특징 있는 뇌전위가 있는데, 그중 하나가 N400이다. N400은 의미상 올바르지 않은 문장을 읽을 때 나타나는 것으로 알려져 있다. 보아즈(Boaz) 등[6]은 이를 이용하여 범인식별 연구를 실시하였다. 그들은 피검사자들에게 강도 영상물(유죄집단)과 뉴욕 풍경 영상물(무죄집단)을 보여 준 후, 범죄를 정확하게 기술한 문장과 범죄내용과 일치하지 않는 문장을 제시하여, N400에 차이가 나타나는지를 확인하였다. 그 결과, 유죄집단에서 불일치문장을 읽을 때 N400이 나타났다. 이 실험을 통해 유죄집단 28명 중 24명, 무죄집단 31명 중 22명을 올바르게 식별할 수 있었다.*

L. (1988). A modified, event-related potential-based guilty knowledge test. *International Journal of Neuroscience, 42*, 157-161.

5) Farwell, L. A. & Donchin, E. (1991). The truth will out: Interrogative polygraphy("Lie Detection") with event-related brain potentials. *Psychophysiology, 28*, 531-547.

6) Boaz, T. L., Perry, N. W., Raney, G., Fischler, I. S. & Shuman, D. (1991). Detection of guilty knowledge with event-related potentials. *Journal of Applied Psychology, 76*, 788-795.

fMRI를 이용한 허위탐지

뇌과학의 진보에 따라, 뇌의 활동 자체를 화상으로 나타내는 것이 가능한 이미징 기술이 발전해 왔다. 그 가운데 가장 많은 연구가 실시되고 있는 것이 fMRI(functional Magnetic Resonance Imaging), 즉 **기능적 자기공명영상**이다. fMRI는 핵자기공명의 원리를 이용하여 뇌의 혈류 동태 반응을 시각화하는 방법으로, 사람이 어떤 활동을 하고 있을 때 뇌의 어느 부분이 활성화되는가를 파악할 수 있는 기술이다.

fMRI를 사용한 허위진술 탐지 연구는 거짓말을 할 때 뇌의 활동 부위를 측정하는 연구로 시작되었으며, 그 최초의 연구는 스펜스(Spence) 등[7]에 의해 실시되었다. 그들은 10명의 실험참가자들에게 그날 하루동안의 행동을 순차적으로 제시하고, 그 행동 여부를 "했다" "안 했다"의 이분법으로 응답하도록 했다. 분석 결과, 실제와 다른 응답을 한 경우(거짓말을 한 경우)에는 복외측 전전두피질이 활성화되는 것으로 나타났다.

랭글벤(Langleben) 등[8]은 CIT를 이용한 fMRI 연구를 실시하였다. 그들은 실험참가자에게 카드를 1장 선택하도록 하고, 그 카드를 20달러짜리 지폐와 함께 주머니에 넣도록 하였다(모의절도). 그러고 나서 선택한 카드를 포함하여 3장의 카드를 순차적으로 제시하고, 자신이

---

7) Spence, S. A., Farrow, T. F., Herford, A. E., Wilkinson, I. D., Zheng, Y. & Woodruff, P. W. (2001). Behavioural and functional anatomical correlates of deception in humans. *Neuroreport, 12*, 2849-2853.
8) Langleben, D. D., et al. (2002). Brain activity during simulated deception: An event-related functional magnetic resonance study. *Neuroimage, 15*, 727-732.

선택한 카드가 아니라고 부인하도록 하였는데, 그 결과, 거짓 반응을 보인 경우에는 전전두피질과 전방대상피질이 활성화된다는 것을 확인하였다.

이와 같이 거짓말할 때의 뇌의 활성화 부위에 대해서는 어느 정도 규명되었지만, 문제는 그것을 범인 개개인의 허위탐지에 적용할 수 있는가였다. 따라서 코젤(Kozel) 등[9]은 실험참가자에게 모의절도를 하도록 하고, fMRI를 촬영하여 뇌가 활성화되는 부위를 바탕으로 범인 여부를 식별하는 실험을 실시하였다. 그 결과, 9명의 유죄집단 전원을 유죄라고 판단하는 데는 성공했지만, 15명의 무죄집단 중 5명을 유죄라고 판단한 것으로 나타났다. 이것은 무죄인 사람을 유죄라고 판단할 위험성이 높다는 것을 의미하므로, 큰 문제가 발생할 수 있다.**

fNIRS를 이용한 허위탐지

fMRI는 장비 자체가 매우 고가이기 때문에, 이것을 통해 허위탐지가 가능하다 하더라도 범죄수사현장에서 사용하기에는 부담이 있다. 그래서 주목받고 있는 것이 fNIRS(functional Near-Infrared Spectroscopy), 즉 **기능적 근적외선 분광기**이다. 이것은 근적외선을 이용하여 두피에서 비침습적으로 뇌기능을 시각화할 수 있는 장치이다. 이것은 뇌 표면의 혈류량밖에 측정할 수 없지만, 장비가 비교적 저렴하고, 피검사자의 행동이나 방해활동에도 비교적 내성이 있으므로,

---

9) Kozel, F. A., et al. (2009). Functional MRI detection of deception after committing a mock sabotage crime. *Journal of forensic sciences, 54*, 220-231.

이것을 통해 허위탐지가 가능하다면 실용화될 가능성이 높다.

fNIRS를 이용한 허위탐지 실험으로는 티앤(Tian) 등의 연구[10]가 있다. 그들은 실험참가자들에게 반지나 시계를 훔치도록 하고, "당신은 반지를 훔쳤습니까?"와 "당신은 시계를 훔쳤습니까?"라는 질문을 하면, 이를 모두 부정하도록 하였다(둘 중 하나는 거짓말이 된다). 이들의 fNIRS 측정결과를 통해, 11명 중 9명이 어떤 것을 훔쳤는지를 식별할 수 있었다. 일본의 연구에서도 fNIRS를 이용한 숨긴정보검사(CIT)를 실시하여 범인을 식별하는 것이 가능하다는 것이 확인된 바 있다.[11]

---

10) Tian, F., Sharma, V., Kozel, F. A. & Liu, H. (2009). Functional near-infrared spectroscopy to investigate hemodynamic responses to deception in the prefrontal cortex. *Brain Research, 1303*, 120-130.
11) 新岡陽光・喜入暁・越智啓太(2015). 近赤外分光法を用いた秘匿情報検査に関する実験的検討『日本心理学会第79回大会発表論文集』503.

역자주
보충학습

* 국내에서는 CIT를 이용한 폴리그래프 검사는 거의 수행되지 않는 반면, 뇌파에 기초한 허위탐지 검사에서는 대부분 CIT를 이용하고 있다. 국내에서 CIT를 이용한 P300 허위 탐지 연구로는 다음과 같은 것이 있다. 김영윤(2009). P300-기반 거짓말 탐지 연구.『한국심리학회지: 사회 및 성격』23(1), 111-129; 엄진섭 · 한유화 · 손진훈 · 박광배(2010). P300-기반 숨긴정보검사에서 자극유사성이 P300의 진폭에 미치는 영향.『감성과학』13(3), 541-550; 강기영 · 김영윤(2010). 문장을 이용한 P300-기반 유죄지식검사.『한국심리학회지: 사회 및 성격』24(4), 19-41; 이민희 · 엄진섭 · 음영지 · 손진훈(2015). 자극간 제시간격이 짧은 P300 숨긴정보검사에서 대응수단의 영향.『한국심리학회지: 사회 및 성격』29(2), 91-108.

** 국내에서 fMRI를 이용한 허위탐지 연구로는 다음과 같은 것이 있다. 홍성욱 (2011). 기능성자기공명영상(fMRI)을 이용한 거짓말 탐지 증거의 정확도와 법적 시사점.『서울대학교 법학』52(3), 511-540; 음영지 · 엄진섭 · 박광배 · 손진훈(2011). 숨긴정보검사에서 불안의 역할: fMRI 연구.『감성과학』14(2), 227-234; 박해정(2015).「법심리학적 감정을 위한 정서와 기억 상호작용의 fMRI이용 뇌 해독 연구」. 국립과학수사연구원.

13
목격자 증언
목격자의 기억은 왜곡되기 쉽다

❖ ❖ ❖

　사건을 수사하는 데 있어서 목격자나 피해자의 증언은 매우 중요한 정보원이다. 그들의 증언은 공판에서도 신뢰도가 매우 높은 정보로 인식되고 있다. 그러나 최근 목격자 증언의 신뢰도가 우리가 생각하는 것만큼 높지 않다는 점이 규명되어 왔다. 인간의 기억은 변하기 쉽다는 것인데, 인지심리학자인 엘리자베스 로프터스(Elizabeth Loftus)[1]는 바로 이러한 현상을 연구하였다.*

사후정보효과

　우선 로프터스는 **사후정보효과** 또는 **오정보효과**(misinformation effect)

---

1) Loftus, E. F.(1979). *Eyewitness testimony*. Harvard University Press. [E・F・ロフタ
　ス/西本武彦(訳)(1987). 『目撃者の証言』. 誠信書房]

라는 현상을 규명하였는데, 이것은 사건을 목격한 후에 접한 정보에 따라 그 사건에 대한 기억이 영향을 받게 되는 것이다. 로프터스는 실험참가자들에게 자동차사고 장면을 찍은 슬라이드를 보여 주었는데, 그중에는 자동차가 '서행' 표지판 앞을 지나가고 있는 사진이 포함되어 있었다. 그리고 나서 그들에게 "자동차가 '일시정지'(이것은 의도적으로 잘못 말하고 있는 것이다) 표지판이 있는 지점에 있었을 때 앞에 다른 차가 지나갔습니까?"라고 질문하면, 실험참가자의 기억속에 있는 '서행' 표지판이 '일시정지' 표지판으로 변환되어, 자신이 '일시정지' 표지판을 본 것으로 완전히 착각하는 현상이 나타났다.[2]

놀랍게도 사후정보효과는 단지 단어 하나 차이에 의해서도 발생할 수 있는 것으로 나타났다. 예를 들어, 자동차 사고 슬라이드를 보여 준 후, "자동차가 접촉했을 때 속도는 어느 정도였습니까?"라는 질문과 "자동차가 충돌했을 때 속도는 어느 정도였습니까?"라는 질문을 했을 때, 후자 쪽이 속도가 더 빨랐다고 보고할 뿐만 아니라, 실제로는 깨지지 않은 자동차 전면유리를 '깨졌다'고 잘못 보고하는 사람이 더 늘어났다. 로프터스는 이것을 '덮어쓰기' 효과라고 하였다. 즉, 이것은 사후정보에 의해 사람들의 기억이 변형된 것으로, 사후정보가 최초의 기억을 덮어버려서 결과적으로 그 기억을 상기하지 못하게 된다는 것이다.[3]

---

2) Loftus, E. F.(1975). Leading questions and the eyewitness report. *Cognitive Psychology, 7*, 560-572.
3) Loftus, E. F. & Palmer, J. C. (1974). Reconstruction of automobile destruction: An example of the interaction between language and memory. *Journal of Verbal Learning and Verbal Behavior, 13*, 585-589.

이러한 사후정보효과는 사건의 주변적인 부분에서 발생하기 쉬운데, 특히 색상 정보는 사후정보효과의 영향을 매우 크게 받는 것으로 알려져 있다. 그러나 실제로는 사건의 중심적 부분에서도 사후정보효과가 발생한다. 예를 들면, 사건의 목격자에게 용의자가 아닌 사람을 보여 주었을 때, 목격자는 자신이 본 범인이 그 사람이라고 생각하게 되는 경우가 자주 발생하였다. 특히 사건발생 현장이 아닌 다른 장소에서 본 사람을 '사건 현장에서 목격한 범인'이라고 잘못 인지해 버리는 현상이 나타나기도 하는데, 이를 **무의식적 전이**(unconscious transfer)라고 한다.

허위기억

사후정보효과의 가장 극단적인 형태는 **허위기억**(false memory)이다. 이것은 실제로 봤던 기억이 변형되는 것이 아니라, 실제로 보지 않았거나 경험하지 않은 기억이 생기는 현상이다.

하이만(Hyman) 등[4]은 이러한 현상을 검증하고자, 대학생들을 대상으로 다음과 같은 질문을 했다. "귀하의 부모님께 들었는데, 귀하가 어릴 적에 부모님의 차에서 혼자 장난치다가 주차 브레이크를 풀어서 다른 차와 접촉사고를 냈던 적이 있었다고 합니다. 그 사건을 기억하십니까?"(실제로 그러한 사건은 발생하지 않았다) 처음에는 전부 생각나지 않는다고 했지만, 시간이 지나면서 생각이 나는 것 같다고 응답하

---

4) Hyman, I. E., Husband, T. H. & Billings, F. J. (1995). False memories of childhood experiences. *Applied Cognitive Psychology, 9*, 181-197.

는 학생들이 나타났다. 그들을 대상으로 다시 여러 차례의 면담을 실시하였고, 최종적으로 약 30%의 대학생들이 그러한 "기억이 난다"라고 응답하였다.

이와 같이 어떤 사건을 '경험했을 테니 기억하도록' 압박하여 생각해 내도록 하면, 그것과 관계된 기억이 마음대로 생성될 수도 있다. 이것은 목격자가 너무 지나치게 기억하도록 요구받으면, 실제로는 목격하지 않았던 범인의 모습이나 범행상황을 상기해 낼 수 있음을 의미한다. 실제로, 1990년대부터 2000년대까지 미국과 잉글랜드에서는 정신분석 상담에 이러한 허위기억 현상이 이용되었다. 즉, 상담자가 내담자들에게 "당신이 불안장애나 우울장애를 경험하고 있는 것은 어릴 때 부모에게 성학대를 당했기 때문입니다. 그것을 기억해 냄으로써 증상이 사라질 수 있습니다"라고 하여, 다양한 정신질환의 원인이 성학대 피해경험이라고 믿도록 하였다. 그 후 내담자들은 발생하지 않은 성학대 피해를 경험했다고 기억하고, 부모를 학대죄로 고소하는 사건이 속출하였다. 이것을 **허위기억증후군**이라고 한다.[5]

이보다 더 무서운 일은, 자신이 저지르지 않은 범죄에 대해 스스로 했다고 믿는 기억도 만들어 낼 수 있다는 것이다. 피의자를 외부와 단절된 취조실에 감금하고, 그가 범인이라는 전제하에 신문하면, 피의자 스스로 '사실은 내가 진짜 했던 것은 아닐까?'라고 생각하여 자백을

---

5) Sabbagh, K. (2009). *Remembering our childhood: How memory betrays us*. Oxford University Press. [K・サバー/越智啓太・雨宮有里・丹藤克也(訳)(2011). 『子どもの頃の思い出は本物か: 記憶に裏切られるとき』. 化学同人]; 越智啓太(2014). 『つくられる偽りの記憶: あなたの思い出は本物か?』. 化学同人.

할 수 있다는 것이다. 이것을 **허위자백**이라고 한다.[6]

목격증언의 신뢰도와 정확성

목격증언 연구에서 다루어지는 중요한 문제로, '신뢰도와 정확성의 관계'가 있다. 신뢰도라는 것은 목격자가 목격하여 증언한 내용이 사실인가에 대한 확신을 말한다. 목격자에게 제시한 용의자 사진들 가운데 목격한 범인의 사진을 지목하도록 할 때, 수사관은 그의 선택에 대한 신뢰도도 함께 기대한다. 일본에서는 이러한 범인식별 절차 시 목격자에게 "귀하가 지목한 사람이 목격한 사람일 것이라고 몇 퍼센트 정도 확신하십니까?"라고 질문한다. 일반적으로 목격증언의 신뢰도가 높다는 것은 목격자의 증언이 그만큼 정확하다는 것으로 간주된다. 그러나 실험연구들을 통해, 신뢰도와 정확성 간의 상관관계가 그리 높지 않다는 점이 규명되어 왔다. 즉, 신뢰도가 정확성을 반드시 담보하는 것은 아니라는 것이다. 그 이유 중의 하나는 사후정보효과에 있다. 앞서 설명한 것처럼, 인간은 사후에 입력된 정보와 실제 목격한 정보를 구별하기 어렵다. 따라서 사후에 입력된 정보가 뚜렷하다면, 그것이 잘못된 기억임에도 높은 신뢰도가 부여되는 것이다. 또한 신뢰도는 이러한 사후정보 이외에 주변의 다양한 정보로부터 쉽게 영향을 받는다. 예를 들어, 다른 목격자의 증언이 자신의 기억과 일치

---

6) Lassiter, G. D. & Meissner, C. A. (2010). *Police interrogations and false confessions: Current research, practice, and policy recommendations.* American Psychological Association.

하면 신뢰도가 높아지고, 일치하지 않으면 신뢰도가 낮아지는 것이다. 이러한 점 때문에 목격증언의 신뢰도를 과도하게 믿는 것은 위험하다고 할 수 있다.[7]

목격증언의 신뢰도 감정

목격자의 증언이 재판에서 증거로 활용될 경우, 그 증명력을 두고 다투는 경우가 있다. 미국에서는 목격증언 전문가가 법정에 증인으로 출석하여 목격자의 증언에 대한 감정결과를 진술한다. 일본에서는 목격자 조서의 신뢰성에 대한 심리학적 감정을 실시하는 경우가 있다. 이러한 심리학적 감정의 표준 방법 가운데 하나가 현장실험 연구이다. 이것은 목격자가 목격한 상황과 비슷한 모의 상황을 만들어 놓고, 많은 실험참가자들에게 사건을 목격하도록 한 다음 그것을 기억해 내도록 함으로써, 그 결과를 실제 사건과 비교하는 방법이다. 이쓰쿠시마(厳島)[8]는 자민당본부 방화사건[9]의 목격자 증언에 대해 이러한 현장실험을 실시하여, 사건당일의 상황에서 목격자가 피의자의 얼굴을 기억하는 것은 거의 불가능하다는 감정결론을 내렸다. 그는 황궁 폭

---

7) 越智啓太(1999). 目撃証言における確信度と正確性の相関: 最適性仮説の検討『犯罪心理学研究』37, 36-54.

8) 厳島行雄(1993). 目撃者証言の心理学的考察: 自民党本部放火事件におけるY証言の信用性をめぐって(2) フィールド実験からのアプローチ『日本大学人文科学研究所研究紀要』45, 251-288.

9) 1984년 9월 19일, 도쿄 지요다 구(千代田区)에 위치한 자민당본부가 급진좌익세력인 중핵파(中核派)에게 방화공격을 당한 사건이다.

탄테러(皇居迫擊砲) 사건** 및 이즈카(飯塚) 사건[10]의 목격자 진술 감정도 맡았는데, 목격자가 불과 몇 초정도 목격한 대상에 대해 매우 상세한 증언을 한 것은 심리학적으로 불가능하다는 점을 현장실험을 통해 검증하고, 목격자 증언의 신뢰성을 부정하는 감정결과를 제시하였다.[11] ***

---

10) 1992년 2월 20일, 후쿠오카의 이즈카 시(飯塚市)에서 초등학교 1학년 여학생 2명이 등굣길에 행방불명되어, 다음 날 시체로 발견된 사건이다. 범인으로 체포된 남성은 사형확정 판결을 받았으나 재심청구를 했다.

11) 厳島行雄(2014). 飯塚事件における目撃者Tの供述の正確さに関する心理学鑑定 『法と心理』14, 17-28.

* 국내에 로프터스의 저서가 번역된 것이 있으니 참고하기 바란다. 엘리자베스 로프터스 · 캐서린 케첨 저, 정준형 역(2008).『우리 기억은 진짜 기억일까?: 거짓기억과 성추행 의혹의 진실』. 도솔.

** **황궁 폭탄테러 사건**: 1986년 3월, 일본 정치테러단체가 도쿄 도심의 천황 황궁에 2~3발의 화염탄을 발사하고, 며칠 뒤에는 황태자 일가가 살고 있는 처소에 4발의 금속탄을 발사한 사건이다. 당시 일본의 과격테러단체들은 자체적으로 개발한 신형무기 발사실험을 경쟁적으로 하고 있었던 것을 알려져 있다 (http://newslibrary.naver.com/).

*** 국내 목격자 증언관련 실증연구들로는 다음과 같은 것이 있다. 조소연 · 조은경(2008). 목격자 기억 정확성에 대한 전문가 증언이 배심원의 의사결정에 미치는 영향.『한국심리학회지: 사회 및 성격』22(3), 33-47; 홍유진 · 김시업 (2017). 불안감 수준과 성별이 목격자 진술에 미치는 영향: 진술의 양과 정확성을 중심으로.『교정담론』11(1), 147-184; 김미영 · 김시업(2016). SAI가 사건회상 정확성에 미치는 효과.『한국심리학회지: 사회 및 성격』30(3), 63-75; 이재웅 · 조은경(2010). 목격자 진술에 대한 SCAN 기법의 타당성 연구.『한국심리학회지: 사회 및 성격』24(2), 151-167.

14
아동 · 노인의 목격증언
올바른 면담기법은 무엇인가?

❖ ❖ ❖

아동은 보통 우리가 생각하는 것보다 훨씬 더 범죄에 취약하다. 아동은 성범죄나 학대, 폭행, 강도, 상해 등의 범죄 피해자가 되기 쉽다는 것이다. 또한 아동이 범죄사건의 목격자가 되는 경우도 많다. 부부 간의 폭행이나 살인사건을 비롯하여, 침입강도나 노상강도, 뺑소니, 성범죄 등의 사건현장에 아동이 있었던 것이다. 그러한 사건에서 아동의 목격증언은 사건을 입증하는 데 매우 중요한 증거가 될 수 있기 때문에, 범죄수사에서는 그러한 아동 증언의 특징을 파악하여 올바르게 청취하고 조서를 작성하는 것이 중요하다.

아동의 피암시성

아동의 목격증언을 검토할 때 가장 중요한 것은 유도신문에 대한 문제이다. 즉, **피암시성**(suggestibility)*에 의해 면담자가 유도하는 방향대로 아동의 증언이 바뀔 수 있다는 것이다. 오치(越智)는 이러한 피암시성을 두 가지 유형으로 제시하였다.[1] 첫 번째 유형은 **영합**으로서, 아동이 자신이 목격한 사실과 달리 어른이 유도하는 대로 답변해 버리는 것이다.

이와 같이 아동이 어른의 질문에 영합해 버리는 원인 중의 하나는 권위효과에 있다. 아동에게 있어서 어른은 자신보다 세상을 잘 아는 존재여서, 어른에게 어떤 질문을 받으면 어른이 요구하는 대로 대답을 해야 한다고 생각한다.[2] 그렇기 때문에 아이들은 자신이 보고 들은 것보다도 어른이 원하는 대로 대답하는 것이다. 이러한 효과는 성인 가운데 권위적인 사람들, 특히 교사나 의사, 경찰관들이 아동을 면담할 경우 현저하게 나타나기도 한다.

두 번째 원인은 아동이 그 상황을 벗어나기 위해 영합해 버리는 데 있다. 예를 들어, 조사시간은 길고 지루하므로, 거기에서 벗어나기 위해 어른들의 요구에 맞추어서 적당히 대답하는 것이 효과적이라고 생각하는 것이다. 요구와 다른 대답을 해 버리면 조사가 더 길어질 가능성이 있기 때문이다.

세 번째 원인으로는 반복질문에 따른 영합이 있다. 이것은 아동에게 반복해서 같은 질문을 했을 때, 아동이 두 번째 혹은 세 번째 질문에 다른 대답을 하는 현상에서 비롯된다. 같은 질문이 두 번 주어졌을

---

1) 越智啓太(1999). 子どもの目撃者からの供述聴取における被誘導性とその対策『犯罪心理学研究』37, 29-46.
2) 예를 들어, 어른이 아이에게 "일본의 수도가 어디지?"라고 질문할 때, 어른은 그 아이에게 정보를 요구하는 것이 아니라 그것을 아는지 시험해 보려는 것이다. 아이들은 어른들에게 이런 식의 질문을 받는 경우가 많다.

때, 아동은 처음의 대답이 '틀렸다'거나 '어른의 요구에 적절하게 대답하지 못했다'고 생각하는 경우가 많다. 그러나 대다수의 조사관들은 예상하고 있던 대답을 아이가 하지 않으면, 질문을 이해하지 못한 것으로 여기고 반복했던 질문을 그냥 다시 하곤 한다.

어떤 경우에서든 이야기를 청취하는 어른들은 처음부터 아이들이 특정한 대답을 했으면 하고 질문하는 경우가 많기 때문에, 아이가 영합해서 한 대답을 그대로 받아들인다. 이러한 반복에 의해 어른들의 그릇된 선입견대로 진술이 만들어지는 것이다.

아동에 대한 피암시성의 두 번째 유형은 앞서 설명한 **사후정보효과**이다. 사후정보효과는 아동에게 좀 더 뚜렷하게 나타나는 것으로 알려져 있다. 이것은 조사하는 과정에서 수사관이 섣부르게 누설한 정보를 아동이 쉽게 기억해 버릴 위험성을 나타내고 있다. 또한 영합 등에 의해 아동이 한 번 잘못된 증언을 하면, 자기 자신의 말이 사후정보효과가 되어 자신의 기억을 수정해 버릴 가능성이 높다.[3] **

아동 목격자의 면담기법

아동의 진술을 청취하는 데 있어서, 정보의 획득은 그 질문형식

---

[3] 아동의 목격증언이 중요한 쟁점이 되어 최종적으로 무죄판결을 받은 사건으로 가부토야마(甲山) 사건이 있다. 이것은 1974년 효고 현(兵庫県) 니시노미야 시(西宮市)의 지적장애인시설 가부토야마 학원에서 원아 2명이 정화조에서 시체로 발견된 사건이다. 사건 당일 숙직했던 여자 보육교사가 기소되었으며, 범행의 증거로 아동의 증언이 제시되었다. 재판은 이례적으로 장기화되었고, 사건 발생일로부터 무려 25년이 지나 무죄확정 판결이 나왔다.

과 관련되어 있다. 예를 들어, 굿맨(Goodman)과 리드(Reed)[4], 마린 (Marin) 등[5]은 아동에게 어떤 사건을 목격하게 하고, 그 내용에 대해 다양한 형식으로 질문해 보는 실험을 실시하였다. "그곳에서 무슨 일이 있었니?" "네가 보고 들은 것은 무엇이니?"와 같은 개방형 질문일 경우, 아동의 연령이 낮을수록 답변하는 데 큰 어려움을 느끼는 것으로 나타났다. 예를 들어, 3세 아동이 이러한 질문에 답변하는 것은 매우 어렵다. 따라서 "범인의 머리카락은 무슨 색이었니?" 또는 "거기에 있던 사람은 어떤 모습을 하고 있었니?"와 같은 구체적인 질문에 답변하는 것이 개방형 질문보다는 수월하다. 또한 "범인이 안경을 쓰고 있었니?"라거나 "범인이 남자였니?"처럼 양자택일식 또는 예-아니요 식의 질문이 한결 더 효과적이다. 그러나 문제는 개방형 질문보다 제한된 폐쇄형 질문을 할 때, 영합이나 사후정보효과가 나타날 가능성이 커진다는 것이다. 예를 들어, "거기에서 무엇을 봤니?"라고 질문하면 유도신문의 위험성이 낮지만, "범인이 안경을 쓰고 있었니?"라고 질문하면 아이가 기억나지 않는데도 "네"라고 대답할 경우, 그것이 사후정보로 작용하여 안경이 기억 속에 잠입할 가능성이 높아지게 된다. 특히 미취학 아동이나 초등학교 저학년 아이들은 유도신문에 매우 취약하다.

해외의 다양한 사법기관 및 연구소에서는 이와 같이 취약한 아동

4) Goodman, G. S. & Reed, R. S. (1986). Age differences in eyewitness testimony. *Law and Human Behavior, 10*, 317.
5) Marin, B. V., Holmes, D. L., Guth, M. & Kovac, P. (1979). The potential of children as eyewitnesses: A comparison of children and adult son eyewitness tasks. *Law and Human Behavior, 3*, 295.

의 증언을 최소한의 면담으로(수사나 공판과정에서 여러 차례 질문받는 것 자체가 아동에게 트라우마를 형성하기 때문), 정확하게 청취하기 위한 기법을 개발해 왔다. 잉글랜드는 1991년부터 아동에 대한 초기면담을 녹화하여 증거로 채택할 수 있는 제도를 운영하고 있다. 그동안 개발된 아동의 목격증언 면담기법으로는 영국의 'Memorandum of Good Practice(MOGP)', 캐나다 경찰이 사용하고 있는 'Step-wise interview'[6], 미국의 '국립 아동보건 및 발달 연구소(NICHD) 프로토콜' 등이 있다.[7] 이러한 다양한 면담기법의 공통적인 진행순서는 다음과 같다.[8] [9]

① **라포 형성**: 면담자와 아동 사이의 신뢰관계 형성하기
② **자유질문**: 개방형 질문으로 사건에 대해 말하기
③ **개별질문**: 개방형 질문에서 나온 답변들에 대해 상세히 물을 수 있지만, 가능한 한 개방형으로 질문하기, 양자택일이나 객관식

---

6) Yuille, J. C., Hunter, R., Joffe, R. & Zaparniuk, J. (1993). Interviewing children in sexual abuse cases. G. S. Goodman & B. L. Bottoms (Eds). *Child victims, child witnesses: Understanding and improving testimony* (pp. 95-115). Guilford Press.

7) Lamb, M. E., Orbach, Y., Hershkowitz, I., Esplin, P. W. & Horowitz, D.(2007). Astructured forensic interview protocol improves the quality and informativeness of investigative interviews with children: A review of research using the NICHD investigative interview protocol. *Child Abuse & Neglect, 31*, 1201-1231.

8) 일본에서는 홋카이도 대학의 사이 마키코(仲真紀子) 교수를 중심으로 사법면담 지원실에서 이러한 아동대상 면담기법에 대한 교육 프로젝트를 실시하고 있으며, 검찰청과 법무부 담당자들을 대상으로 강습도 실시하고 있다. 仲真紀子(2012). 科学的証拠にもとづく取調べの高度化: 司法面接の展開とPEACEモデル『法と心理』12, 27-32.

9) 일본의 수사실무상 아동의 목격증언에 대해서는 다음 문헌을 참고하기 바란다. 田中嘉寿子(2014).『性犯罪・児童虐待捜査ハンドブック』. 立花書房.

질문은 적극 피하고, "왜 그렇게 되었니?"라거나 "그때 어떻게 했니?"처럼 구체적으로 질문하기, 특히 쟁점이 될 것 같은 질문이나 범인의 폭력양상 등에 대한 질문은 삼가기

④ **종료**: 아동에게 감사의 표현하기, 마음을 안정시키기, 무언가 말하고 싶을 때 필요한 연락처 등에 대해 안내하기

노인의 목격증언

목격증언의 신뢰성에 있어서, 아동과 더불어 노인의 목격증언도 중요한 문제가 되고 있다.[10] 최근 고령화 사회를 배경으로, 노인이 범죄 사건의 피해자나 목격자가 되는 경우가 급증하고 있기 때문이다. 노인 증언의 특징으로 가장 먼저 꼽을 수 있는 것은 아동과 마찬가지로 피암시성의 문제이다. 노인 가운데에는 자신의 기억력이 저하되고 있는 것을 '수치'라고 생각하여, 그것을 경찰이 알아채지 못하도록 조사관에게 영합하는 반응을 보이는 경우가 있다. 또한 자존심이 강해서 "기억 안 난다"거나 "모른다" 등의 말을 하지 않고, 역시 영합하는 반응을 해 버리는 것이다. 이들 역시 사후정보효과의 영향을 받기 쉽다.

노인 증언의 또 다른 특징으로 **출처 감찰**(Source monitoring) 능력이 저하되는 현상이 있다. 이는 어떤 것 자체를 본 것은 기억하지만, 그것을 어디에서 봤는지는 기억하지 못하는 것이다.[11] 출처 감찰 오류

---

10) 노인의 목격증언의 특징에 대해서는 다음의 문헌을 참고하기 바란다. Mueller-Johnson, K. & Ceci, S. J. (2007). The elderly eyewitness: A review and prospectus. *The Handbook of Eyewitness Psychology, 1*, 577–603.

11) Searcy, J. H., Bartlett, J. C. & Memon, A. (1999). Age differences in accuracy and

가 발생하면, 사건현장이 아닌 곳에서 본 사람을 사건현장에서 봤다고 잘못 인식하거나, 사건 당일 이외의 정보를 사건 당일의 것으로 보고할 가능성이 높다.***

choosing in eyewitness identification and face recognition. *Memory & Cognition,* *27,* 538-552.

역자주
보충학습

* **피암시성**: 협의로는 사건 이후의 정보를 받아들여 기억 속에 재구성하는 무의식적 기억현상을 의미하고, 광의로는 정보의 부호화, 저장, 인출 단계에서 사회적·심리적 요인에 의해 영향을 받는 의식적·무의식적 과정을 말한다. 법적 증언상황은 개인의 기억능력 외에도 특정한 대답을 유도하는 질문이나 강압적 면접자의 태도 등 증언자의 진술에 영향을 주는 심리적 요인들이 많이 존재하므로, 광의의 개념으로 접근하는 것이 적합하다.

** 아동 진술의 피암시성에 대한 국내 연구들로는 다음과 같은 것이 있다. 이숙정·유안진(2005). 면접자의 사건참여 여부에 따른 유아의 피암시성.『아동권리연구』9(4), 745-764; 우현경·이순형(2005). 면접방식에 따른 유아의 기억정확성 및 피암시성.『한국가정관리학회지』23(1), 209-222; 강민희·최경숙(2003). 오정보와 심상 재연 단서가 아동의 회상 정확도에 미치는 영향.『아동학회지』24(2), 1-14; 곽금주(2003). 취학전 아동증언에서 참여여부, 질문 및 질문자의 특성에 따른 기억의 정확성.『한국발달심리학회지』16(2), 1-18.

*** 출처 감찰에 대한 좀 더 구체적인 내용은 다음과 같은 논문을 참고하기 바란다. 이승진(2005).「아동의 출처 감찰(Source Monitoring) 수행에 미치는 면담자 지지의 연령별 효과」. 서울대학교 대학원 석사학위논문.

15
몽타주 및 범인식별
목격자 진술을 통해 범인 얼굴을 재현하는 기법

❖ ❖ ❖

범죄사건의 피해자 및 목격자는 범인의 얼굴을 기억하곤 한다. 그들의 진술을 통해 범인의 얼굴정보를 수집할 수 있다면, 범인의 신원을 보다 쉽게 파악할 수 있을 것이다. 그러나 여기에는 커다란 문제가 하나 있다. 즉, 피해자와 목격자의 진술만으로는 범인의 얼굴을 재현하는 특별한 기술이 없는 한, 그들의 기억 속에 있는 범인의 얼굴 정보를 정확하게 구현하기 어렵다는 것이다. 이를 위해 목격자에게 목격한 범인의 얼굴에 대한 기억을 이끌어 내어, 그림으로 재현하는 다양한 방법이 개발되어 왔다.

초상화와 몽타주

초상화는 목격자가 본 범인의 얼굴을 재현하기 위해 가장 오래전부터 사용된 방법이다. 초상화에 능숙한 수사관(일본에서는 초상화 작성 관련 특별교육을 수료한 감식담당 경찰관이 수행하는 경우가 많다)이 목격자의 진술을 청취하고, 이를 그림으로 재현하는 것이다. 한편, **몽타주**(montage) 기법도 있는데, 이것은 얼굴의 여러 부위 사진을 조합하여 목격한 얼굴을 재구성하는 것이다. 최근에는 단순히 얼굴의 부위를 조합하는 것뿐만 아니라, 컴퓨터상에서 얼굴 각 부위의 크기나 각도를 자유자재로 수정하면서 얼굴을 재현하는 프로그램이 개발·도입되고 있다. 외국에서는 몽타주라는 용어보다 프로그램 상품명을 그대로 사용하는데, '포토 핏(Photo Fit)'* '아이덴티티 킷(Identity Kit)' 등이 대표적이다.[1]

몽타주는 사진이나 컴퓨터 등 각 시대의 최첨단 기술을 사용하여 얼굴을 재현하는 기법인 반면, 초상화는 고전적인 방법이라고 하겠다. 그러나 실제 수사현장에서는 몽타주보다 초상화가 선호된다. 또한 실험연구에서도 몽타주보다 초상화가 기억 속의 얼굴을 보다 정확하게 재현할 수 있는 것으로 나타났다.[2]

그 이유로서 다음과 같은 것이 제시되고 있다. 첫째, 몽타주는 작성 도중에 다양한 실제 사진을 보게 되는데, 그러한 사진을 보면 볼수록 **역행간섭**(retroactive interference)[3] 현상이 발생하여, 원래 기억 속에 있

---

1) Hasel, L. E. & Wells, G. L. (2007). Catching the bad guy: Morphing composite faces helps. *Law and Human Behavior, 31*, 193-207; Kovera, M. B., Penrod, S. D., Pappas, C. & Thill, D. L. (1997). Identification of computer-generated facial composites. *Journal of Applied Psychology, 82*, 235-246.
2) Laughery, K. R. & Fowler, R. H. (1980). Sketch artist and Identi-kit procedures for recalling faces. *Journal of Applied Psychology, 65*, 307-316.
3) 새로운 정보가 원래의 기억에 간섭하여, 과거 기억이 변질되거나 상기할 수 없게 되는

던 범인의 얼굴을 분간하기 어렵게 된다. 둘째, 초상화는 그 인물 그 대로를 재현하는 것이 아니라, 대상 인물의 특징을 강조하여 재현한 것이므로, 그 사람을 보다 쉽게 식별할 수 있도록 한다. 셋째, 몽타주 (특히 오래된 시스템에서)는 처음에 마련된 얼굴 부위의 종류나 개수가 제한되어 있어 표현력에 한계가 있지만, 초상화는 사람이 자유롭게 그리기 때문에, 표현의 자유도가 무한하고 표현력도 우수하다. 넷째, 훌륭한 초상화 담당수사관은 목격자로부터 얼굴의 정확한 특징을 끌 어 낼 수 있는 화법을 구사하여, 간섭을 최소화함으로써 보다 많은 정 보를 이끌어 낼 수 있다. 또한 얼굴의 해부학적 지식을 무의식적·의 식적으로 습득하여, 보다 사실적인 초상화를 작성할 수 있다. 다섯째, 사람은 얼굴을 전체적인 이미지로 기억하므로 그 일부분만 재현하거 나 표현하는 것을 어려워하는데,[4] 몽타주는 이러한 작업을 목격자에 게 요구한다.

복수 범인식별 (복수 면접)

한편, 용의자가 이미 수사선에 올라온 경우에는 초상화나 몽타주 등에 의해 얼굴을 재현하는 방법이 아니라, **범인식별**이라는 절차를 실 시한다. 이것은 용의자 몇 명을 목격자에게 나란히 제시하고, 그 가 운데에서 목격한 사람을 지목하도록 하는 절차이다. 외국에서는 목

현상이다.
4) 목격한 얼굴을 억지로 말로 표현하도록 하면, 얼굴에 대한 시각적 처리가 언어 적 처리로 교체되면서, 실제 얼굴에 대한 기억이 감퇴하는 언어적 은폐(verbal overshadowing) 효과가 나타날 수 있다.

격자가 취조실 밖에서 일방경(one-way mirror)을 통해 용의자들을 직접 보고 지목하는 방법을 사용하기도 하는데, 이를 **실물 복수면접**(live line-up)이라고 한다. 일본에서 이 방법은 거의 사용되지 않고, 몇 장의 사진 중에서 목격자가 본 사람을 선별하도록 하는 **사진 복수면접**(photo line-up)이 많이 사용된다. 이것은 용의자의 사진과 함께 다른 몇 명의 사진을 섞어서 목격자에게 제시하고, 그중에서 용의자를 가려낼 수 있는지를 시험하는 것이다. 이러한 절차를 심리학적으로 재인(recognition)[5]이라고 하는데, 얼굴을 재현하는 방법보다 쉽게 실시할 수 있다.

그러나 범인식별은 목격자가 어떤 선입견을 갖게 되면, 범인이 아닌 사람을 범인으로 지목할 수 있는 위험성이 크다. 예를 들어, 목격자는 '제시된 사진 중에서 자신이 본 사람'을 선택하라는 설명을 듣지만, 실제로는 '제시된 사진 중에서 자신이 본 사람과 가장 유사한 사람'을 선택해 버릴 수 있다. 이는 '경찰이 제시한 사진 중에 범인이 포함되어 있을 것'이라는 무의식적 선입견이 발생했기 때문이다. 원래 피의자 신분으로 경찰에 소환된 사람은 목격자가 진술한 이미지와 유사한 점이 많기 때문에, 결과적으로 그들이 범인으로 잘못 지목될 위험성이 높아지게 된다.

따라서 이러한 잘못된 선택이 발생하지 않도록 하기 위해 몇 가지 방법이 제안되고 있다. 한 가지 방법은 범인식별에 포함되는 사진 인물 전원을 목격자가 진술한 내용과 일치하는 사람들로 구성하는 것

---

5) 기억 테스트 중의 하나로서, 여러 명의 후보 가운데 이전에 기억한 정보(범인의 얼굴 등)를 바탕으로 용의자를 선별하도록 하는 것을 의미한다.

이다. 예를 들어, 목격자가 "범인은 키가 크고, 대체로 잘생긴 편이며, 안경을 쓰고 있었다"라고 진술했다면, 키가 크고 잘생긴 안경 쓴 사람들로만 범인식별사진을 구성한다.

또 다른 방법은 좀 더 효과적인 방법으로 범인식별사진을 제시하는 것이다. 보통 범인식별은 **동시적 제시방법**(동시 범인식별)을 통해 실시되는데, 이것은 목격자에게 용의자 사진 전체를 동시에 보여 주고 그 중에 범인을 선택하도록 하는 방법이다. 그러나 이 방법으로 범인식별을 실시했을 때, 목격자가 전체 사진을 자신이 목격한 사람과 비교하여 가장 유사한 사람을 지목하는 상대적 판단을 하게 될 가능성이 높아진다. 그러나 실제로 요구되는 것은 절대적 판단, 즉 진짜 목격한 사람을 골라내는 것이므로, 사진을 동시에 보여 주지 않고 1장씩 차례로 보여 주면서 목격한 사람이 있는지를 확인하도록 하는 **순차적 제시방법**(순차 범인식별)이 보다 널리 알려져 있다. 연구 결과에서도 순차적 방법을 사용했을 때 범인이 아닌 사람을 잘못 지목할 가능성이 크게 감소한 것으로 나타났다. 특히 순차적 범인식별을 시작할 때, 앞으로 사진이 몇 장 제시될 것인가에 대해 언급하지 않는 것이 좀 더 효과적이라고 한다.[6]

사진을 제시하여 범인식별을 하는 경우는 사진은 당연히 균질한 것이어야 한다. 예를 들어, 특정 피의자 사진만 다른 형태의 사진(폴라로

---

6) Lindsay, R. C. & Wells, G. L. (1985). Improving eyewitness identifications from lineups: Simultaneous versus sequential lineup presentation. *Journal of Applied Psychology, 70*, 556-564; Lindsay, R. C., Pozzulo, J. D., Craig, W., Lee, K. & Corber, S. (1997). Simultaneous lineups, sequential lineups, and showups: Eyewitness identification decisions of adults and children. *Law and Human Bebavior, 21*, 391-404.

이드 사진, 스냅 사진, 컬러 사진 등)이거나, 크기가 크다든지, 여러 장이 라면, 그 방법은 편견이 개입되어 증거로서의 가치가 저하된다. 또한 목격자가 "범인이 선글라스를 쓰고 있었다" 또는 "외국인인 것 같았 다"라고 진술했을 때, 제시된 사진 가운데 그러한 사람이 1명뿐이거 나 소수만 포함되어 있을 경우에도 역시 마찬가지이다.[7]

단독 범인식별 (일대일 면접)

한편, 일방경을 통해 신문을 받고 있는 피의자를 보여 주거나, 연행 되고 있는 피의자를 멀리서 보여 주고, 그 사람이 목격한 범인인지를 확인하는 방법을 **단독 범인식별**(Show-up)이라고 한다. 이 방법은 매우 쉽게 실시할 수 있기 때문에 수사실무에서 활용되는 경우가 많다.

그러나 이 방법은 목격자에게 보다 큰 선입견을 갖도록 유도할 수 있는 위험성이 있어서 오류확률이 매우 높은 것으로 알려져 있다.[8] 법원에서는 범인을 사건 직후에 체포하여, 그 장소에 목격자나 피해 자가 있었던 급박한 상황에서는 그러한 방법을 실시하는 것이 불가피 하지만, 사건발생 후 범인식별을 실시하기까지 시간이 충분하고 긴급 성이 없는 경우에는 그러한 방법을 취할 필요가 없다고 보고 있다.

일본의 범죄수사 실무에서는 사진 범인식별을 하기 전에 이러한 단

---

7) 일본의 범인식별에 대해서는 다음 문헌을 참고하기 바란다. 仙波厚・小坂敏幸・宮崎 英一/司法研修所(編)(1999). 『犯人識別供述の信用性』. 法曹会.

8) Steblay, N., Dysart, J., Fulero, S. & Lindsay, R. C. L. (2003). Eyewitness accuracy rates in police showup and lineup presentations: A meta-analytic comparison. *Law and Human Behavior, 27*, 523-540.

독 범인식별을 해 버리거나, 피의자의 독사진을 목격자에게 보여 주지 않도록 주의하고 있다.[9] 실제로 경찰이 이러한 방법을 사용하여 재판에서 범인식별에 대한 신뢰성이 기각되었던 사건이 있었기 때문이다.[10] 이에 비해, 사진 범인식별을 한 목격자에게 이어서 단독 범인식별을 실시하여, 그의 체형이나 동작의 세부적 특징 등이 목격한 범인과 일치하는지를 진술하도록 함으로써, 이를 증거로 사용하는 방법은 어느 정도 용인되고 있다.**

---

9) 그 밖에 범인식별 시 수사관이 목격자 등을 의식적·무의식적으로 유도할 수 있는 위험성이 지적되어 왔다. 예를 들어, 수사관이 "두 번째 사람을 잘 눈여겨보세요"라는 식으로 암시를 주게 되면, 목격자 등은 그 사람에 대한 선입견을 갖게 된다. 미국에서는 이를 방지하기 위해 범인식별 절차에 변호인이 참여할 수 있는 권리를 보장하고, 이를 위반한 범인식별 증언을 배제하는 '웨이드-길버트 규칙(Wade-Gilbert rule)'을 두고 있다.

10) 2008년 5월 6일, 교토 마이즈루 시(舞鶴市)에서 고등학교 1학년 여학생이 실종되어 다음 날 시신으로 발견된 사건을 수사하는 과정에서, 경찰의 범인식별 방법에 문제가 있었다는 점이 재판에서 인정되었다.

* 영국 Open University에서 개발한 '포토 핏'은 교육용으로 몽타주 프로그램 및 앱을 활용할 수 있도록 하고 있으니, 참고해 보기 바란다(http://www.open. edu/openlearn/body-mind/photofit-me).

** 국내 범인식별관련 실증연구들로는 다음과 같은 것이 있다. 김지영 · 김기 범 · 김시업(2007). 복수면접에서 순차적 제시와 동시적 제시방법의 식별 정 확성 비교 분석. 『한국심리학회지: 사회 및 성격』 21(2), 59-70; 우소연 · 조은 경(2012). 목격자의 범인식별 절차에서 식별 전 지시와 순차적 제시방식 유형 에 따른 식별 정확성. 『한국심리학회지: 사회 및 성격』 26(4), 141-155; 허성 호 · 김지영 · 김기범(2009). 범인식별 과정에서의 정확성에 영향력을 미치는 개인차 및 상황변인 분석. 『한국공안행정학회보』 36, 447-474.

16
피의자 신문
범인의 자백을 받기 위한 심리수사기법

❖ ❖ ❖

신문(Interrogation)[1]은 사건수사를 위한 피의자나 피해자, 목격자, 사건관계자 등으로부터 진술을 받는 절차를 일컫는 것으로, 피의자 신문과 참고인 진술로 구분될 수 있다. 여기에서는 주로 피의자 신문에 대해 설명하도록 한다.

선진국의 형사사법제도는 형식적으로 기소나 재판에서 피의자 자백을 필수조건으로 하고 있지는 않다. 그러나 실질적으로 사건에 관한 가장 큰 정보원은 피의자이며, 기소 및 유죄판결에 피의자의 자백이 미치는 영향은 무시할 수 없다. 따라서 현재의 제도 내에서 수사관은 피의자 신문의 최대 목표를 자백으로 간주하는 경우가 많다.[2]

---

1) 여기에서 설명하는 '신문'은 수사단계에서의 조사활동을 가리킨다. 이와는 별개로 공판단계에서는 '심문'이라는 용어가 사용되고 있는데, 이것은 사실관계의 여부를 확인하기 위한 법원의 활동 일반을 지칭하는 것이라고 하겠다.

2) Stephenson, G. M. & Moston, S. J. (1994). Police interrogation. *Psychology, Crime and Law, 1*, 151-157.

피의자 신문기법과 자백

비교적 최근까지 수사기관의 신문 방법에 대해 과학적으로 연구된 것은 거의 없었다. 대부분의 수사관들은 주로 현장에서 경험과 노하우가 많은 선임자에게 신문기법을 배워왔다. 역사적으로 피의자 신문은 고문을 통해 이루어진 경우가 많았으며, 경찰의 신문에 폭력과 협박이 사용되는 경우가 적지 않았다. 이러한 상황을 변화시킨 것은 1962년 인바우(Inbou)와 리드(Reid)가 저술한『신문 기술과 자백』이라는 책이었다.[3] 이 책은 세계 각국에 번역되어, 많은 수사관들의 신문 기법 바이블이 되었다. 여기에는 피의자의 혐의 정도나 특성을 바탕으로 자백을 효과적으로 이끌어 내기 위한 다양한 기법이 포함되어 있다. 카신(Kassin)과 맥넬(McNall)[4]은 그들의 기법을 분석하여, **최대화**와 **최소화**라는 두 가지 범주로 분류하였다. 최대화라는 것은 수사관이 피의자에게 죄의 심각성이나 책임의 정도를 과장해서 전달함으로써 피의자가 자백하도록 압박하는 방법이다. 이와 반대로, 최소화는 그러한 범죄는 누구라도 할 수 있는 것이라고 하거나, 과도하게 공감해 주는 식으로, 죄의 심각성이나 책임의 정도를 과소평가하면서 자백을 재촉하는 방법이다. 결국, 이러한 방법을 적절하게 혼합하여 자백을 하도록 유도하는 것이다.

---

3) Inbou, F. E. & Reid, J. E. (1962). *Criminal interrogation and confessions*. Williams and Wilkins. [F・E・インボー, J・E・リード/小中信幸(訳)(1966).『尋問の技術と自白』. 日本評論社]

4) Kassin, S. M. & McNall, K. (1991). Police interrogations and confessions: Communicating promises and threats by pragatic implication. *Law and Human Behavior, 15*, 233-251.

인바우와 리드의 저서가 경찰의 신문 방법에 미친 영향은 매우 크다. 특히 그들의 기법은 피의자에게 폭력을 가하거나 비난을 하지 않는 방식을 제시하였다는 점에서 높이 평가할 수 있다. 그러나 이후에 수행된 많은 연구에서 그들의 방법에 큰 약점이 있다는 점이 지적되었다. 즉, 그들이 제시한 방법이 허위자백을 오히려 증가시킬 수 있으며, 특히 피암시성이 강한 피의자, 자존심이 낮거나 지적 장애가 있는 피의자는 허위자백을 할 위험성이 더 높은 것으로 나타났다.[5]

피의자 신문의 두 가지 전략

오늘날 피의자 신문기법은 다음과 같은 두 가지 전략으로 구분할 수 있다. 공감적 접근법과 사실분석적 접근법이 그것이다.

① **공감적 접근법**(Sympathetic approach): 이것은 수사관이 피의자를 인간적으로 이해하고 공감하며 신뢰하는 태도로 조사하는 방법이다. 이를 위해서는 '경찰 대 피의자'가 아니라 '인간 대 인간'으로 대함으로써, 피의자의 불안(이것은 자백을 방해하는 가장 큰 원인이 된다)을 제거하는 것이 중요하다. 와타나베(渡辺)와 스즈키(鈴木)[6]는 살인피의자의 62%, 침입절도피의자의 48%가 수사관

---

5) Gudjonsson, G. H. (1992). *The psychology of interrogations, confessions and testimony*. John Wiley & Sons. [G・H・グッドジョンソン/庭山英雄ほか(訳) (1994). 『取調べ・自白・証言の心理学』. 酒井書店].

6) 渡辺昭一・鈴木昭弘(1985a). 黙秘又は否認した被疑者の自供に至る心理過程1 『科学警察研究所報告 法科学編』38, 44-51; 渡辺昭一・鈴木昭弘(1985b). 黙秘又は否認した被疑者の自供に至る心理過程2 『科学警察研究所報告 法科学編』38, 162-171; 渡辺

의 공감적 접근법이 자백하는 데 중요한 역할을 했다는 조사결과를 보고한 바 있다.[7] 그러나 다른 한편으로, 공감적 접근법은 허위자백을 발생시킬 위험성이 높다는 지적을 받고 있기도 하다.

② **사실분석적 접근법**(Factual analysis approach): 이 접근법은 수사관이 피의자에게 객관적 증거를 제시하거나 진술 모순에 대한 냉철한 질문을 해서 최종적으로 자백을 이끌어 내는 방법이다. 이를 통해, 피의자는 수사관이 자신에게 완전히 불리한 증거를 가지고 있으므로, 더 이상 발뺌하기 어렵다고 생각하게 된다. 와타나베와 스즈키의 연구에서 피의자가 '경찰은 증거를 가지고 있지 않다'고 생각하는 경우, 유죄를 인정하지 않는 기간이 길어지는 것으로 나타났다. 이 접근법에서는 수사관이 여러 가지 증거들 간의 상호관련성을 이해하는 동시에, 피의자의 도발에 감정적으로 말려들지 않는 것이 중요하다. 또한 피의자가 자백했을 때에도 경찰이 가진 모든 정보를 보여 주거나, 범인밖에 모르는 정보를 피의자에게 쉽게 노출하지 않도록 해야 한다.

실제로는 담당 수사관이 피의자의 성격특성이나 가족 상황, 전과 등을 종합적으로 고려하여, 어떤 접근법을 중점적으로 사용할 것인지

昭一(1986). 黙秘又は否認した被疑者の自供に至る心理過程3『科学警察研究所報告 法科学編』39, 49-54.

7) 최근의 실증연구에서도 공감적 접근법이 효과적이라는 결과가 나타났다. Wachi, T., Watanabe, K., Yokota, K. Otsuka, Y., Kuraishi, H. (2014). Police interviewing styles and confessions in Japan. *Psychology, Crime and Law, 20*, 673-694.

를 결정하게 된다. 그러한 의미에서 신문은 여전히 기술(art)적 측면이
크다고 하겠다.*

역자주
보충학습

* 다음과 같은 국내 피의자 신문관련 문헌들도 참고해 보기 바란다. 김종률 (2002).『수사심리학』(제5장). 학지사; 이형근 · 조은경(2014). 피의자신문조서의 왜곡 유형과 정도에 관한 연구: 조서와 영상녹화물의 비교를 통한 사례연구.『경찰학연구』14(2), 30-53; 김동률 · 이훈(2016). 피의자신문과정에서 실체적 진실의 왜곡가능성: 수사기관의 질문유형과 신문기법에 대한 분석을 중심으로.『한국공안행정학회보』65, 61-82; 백승경 · 김재휘(2005). 반복질문이 허위자백에 미치는 영향.『한국심리학회지: 사회 및 성격』19(3), 23-36; 권영법(2012). 현대 심리신문기법과 허위자백: 현대 심리신문기법에 의한 허위자백 유발에 대한 원인분석과 형사소송법상 대응책의 검토를 중심으로.『형사정책연구』23(3), 91-127.

17
인질협상
인질사건에 대한 효과적인 대응기술

❖ ❖ ❖

범인이 인질극을 벌이거나 스스로를 인질로 잡고 자살극을 벌이는 경우, 경찰은 범인과 협상을 통해 인질과 범인의 피해를 최소화하면서 사태를 수습해야 한다. 이러한 상황에서 어떠한 방법으로 범인을 설득하는 것이 효과적인가에 대한 부분도 범죄수사 심리학의 중요한 연구분야이다.[1]

인질범의 유형

인질극이 발생한 경우, 경찰이 가장 처음에 해야 할 일은 범인의 유형을 파악하는 것이다. 인질협상의 전략도 그 유형에 따라 크게 달라지기 때문이다. 인질범은 대개 다음과 같은 유형으로 분류될 수 있다.

---

1) Strentz, T. (2012). *Psychological aspects of crisis negotiation*. CRC press; McMains, M. J. & Mullins, W. C. (2006). *Crisis Negotiations*. Lexis Nexis.

① **정신질환형**: 정신질환자에 의한 인질극의 한 원인으로 망상이나 환각이 있다. 예를 들면, 자신이 '살해될 것 같다' '추적당하고 있다' '납치될 것 같다' 등 실제 존재하지 않는 망상에 지배되어 타인에게 공격적 행동을 하다가, 결국 인질극을 벌이는 것이다. 일본의 대표적인 사례로, 각성제 복용에 따른 피해망상에 의해 무차별 살인을 저지르고, 7시간 동안 인질극을 벌인 후카가와 살인(深川通り魔)사건[2]이 있다. 정신질환에는 정신의학적 판단기준에 따른 정신분열증(조현병)과, 각성제, 시너, 본드, LSD(환각제)와 같은 약물남용 등이 포함된다. FBI가 다룬 인질사건의 절반 정도가 이러한 정신질환자에 의한 사건이었고, 일본에서도 이러한 유형의 인질사건이 적잖이 발생하고 있다.

② **자살기도형**: 이 유형은 우울증 등에 의한 자살을 수반하는 사건이다. 자살기도자가 아직 자살을 실행하지 않은 상황에서 신고된 경우가 전형적인 예인데, 이 경우 스스로를 인질로 잡고 있는 인질사건의 일종이라고 할 수 있다. 이러한 사건에서 가장 중요한 것은 자살 방지이다. 기본적으로 적극적 경청기술(상대를 설득하려 하기보다 그들의 이야기에 공감하며 청취하고, 상담적 개입을 하는 것)을 통해 자살기도자를 진정시키고, 현장진입 기회를 탐색하는 방법이 효과적이다.

---

2) 1981년 6월 17일, 도쿄 고토 구(江東区)에서 당시 초밥 요리사였던 남성이 길 가던 주부와 아동들을 차례로 칼로 찔러 4명이 사망하고 2명이 부상을 입은 사건이다. 그 후 범인은 길 가던 여성을 한 중국요리집으로 끌고 가 그곳의 점원과 가족들을 인질로 삼고 7시간을 대치하다가, 경찰에 의해 생포되었다.

③ **가정폭력형**: 이 유형은 가정폭력사건으로 경찰이 현장에 충동했을 때, 폭력의 가해자가 가족을 인질로 잡고 경찰과 대치하는 사건이다. 인질은 대개 부인이나 자녀, 부모 등이다. 범인은 경찰에게 명확한 요구를 하지 않고 대화도 어려운 경우가 많다. 사건의 바탕이 된 가정 내 문제의 심각성과 범인의 성격에 따라 다르지만, 범인이 자살하거나 가족과 동반자살할 가능성이 있으므로 경찰은 극단적인 사태방지에 가장 주력해야 한다. 범인과의 대화 수단이 확보된 경우에는 자살기도자를 대할 때와 같은 적극적 경청기술을 통해 범인을 진정시켜야 한다. 이 유형의 구체적인 사례, 2007년 아이치 현(愛知県)에서 한 조직폭력배가 전처와의 재결합에 대해 가족들과 이야기를 하다가 대화가 잘 안 풀리자, 권총으로 가족들을 위협하고, 출동한 경찰관을 쏘면서 인질극을 벌인 사건 등이 있다.

④ **강도형**: 이것은 범인이 은행강도나 침입강도를 저지르는 중에 경찰이 출동하여 교착상태에 빠졌을 때, 범인이 체포되지 않기 위해 인질극을 벌이는 유형이다. 대표적인 사례로는 1979년, 미쓰비시(三菱) 은행에 엽총을 가진 남자가 침입하여 총을 난사하며 현금 탈취를 시도했지만 경찰에게 포위되었고, 약 42시간 동안 인질극을 벌이다가 결국 현장에 투입된 경찰에 의해 사살된 사건이 있다. 이 유형은 범인이 인질극에 대한 범행 계획성이 없었다는 점에서 경찰에게 유리한 측면도 있지만, 원래 이런 유형의 범죄를 저지르는 사람들은 폭력적 성향이 강하거나, 전과가 있

거나, 인질극 단계에서 지명수배를 당하기도 하기 때문에 범인이 자포자기하기가 쉬운 만큼 경찰의 대처도 어렵다. 따라서 시간을 두고 범인의 투항 가능성을 탐색할 필요가 있지만, 인질의 안전을 최우선으로 확보할 수 있는 타이밍을 지켜보고 현장진입 전략을 시도해야 한다.

⑤ **테러형**: 테러리스트에 의한 인질사건은 정치적 요구의 실현이나 자신들의 정치적 주장을 대중매체를 통해 알리는 것을 목적으로 하며, 그러한 활동의 일환으로 인질사건을 벌이는 경우도 있다. 이 유형은 범인이 미리 인질사건을 계획하고 이를 위한 치밀한 준비와 훈련을 하는 경우가 많고, 개인의 단독범행이 아닌 훈련된 팀에 의해 실행하기도 한다. 그래서 다른 유형에 비해, 인질협상이나 범인을 설득하여 투항시키는 것이 어렵다. 따라서 이러한 유형의 인질협상에는 테러범의 사상 및 행동에 정통한 전문요원을 반드시 투입해야 한다. 최악의 경우에는 범인이 자폭하는 등의 사태로 귀결될 수 있다. 테러형 인질사건의 대표적인 사례로, 체첸 공화국 독립세력이 일으킨 모스크바 극장 인질사건[3], 베슬란(Beslan) 학교 인질사건[4] 등이 있다.

---

3) 2002년 10월 23일, 무장괴한들이 모스크바 중앙부에 위치한 두브로브카(Dubrovka) 극장을 점거하고, 관객 922명을 인질로 붙잡은 사건이다. 26일 오전, 경찰특공대가 현장에 진입하여 범인 전원을 사살하였지만, 인질 129명이 사망하였다.
4) 2004년 9월, 체첸공화국의 반군지도인인 샤미르 바샤예프(Shamil Basayev)를 중심으로 한 무장단체가 북오세티아 공화국의 베슬란 학교를 점거하고, 학생과 학부모 등을 인질로 삼고 대치한 사건이다. 점거 3일째에 경찰특공대가 현장에 진입하여 총격전을 벌였으나, 아동 186명을 포함하여 386명이 사망하고 700명 이상의 사상자가 발생하였다.

⑥ **시위형**: 이것은 회사의 임금 체불과 열악한 근로조건 등을 세상에 알리기 위해서 인질사건을 통해 항의하는 유형이다. 2003년 운송회사 '게이큐빈(軽急便)'의 임금체불에 항의하는 52세 남성이 나고야의 오조네(大曽根) 역 앞의 본사에 침입하여 휘발유를 뿌리고, 지점장을 인질로 3개월분의 임금 21만 엔을 요구하였으나, 결국 분신자살한 사건 등이 여기에 해당된다. 이러한 경우에도 적극적 경청기술이 기본적으로 사용된다. 어느 정도 범인을 진정시키고 투항을 촉구하는 것이 기본이지만, 범인이 자살할 가능성이 있을 경우에는 경찰의 현장진입을 조심스럽게 고려해야 한다. 물론 그 전제로서 범인의 신상과 범인이 처한 상황을 신속히 파악하고, 자살 가능성을 평가하는 것이 필요하다.

이 같은 범인의 유형별 특징을 바탕으로 인질협상을 실시하는 것과 더불어, 현장진입 시기 및 방법에 대한 검토가 반드시 필요하다. 또한 인질이 다치거나 사망할 위험성에 대한 사전평가도 중요하다. 요코타(橫田) 등[5]은 이러한 문제에 대해 연구하였는데, 그들은 일본에서 발생한 인질사건 87건과 남아프리카 공화국에서 발생한 인질사건 56건을 대상으로 인질이 부상당하거나 사망할 위험성에 영향을 미치는 요인에 대해 로지스틱 회귀분석을 실시했다. 그 결과 범인이 총을 가지고 있는 경우 인질 사망의 위험성이 극도로 높아지고, 인질과 범인이

---

5) 横田賀英子・渡辺昭一・カンター デヴィッド・オーバーオール クリス・渡邉和美・岩見広一(2002). 人質立てこもり事件の記述的特徴とその結末に関する分析『犯罪学雑誌』68, 119-128.

면식관계인 경우 인질 사망의 위험성이 낮아지며, 인질을 잡고 있는 시간이 길어질수록 인질의 사망 및 부상 가능성이 증가하는 점 등이 나타났다.

일본 경찰의 인질사건 대응

일본 경찰의 인질사건[6]에 대한 대응 추세는 기본적으로 현장진입을 최대한 피하고, 범인을 설득하여 투항을 촉구하는 방향으로 사태를 해결하는 경우가 많다. 그러다 보니 인질극이 장기화되는 경향이 있다.

일본 경찰이 가급적 현장진입을 피하는 원인 중 하나로 1970년 '프린스 호' 납치사건의 영향이 자주 거론된다. 이것은 후쿠오카 현(福岡縣)에서 자동차를 훔쳐 경찰에 연행 중이던 소년이 몰래 소지하고 있던 엽총으로 경찰관을 위협하여 도주한 뒤, 히로시마 현(広島縣)의 한 총포점에서 무기를 획득하여 에히메 현(愛媛縣) 이마바리 시(今治市)행 정기여객선 '프린스 호'를 탈취한 사건이다. 이때 '프린스 호'에 타고 있던 승무원 9명과 승객 37명이 인질로 잡혔다. 범인이 주변 선박과 취재 중이던 헬리콥터 등에 총을 난사하여 수많은 부상자가 속출했기 때문에, 히로시마 현 경찰본부장은 최악의 경우 범인 사살도 불가피하다는 판단을 내렸고, 범인이 갑판에 나와 뭔가를 외치는 사이

---

6) 일본에서 발생한 인질사건의 45.9%는 가정내 폭력 및 부부싸움과 관련된 것이다. 28.7%는 범죄와 관련된 사건이고, 21.7%는 정신질환과 관련된 사건이며, 2.8%는 정치적 테러사건이다.

경찰 저격수가 그를 사살하였다.

이후 범인을 사살한 경찰의 행위가 과잉진압이 아니냐는 비판이 거세게 제기되었다. 당시에는 과격파에 의한 테러사건이 빈발하면서 그들에게 본보기의 의미도 있었던 것으로 보인다. 실제로 범인을 사살한 경찰 저격수를 살인죄로 기소해야 한다는 주장까지 제기되면서 사태는 혼란에 빠졌다. 최종적으로 히로시마 지방검찰청은 저격수의 행위를 경찰관직무집행법 제7조와 형법 36조의 정당방위 및 형법 35조 정당업무행위에 근거하여 불기소처분을 했지만, 경찰은 당시 여론의 엄청난 비난을 받은 후부터 인질사건에 있어서 신중한 대응을 취하게 되었다.

그러나 그 후 발생한 니죠 정(二丈町) 인질사건[7] 등에서는 오히려 경찰의 현장진입이 늦어져서 인질이 다치거나 사망한 사례들이 발생하였다. 성급한 현장진입은 분명 위험하지만, 불필요하게 인질협상 시간을 지연시키는 것도 위험성을 가중시킬 수 있으므로, 이러한 점들을 고려하여 대응해야 할 것이다.*

인질사건에서 나타나는 심리적 반응절차

스톡홀름 증후군(Stockholm syndrome)은 인질사건이나 유괴사건에서

---

7) 2002년 9월, 후쿠오카의 니죠 지역에서 방수 가공업을 하는 남성의 집에 그의 매형이 침입하여, 남성의 초등학교 3학년 딸과 어머니를 인질로 붙잡았다. 범인은 자신의 아내에게 폭력을 행사하여 아내가 아이를 데리고 집을 나가자, 그녀를 찾기 위해 오빠인 남성의 집에 찾아온 것이었다. 경찰은 사건발생 28시간 만에 현장에 진입하였으나, 딸은 배를 찔려 이미 사망하였고, 범인은 각성제를 다량 복용하고 술까지 마셔 흥분상태에 있었다.

인질이 범인에 대해 동정이나 협력, 연대감 때로는 애정을 갖는 현상
이다. 1973년 스톡홀름 은행 인질사건에서 이러한 현상이 발생하면
서 이렇게 일컬어지게 되었다. 대표적인 사건으로, 언론재벌의 손녀
가 자신을 유괴한 과격파 테러조직에 가입한 패트리샤 허스트(Patricia
Hearst) 납치사건[8]이다.

장시간 동안 자신의 생명이 범인의 통제하에 있고 자신의 모든 행
동(예를 들어, 식사를 하거나 화장실에 가는 것 등)이 범인의 허락 없이는
할 수 없는 상황에 처하면, 인간은 그 상대에게 완전히 의존하게 되는
일종의 방어적 메커니즘이 나타날 수 있는데, 이것이 스톡홀름 증후
군이 발생하는 배경이라고 하겠다. 그러나 스톡홀름 증후군이 나타날
지의 여부는 인질극의 형태에 따라 다를 수 있는데, 범인이 인질에게
폭력을 가하거나 살해한 상황, 인질을 지나치게 구속하거나 눈을 가
린 상황, 인질이 격리된 상황, 범인과 인질간의 대화가 없는 상황 등
에서는 발생하기 어렵다. 이로 인해 스톡홀름 증후군이 발생하는 경
우가 오히려 예외적인 상황이라고 지적하는 연구자도 있다.[9]

경찰이 인질협상을 할 때, 스톡홀름 증후군이 부정적으로 작용하는
경우로는 경찰의 현장진입 시 인질이 범인을 감싸거나 경찰 수사를 방
해하고, 검거 후에 범인을 변호하는 활동을 하는 것 등이 있다. 그러나

---

8) 샌프란시스코 신문사 재벌이자 신문왕으로 불리는 윌리엄 랜돌프 허스트(William
   Randolph Hearst)의 손녀 패트리샤 허스트가 19세 때, 좌익과격파인 신바이오니즈 해
   방군(SLA)에 의해 납치된 사건이다. 그러나 그 후 그녀는 SLA에 가입하고 그들의 은
   행 무장강도범죄에 가담하였다. 또한 SLA가 경찰본부를 급습한 직후에, 자신의 가족
   및 경찰을 비난하는 성명을 발표하기도 하였다.
9) Fuselier, G. D. (1999). Placing the stockholm syndrome in perspective. *FBI Law
   Enforcement Bulletin, 68*, 22-25.

이것이 긍정적으로 작용하는 경우도 있는데, 경찰의 현장진입 시 범인이 인질을 살해하기를 주저하는 것이다. 특히 긍정적 측면에서의 장점은 매우 크기 때문에, 인질협상 때 스톡홀름 증후군이 발생할 가능성이 큰 경우에는 그것을 최대한 이용할 필요가 있다.

한편, 페루 일본대사관 인질사건[10]에서는 스톡홀름 증후군과 반대로 범인 집단이 인질들을 동정하거나 연대감을 갖는 현상이 나타났다. 이 사건은 장기간화되면서 인질과 범인들이 일본어와 스페인어를 서로 가르쳐 주거나 함께 카드게임 등을 하기도 했다. 그 후 이러한 현상은 **리마 증후군**(Lima syndrome)으로 불리게 되었다.

---

10) 1996년 12월, 페루의 리마주재 일본대사관에서 개최된 리셉션장에 극좌파인 투팍아마루 해방운동(MRTA) 소속의 무장게릴라들이 침입하여, 아오키(靑木) 일본대사를 비롯한 대사관 직원과 페루 및 각국의 내빈 약 600여 명을 억류한 사건이다. 인질사건이 장기화되어 사건발생 127일 만에 군·경 특수부대가 대사관에 진입하여, 최후까지 억류된 72명을 구조하였다. MRTA 게릴라 전원은 사망하였다.

역자주
보충학습

* 우리나라 경찰의 인질협상에 대한 다음과 같은 연구들도 참고해 보기 바란다. 최성재(2009). 경찰 위기협상팀 도입에 관한 연구.『경찰학연구』9(2), 265-293; 이종화(2016). 위기협상에서 제3중재인(TPI)의 역할에 대한 소고.『경찰학논총』11(3), 239-258; 박주식 · 김범준(2013). 인질협상 전술에 대한 탐색적 연구: 경찰과 일반인의 비교.『한국심리학회지: 법정』4(1), 19-34; 이윤 (2011).「인질범죄에 대한 효율적 대응방안 연구」. 성균관대학교 대학원 박사학위논문; 윤민우(2015). 위기협상 커뮤니케이션의 오인식과 거짓말의 문제와 위기협상 역량강화 방안.『한국경호경비학회지』42, 309-334.

제 2 부

범죄자의 특성과 행동패턴

1
연쇄살인
연쇄살인의 유형과 범행특성

❖ ❖ ❖

연쇄살인(Serial murder)은 한 명(드물게는 두 명 이상)의 범인이 한 번에 한 명(드물게는 여러 명)의 피해자를 살해하는 행위를 연속적으로 저지르는 살인사건으로, 각각의 살인행위 사이에는 감정적 냉각기간, 즉 안정기가 존재한다.[1] 이것은 한 명의 범인이 한 번에 다수의 사람을 살해하는 **다중살인**(mass murder)과 감정적 냉각기간을 두지 않은 채 계속해서 여러 사람을 살해하는 **연속살인**(spree murder)과 구분되는 개념이다. 언론 매체에서는 이러한 용어들을 모두 '다중살인'에 포함시켜 다루기도 하지만, 범인의 특징과 행동 패턴, 범행동기 등에서 각각 큰 차이를 보인다.

일본에서 발생한 연쇄살인을 살펴보면 거기에는 크게 세 가지 유형이 존재한다.[2] 첫 번째는 **비면식범에 의한 연쇄살인**으로, 성적인 목적

---

1) Holmes, R. M. & Holmes, S. T. (2009). *Serial murder*. Sage.
2) 杉山翠・越智啓太(2010). 連続殺人事件における犯行形態からの犯人属性の推定に関

이나 망상적 사고에 의해 전혀 만난 적이 없거나 잘 모르는 사람을 연쇄적으로 살해하는 유형이다. 두 번째는 **경제적 목적을 위한 연쇄살인**으로, 금품 등을 갈취하기 위해 계획적으로 강도살인 또는 보험금 살인을 반복하는 유형이다. 이 유형의 범죄자는 전과가 있거나, 공범이 있는 경우가 많다. 세 번째 유형은 **연쇄 아동 학대살인**으로 대부분의 범인은 여성이고, 자신의 혈육을 대상으로 한다. 출산 직후의 유아나 저연령 아동이 주로 살해된다. 원치 않는 임신출산 후에 아이를 살해하는 행위를 거듭하는 것이다. 이러한 경향은 해외에서도 대부분 비슷하게 나타나고 있다.*

연쇄살인범의 특징

FBI는 미국 전역에서 발생한 연쇄살인사건 가운데 미해결사건이 속출하자 연쇄살인에 대한 연구를 추진하였고, 이를 통해 프로파일링이 개발되었다. FBI 행동과학부의 레슬러(Ressler) 등은 연쇄살인 데이터를 전국에서 수집하고 이를 바탕으로 범인의 특징, 행동 특성, 범행 동기 등을 분석하였다. 그들이 수집한 데이터의 대부분은 비면식범에 의한 연쇄살인에 해당되었다.[3)4)]**

비면식 연쇄살인범의 대부분은 남성이다. 범인이 남성인 이유 가운

する研究『犯罪心理学研究(特別号)』48, 158-159; 久保田はる美・喜入暁・越智啓太 (2014). 日本における連続殺人の分類『日本心理学会第78回大会発表論文集』.

3) 그러나 그들이 초기에 분석한 사건 중에는 성적 동기에 의해 살인을 저지른 범죄자도 포함되어 있다.

4) Ressler, R. K., Burgess, A. W. & Douglas, J. E. (Eds.) (1988). *Sexual homicide: Patterns and motives.* Simon and Schuster.

데 하나는 이 유형의 범죄자들 대부분이 성적 동기에 의해 살인을 저지르기 때문이다. 여성이 성적 동기에 의해 연쇄살인을 저지르는 경우는 거의 없다. 여성 연쇄살인범의 동기는 주로 경제적 이유나 이해관계에 관한 것이고, 살해 대상도 잘 아는 사이이거나 가족을 포함하여 인간관계를 맺고 있는 사이인 경우가 대부분이다.

이러한 유형의 연쇄살인의 피해자는 남성인 경우도 있고 여성인 경우도 있지만, 이는 범인의 성적 기호와 대부분 일치한다. 즉, 여성이 피해자인 경우에는 범인이 이성애자인 경우가 많고, 남성이 피해자인 경우에는 범인이 동성애자인 경우가 많다. 범인이 대부분 남성 이성애자이므로, 결과적으로 피해자는 여성이 많다. 실제로 비면식관계의 연쇄살인사건에서 피해자의 약 70%는 여성이다.[5]

또한 피해자의 연령, 직업, 외모는 가해자의 성적 기호를 반증할 수 있다. 예를 들어, 테드 번디(Ted Bundy)[6]는 양갈래의 검은 생머리 스타일의 여성들을 대상으로 범행을 반복했는데, 그의 전 여자친구도 같은 머리스타일이었다는 사실이 나중에 알려졌다. 또 존 웨인 게이시(John Wayne Gacy)[7]는 잘생기고 슬림한 체형의 남성들만 노렸다.[8]

---

5) Kraemer, G. W., Lord, W. D. & Heilbrun, K. (2004). Comparing single and serial homicide offenses. *Behavioral Sciences & the Law, 22,* 325-343.
6) Keppel, R. (2005). *The riverman: Ted Bundy and I hunt for the Green River killer.* Pocket Books. [R・ケッペル, W・バーンズ/戸根由紀恵(訳)『死体を愛した男』翔泳社]; Egger, S. A. & Doney, R. H. (1990). *Serial murder: An elusive phenomenon.* Praeger.
7) 그는 1972년부터 1978년 동안 청소년을 포함하여 33명을 살해한 연쇄살인범이다. 체포 전까지 광대분장을 하고 다양한 시설에 위문방문을 하는 봉사활동으로 지역에서 잘 알려진 인물이기도 했다.
8) Hickey, E. W. (1991). *Serial murderers and their victims.* Brooks/Cole Pub. Co.

일본의 대표적인 연쇄살인범인 미야자키 쓰토무(宮崎勤)의 경우, 피해자가 4~7세의 여자아이와 비교적 저연령층에 집중되어 있다. 따라서 연쇄살인 프로파일링에서는 피해자의 공통요소를 추출하는 것이 매우 중요하다.

초기에 FBI는 연쇄살인범의 대부분이 백인이라고 분석했으나, 그 후의 조사에서 연쇄살인범 중에는 흑인도 20% 정도 있으며, 여성 연쇄살인범도 있다는 결과를 발표하였다. 또한 라틴아메리카계 연쇄살인범은 3%, 아시아계 연쇄살인범은 1%에 불과하여 이들 인종은 인구 대비 연쇄살인범이 발생하는 비율이 적은 것으로 나타났다. 그러나 이것이 이러한 인종은 연쇄살인을 저지르지 않는다는 의미는 아니다. 일본에서 발생하는 연쇄살인사건의 범인은 물론 대다수가 일본인이고, 모든 나라에서 이러한 연쇄살인사건이 발생하고 있으므로 인종이나 문화적 차이는 크게 없다고 여겨질 수 있다. 그러나 미국, 특히 캘리포니아 주에서는 연쇄살인사건이 특이하게 많이 발생하는 것으로 알려져 있다.

연쇄살인범의 가정환경

비면식 연쇄살인범의 대부분은 양친 부모가 다 있는 일반가정에서 태어난 것으로 나타난다. 어머니의 절반가량은 전업 주부이고, 아버지의 대다수는 일정한 직업에 종사하고 있으며, 중산층 가정인 경우가 많아서, 외형적으로는 평온하고 원만한 환경으로 보인다. 그러나 그러한 가정환경이 반드시 좋은 것은 아니다. 부모의 70%는 알코올

중독이고, 1/3은 약물남용 문제가 있었다. 가정생활은 불안정하고, 가족 간의 결속력도 약하며, 이사도 잦아 지역사회와의 유대관계도 거의 없었다. 특히 흥미로운 점은 이들 연쇄살인범의 대부분이 아버지와 심각한 갈등 관계를 겪고 있었다는 것이다. FBI가 수사한 36명의 연쇄살인범 중 17명이 초등학교 이전에 친아버지가 집을 나간 것으로 조사되었다. 그들의 대다수는 장남이었고, 삶의 모델이 될 만한 남성이 가까이에 없었기 때문에 어린 시절이 '외로웠다'고 진술한 경우가 많았다.

연쇄살인범과 학대 경험

연쇄살인범의 대다수는 어린 시절 학대를 받은 경험이 있다고 한다. FBI는 수사한 36명의 연쇄살인범 가운데 31명의 데이터를 수집하였는데, 그중 23명이 심리적 학대를, 13명이 신체적 학대를, 12명이 성적 학대를 받은 것으로 나타났다. 그들은 부모의 훈육이 공평하지 않았고 자신에게 적대적이었다고 진술하였다.

미첼(Michell)과 아모트(Aamodt)[9]는 50명의 연쇄살인범에 대한 다양한 자료를 통해 그들의 아동기 학대 경험을 조사하였다. 그 결과 어떠한 형태로든 학대를 받은 경우가 68%였고, 이 중 신체적 학대는 36%, 성적 학대 26%, 심리적 학대 50%, 방임이 18%였다. 이는 방임을 제외하면 일반 인구의 피학대 비율보다 현저히 높은 수치이다. 그

---

9) Mitchell, H. & Aamodt, M. G. (2005). The incidence of child abuse in serial killers. *Journal of Police and Criminal Psychology, 20*, 40-47.

러나 학대가 어느 정도로 어떤 경로를 통해 연쇄살인 행동에 영향을 미치는지에 대해서는 현재까지 밝혀지지 않았다.

연쇄살인범과 동물학대

비면식 연쇄살인범은 어린 시절 동물학대를 한 경험이 많다는 점도 자주 언급되고 있다. 일본에서도 고베(神戶) 아동 연쇄살인범이 동물 학대 습성이 있었다고 알려진 바 있다. FBI의 연쇄살인범 면담 조사 에서도 처음 조사한 36명의 연쇄살인범 가운데 46%가 청소년기에 동물을 학대한 경험이 있는 것으로 나타났다. 또한 이와 유사한 특징으로 청소년기에 방화 습성이 있었던 경우가 52%, 청소년기까지 야뇨증이 있었던 경우가 60%라는 것이다.[10] **맥도널드의 3요소**(Macdonald triad)라고 불리는 청소년기의 동물 학대, 방화, 야뇨증은 장래 문제행동을 예측하는 중요한 요소로 꼽히고 있으며,[11] 이것은 뇌 기능 장애를 반영하는 징후로 고려되기도 한다.

비면식 연쇄살인범의 뇌 기능 문제에서 자주 제기되는 것이 뇌의 공감능력 기능 장애이다. 공감능력은 상대방의 처지를 이해할 수 있는 능력으로, 그 발달의 전제는 '마음이론', 즉 상대방도 자신과 같은

---

10) Ressler, R. K., Douglas, J. E., Groth, A. N. & Burgess, A. W. (1980). Offender profiles: A multidisciplinary approach. *FBI Law Enforcement Bulletin, 49,* 16-20.

11) Wax, D. E. & Haddox, V. G. (1974a). Enuresis, firesetting, and animal cruelty in male adolescent delinquents: A triad predictive of violent behavior. *Journal of Psychiatry and Law, 2,* 245-271; Wax, D. E. & Haddox, V. G. (1974b). Enuresis, firesetting, and animal cruelty: A useful danger signal in predicting vulnerability of adolescent males to assaultive behavior. *Child Psychiatry and Human Development, 4,* 151-156.

마음이라는 것을 이해하는 것이다. 공감능력은 상당히 고차원의 인지 기능이다. 연쇄살인범은 바로 이 공감능력을 관장하는 뇌 기능에 어떤 장애가 있으며 그들의 동물학대 습성도 이러한 뇌 기능 장애와 관련된 것으로 볼 수 있다.

역자주
보충학습

* 우리나라 연쇄살인사건을 분석한 다음과 같은 연구들도 참고해 보기 바란다. 오윤성(2006). 현장에서의 연쇄행동 평가를 통한 범인심리 분석 및 행동 추정에 대한 연구: 화성연쇄살인 사건을 중심으로.『한국공안행정학회보』23, 561-596; 이웅혁(2005). 연쇄살인범에 대한 범죄심리학적 분석: 유영철이 작성한 20통의 편지에 대한 현상학적 접근을 중심으로.『경찰학연구』8, 136-161; 이은경(2006).「유영철 연쇄살인 사건에 대한 사례연구」. 연세대학교 대학원 석사학위논문; 임준태(2005). 연쇄살인사건 해결을 위한 지리학적 프로파일링의 활용방안.『한국공안행정학회보』19, 447-494.

** FBI의 연쇄살인범 면담을 통한 상세한 분석내용에 대해서는 다음 저서를 참고해 보기 바란다. 로버트 레슬러 저, 황정하 등 역(2004).『살인자들과의 인터뷰: 이상살인자들의 범죄심리를 해부한 FBI 심리분석관 로버트 레슬러의 수사기록』. 바다출판사.

2

환상형 연쇄살인

망상에 의한 연쇄살인

❖ ❖ ❖

　FBI는 연쇄살인범을 체계형과 비체계형으로 분류하였는데, 이것은 연쇄살인범의 검거를 목표로 한 분류체계여서 연쇄살인범의 범행동기 및 행동특징을 이해하는 데에는 적합하지 않다. 이러한 점 때문에 미국의 범죄심리학자인 로널드 홈즈(Ronald Holmes)는 비면식 연쇄살인범의 범행동기를 바탕으로 분류하는 체계를 제시하였다.[1)]

　홈즈가 제시한 연쇄살인범 분류의 첫 번째 유형은 **환상형**(visionary)이다. 이 유형은 기본적으로 편집형 정신분열증을 가지고 있다. 이로 인해 일반인들로서는 이해할 수 없는 망상에 지배되어 살인을 저지르는 것이다. 망상은 비합리적인 생각을 하면서도, 그것을 머리에서 떨쳐버릴 수 없는 상태를 말한다. 합리적인 사고는 여러 가지 단서에서 논리적 추론을 거쳐서 구성되는 데 비해, 망상은 갑자기 어떤 관념이

---

1) 홈즈는 연쇄살인의 유형을 환상형, 자기확신형, 쾌락형, 권한－지배형으로 구분하였다. Holmes, R. M. & Holmes, S. T. (2009). *Serial murder*. Sage.

머릿속에 생기는 특징이 있는 정신질환이다.

이러한 망상 가운데 가장 많은 증상이 **피해망상**으로, "누군가 나를 죽이려고 한다" "전파로 공격당하고 있다" "모두 내 욕을 하고 있다" 따위의 생각을 하는 것이다. 피해망상의 일종인 **주찰망상**(注察妄想)도 자주 나타나는데, 이는 "누군가 나를 감시하고 있다" "누군가 나를 도청하고 있다" "누군가 나를 조종하고 있다" 등과 같이 항상 자신이 감시당하고 있다고 생각하는 것이다. 이런 망상은 각각 생기기도 하지만 몇 가지 증상이 동시에 나타날 수도 있어서, 그러한 망상들이 조합되어 일련의 스토리가 구축되는 경우도 있다. 이를 **망상 구축**이라고 한다.

망상은 어느 정도는 약물로 치료가 가능하지만, 문제는 망상을 가지고 있는 사람은 그것을 매우 현실적으로 느끼기 때문에 본인은 그것이 병이라고 생각하지 않는다는 것이다. 이러한 상태를 '병식이 없다'고 한다. 그래서 특히 독거 생활 등으로 주변상황을 잘 인식하지 못하는 경우에는 치료 예후가 좋지 않은 경우가 많다.

정신질환에 의한 망상이 생기더라도 대부분의 환자는 이상한 행동을 하기는 해도 범죄를 저지르지는 않는다. 그러나 망상이 범죄행위와 친숙하게 구축되어 버린 경우, 자신을 보호하거나 자신이 살기 위해서 범죄가 생길 수 있다. 그 극단적인 예가 환상형 연쇄살인이다.

환상형 살인사건 사례

환상형 연쇄살인의 대표적 사례로 많이 꼽히고 있는 것이 리처드 체이스(Richard Chase) 사건(새크라멘토 뱀파이어 사건)이다. 범인인 리처드 체이스는 캘리포니아 주 새크라멘토에서 6명을 연쇄적으로 살해했다. 최초에는 지나가는 행인을 살해했지만, 며칠 후에는 가정집에 침입하여 가정주부를 살해하고 시신의 가슴에서 배까지 크게 절개하여 피를 컵에 받아 마셨다. 그로부터 4일 후에 다른 집에 침입해서 집에 있던 부부와 자녀 2명을 살해했다. 이 사건에서도 시체의 피를 양동이에 받아 마신 흔적이 발견되었다.

체이스가 이런 행동을 취한 것은 망상에 의해 동기부여가 되었기 때문이다. 그는 자신의 피가 모래로 바뀌지 않도록 하기 위해 다른 사람들을 살해하고 그 피를 마셨다고 한다.[2]

> "미국 나치당이 유대인인 나를 죽이려고 우리 엄마에게 '아이를 죽이지 않으면 너를 죽이겠다'고 협박했고, 이 때문에 엄마가 나에게 독을 먹였다. 그 독은 비누받침 밑에 붙어 있는 미끈미끈한 진이다. 이 독소에 의해서 내 피는 모래로 바뀌고 있는데, 이걸 막으려면 남의 피를 마셔야 했다."

---

2) 체이스는 피해자를 곧바로 총으로 살해하고 나서도, 머리에 2~4발을 더 쏘는 과도한 폭력성을 보였다. 사건현장은 쓰레기나 오물로 어지럽게 뒤덮여 있었고, 범인의 피투성이 지문이 여기저기에서 발견되었으며, 범인의 도주하는 모습을 목격한 사람들이 나타났다. 이러한 점들은 범인이 전형적인 '비체계적' 연쇄살인범임을 나타내고 있다.

환상형 연쇄살인은 일본에서 그리 많이 발생하지 않는다. 그 이유 중 하나는 일본에서 이런 살인사건을 일으키면 바로 검거되어, 연쇄적 범행으로 연결되기 어렵기 때문이다. 이러한 유형의 범인은 자신의 정체를 숨기고자 하는 의도가 별로 없기 때문에 범인의 지문이나 기타 증거물이 발견되는 경우가 많아 범인이 쉽게 파악된다. 간혹 연쇄적인 사건은 아니지만, 망상에 의한 살인사건이 발생하기도 한다.[3]*

그 대표적인 사례로 1994년 발생한 아오모노 요코초(青物横丁) 의사 피살사건이 있다. 이 사건은 도쿄의 한 도립 병원에서 디스크 수술을 받은 남성(당시 정신과 진료를 받고 있었음)이 수술 당시 인체 실험을 당해서 회전하는 원통형 물체가 자신의 몸 안에 삽입되었고, 이 물체에 연결된 선이 자신의 장기를 파열시켜서 죽을 뻔했다는 망상을 구축한 것이다. 그는 이 물체를 꺼내달라고 병원에 여러 차례 청구했지만 계속 무시를 당하자, 자신이 죽기 전에 자신을 수술한 집도의에게 복수하기로 결심하였다. 그는 폭력배에게 총기를 구입하고, 의사를 미행하여 출근 경로를 알아낸 뒤 출근길에 기다리고 있다가 아오모노 요코초 전철역 입구에서 의사를 사살하였다. 범인은 도피 중 범행동기를 상세히 설명한 글을 써서 방송사에 보냈는데, 거기에는 망상적 내용이 상당히 포함되어 있었다. 재판에서 정신감정 결과 범인은 정신장애로 인해 책임 능력이 없다는 의견과 정신분열증(조현병)보다 가벼운 망상장애로서 한정책임능력이 인정된다는 의견으로 엇갈렸다.

---

3) 그러나 이러한 범인들이 적절하고 지속적인 치료를 받지 못하여, 출소 후 비슷한 사건을 저질러 결과적으로 연쇄살인범이 되는 경우도 발생하고 있다.

결국 최종 판결에서 범인은 징역 12년형을 구형받았다. [4]

---

4) 다른 환상형 살인범으로는 허버트 멀린(Herbert Mullin)과 제임스 리바(James Riva)
가 있다. 멀린은 아인슈타인 박사가 자신을 세상을 구할 구세주로 지명하고, 캘리포니
아에서 대지진이 발생하는 것을 막기 위해 재물이 필요하므로 선택된 사람들을 살해
하라는 명령을 받았다는 망상에 의해서 4개월간 13명을 살해하였다. 리바는 할머니가
자신을 뱀파이어로 만들었다는 망상으로 인해 그녀를 살해하였다.

* 우리나라도 일본과 마찬가지로, 환상형 연쇄살인사건은 거의 발생하지 않
  는 반면 망상에 의한 살인사건은 종종 발생하고 있다. 가장 최근의 사례로는
  2016년 5월 발생한 '강남역 여성살해사건'을 들 수 있다. 이것은 서울 강남역
  인근의 건물 남녀공용 화장실에서 30대 남성이 낯선 20대 여성을 흉기로 수
  차례 찔러 살해한 사건이다. 이 사건은 범인이 체포 후 경찰조사에서 '여자들
  이 무시해서 범행을 저질렀다'고 진술한 점을 두고, 여성혐오 범죄로 보아야
  한다는 입장과 불특정 다수를 대상으로 한 묻지마 범죄로 보아야 한다는 입장
  으로 나뉘어 사회적 논쟁으로 확대되기도 했다. 경찰은 범인의 심리분석을 통
  해 범인이 과거 조현병 병력이 있고, 피해망상 증세가 심화된 상태였으며, 표
  면적인 동기 없이 여성을 보자마자 공격한 점 등을 근거로 조현병(피해망상형
  정신질환)에 의한 범행으로 결론지었다. 2017년 4월, 범인은 징역 30년 확정
  판결과 유가족에 대한 5억 원 배상판결을 받았다(www.joongboo.com/?mod
  =news&act=articleView&idxno=1074759; http://www.nocutnews.co.kr/ne
  ws/4785201#csidx5c7bfeda2e54b82862e9747049d507).

3
자기확신형 연쇄살인
신념에 의한 연쇄살인

❖ ❖ ❖

홈즈가 제시한 비면식 연쇄살인범의 두 번째 유형은 **자기확신형**
(mission)이다. 이것은 어떤 편향적 신념에 의해 살인을 반복하는 유형
이다.[1][2][3]

대표적인 자기확신형 연쇄살인범으로는 조셉 폴 프랭클린(Joseph
Paul Franklin)을 들 수 있는데, 그는 인종차별주의적 범행동기를 가지
고 있었다. 범인은 고등학교 시절부터 나치즘 등의 백인우월주의에
경도되어, 26세 때 자신의 이름을 이렇게 개명한 것이다. '조셉 폴'은
나치의 선전장관인 폴 조셉 괴벨스(Paul Joseph Goebbels)에서, '프랭

---

1) Holmes, R. M. & Holmes, S. T. (2009). *Serial murder*. Sage.
2) 자기확신형 연쇄살인은 '임무수행형' 연쇄살인이라고 불리기도 한다. 渡邉和美(2014).
「殺人」下山晴彦(編集代表)『誠信心理学辞典 新版』. 誠信書房.
3) 환상형 연쇄살인범과는 달리, 이러한 자기확신형 연쇄살인범의 대다수는 일상생활에
서는 정신적 이상증세가 나타나지 않는다. 그러나 재판에서 이들의 정신감정이 자주
실시되어 왔고, DSM(미국 정신장애 진단 및 통계 편람)에 따라 성격장애 등의 2축 진
단기준이 적용되어 책임무능력이 인정된 사례도 많다.

클린'은 미국 건국의 아버지 벤저민 프랭클린(Benjamin Franklin)에서
따온 것이다. 그리고 개명한 그 해 9월부터 열등민족이라고 지목한
흑인과 유대인을 섬멸하기 위한 개인적인 전쟁을 선포하고 그들을 대
상으로 연쇄적 살인을 시작했다. 또 백인과 유색인간의 성 행위에 대
해 극심한 분노를 느끼고, 그러한 커플들도 범행대상으로 삼았다. 유
명한 남성 포르노잡지의 발행인인 래리 플린트(Larry Flynt)는 그에게
저격당해 하반신 불구가 되었는데, 그 이유는 그의 잡지가 백인과 흑
인의 성행위 사진을 게재했기 때문이라는 것이었다. 범인은 원거리에
서 범행대상을 저격하는 방법을 사용했으며, 헤어스타일이나 머리 색
상도 자주 바꾸고 치밀하게 도주계획을 세우는 등 주도면밀한 계획을
바탕으로 범행을 저질렀다. 그는 미주리 주, 오하이오 주, 버지니아
주 등 여러 지역에서 종횡무진 살인을 저지르다가 검거되어 20명을
살해한 혐의로 결국 사형판결을 받았다.

또 다른 예로 마뉴엘 파르도(Manuel Pardo) 사건을 들 수 있다. 그는
마약탈취를 목적으로 마약밀매상 9명을 살해한 혐의로 기소되었다.
파르도는 경찰학교를 수석으로 졸업한 인재였지만, 플로리다 고속도
로 순찰대 등의 근무지에서 몇 차례의 서류 위조 등으로 해고된 전력
을 가지고 있었다. 그러나 그는 재판에서 마약밀매상은 사회를 좀먹
는 기생충이자 거머리같은 존재이기 때문에 살해했다고 밝혔으며, 자
신은 사회를 지키는 일종의 자경활동을 한 것이며 자신을 악의 세력
과 싸우는 전사라고 주장하였다. 그러나 그의 항변은 받아들여지지
않았고, 결국 사형되었다.

이와는 조금 다른 자기확신형 연쇄살인범으로 테어도어 카진스키

(Theodore John Kaczynski)가 있다. 그는 1978년부터 1995년 동안 미국 전역의 대학과 항공사, 컴퓨터 매장, 광고회사에 폭탄을 발송하여, 결과적으로 3명이 사망하고 29명 이상이 중경상을 입은 사건의 범인이다. 유나바머(Unabomber)라는 그의 별칭은 폭탄을 발송한 곳인 대학(University), 항공회사(Airline)와 폭발범(Bomber)을 축약한 용어이다. 그는 하버드 대학을 젊은 나이에 졸업하고 25세에 캘리포니아 대학의 버클리 캠퍼스에 조교수로 취임한 우수한 학자였지만, 사교성이 부족하고 폐쇄적이었다. 퇴직 후 몬타나의 산속에 틀어박혀 폭탄을 제조하였고, 그것을 여기저기에 발송한 것이다. 그는 산업화 사회가 사람들의 인간성을 소멸시키고 있으므로, 산업화 사회를 붕괴시켜야 한다는 논리를 구축하고, 테크놀로지의 첨단이라고 할 수 있는 항공사 및 컴퓨터매장을 공격한 것이다. 그는 자신의 주장을 사회에 퍼뜨리기 위해 더이상 폭탄 사건을 일으키지 않겠다는 조건을 내걸고 뉴욕 타임스지와 워싱턴 포스트지에 장문의 기고문을 게재하였다. 이는 유나바머 매니페스토(선언문)라고 불린다. 그러나 그 기고문이 결정적 단서가 되어 그의 정체가 밝혀졌고, 그는 결국 검거되어 종신형을 선고받았다.

이와 같은 사례들을 살펴보면, 아프리카계 미국인 등의 특정 인종 및 외국인 노동자, 성매매 여성, 낙태수술을 하는 산부인과 의사 등을 제거하는 것을 목표로, 특정 범주의 사람들을 순차적으로 무차별 살해하는 유형의 자기확신형 연쇄살인범*과, 자신의 이데올로기에 따라 사회에 대한 저항 또는 사회개혁의 일환으로 살인을 반복하는 자기확신형 연쇄살인범[4]으로 구분된다. 자기확신형 연쇄살인은 때때로 폭탄 등 대량 살상 무기를 사용하여 이루어지는 경우도 있는데, 이러한 행위는 오히려 테러에 가까우며 심리 상태도 테러범과 유사하다고 할 수 있다.

자기확신형 연쇄살인은 범행대상이 누구인가에 따라 사회적 평가가 크게 달라진다는 특징이 있다. 미국에서는 인종차별에 근거한 살인은 매우 큰 비난을 받는 반면, 마약밀매상이나 폭력집단을 대상으로 한 '자경단' 형태의 연쇄살인범은 사회적 지지를 받기도 한다.[5] 예컨대 〈데스 위시(Death wish)〉, 〈브레이브 원(The Brave One)〉, 〈롤링 썬더(Rolling Thunder)〉 등의 영화나 존 그리샴(John Grisham)의 법정소설 『타임 투 킬(A Time to Kil)』 등은 이러한 행위를 호의적으로 다루어 대중에게 많은 사랑을 받았다. 미국 만화 및 영화의 주인공 다수는 미국 사법시스템에 의존하지 않고 스스로의 힘으로 악당을 처단(대부분 살인)하는데, 사실 이들을 자기확신형 연쇄살인범이라고 할 수 있을 것이다. 그러나 그들을 지지하는 사람은 있어도 비난하는 사람은 거의 없다.

---

4) 이러한 연쇄살인범들이 주장하는 내용으로 볼 때, 이들은 특히 단독형(Lone wolf) 테러리스트에 해당된다고 하겠다. 이에 대한 자세한 내용은 뒤의 〈8. 테러리즘〉을 참고하기 바란다.
5) 일본의 대중 만화에서는 "필살사업인"이나 "데스노트" 등이 자경단형 연쇄살인을 그리고 있는 작품들이라고 하겠다. 일본의 전통적 영웅인 '가면라이더'도 어떤 의미에서는 자경단적 행동을 하고 있지만, 이 작품에서 적으로 나온 '개조인간'이 법적으로 '사람'에 해당하는 것으로 볼 것인지에 따라 연쇄살인의 성립여부도 달라질 것이다. 만약 사람으로 간주하지 않는다면, 소유주가 있는 경우 기물파손으로, 없는 경우 동물학대 행위 정도로 간주할 수 있을 것이다.

* 이러한 기준에 따르자면, 우리나라의 지존파 사건은 여기에 해당하는 대표적인 연쇄살인사건이라고 할 수·있을 것이다. 지존파 사건은 연쇄살인범죄로는 매우 드물게 여러 명의 범인이 집단을 구성하였다는 특이점이 있지만, 자신들만의 공통된 신념을 바탕으로 특정 범주의 대상을 목표로 범행을 저지른 자기확신형 연쇄살인이다. 즉, 20대 청년 5명과 10대 가출소년 1명이 범죄조직을 결성하여, 1993년 7월부터 9월까지 배신한 조직원 1명 등 총 5명을 연쇄살해한 이 사건은, 범인 일당이 '우리는 부자들을 증오한다'는 행동 강령을 만들어 부유층을 범행 대상으로 삼아 서울 한 백화점의 고객 명단을 입수하기도 했다. 지존파 일당 6명 모두 검거되어, 1997년 11월 사형집행되었다. 이 사건에 대한 보다 상세한 내용과 분석은 다음 논문을 참고해 보기 바란다. 고병천(2015). 「범죄단체 구성원의 행동패턴에 관한 연구: 지존파 사건을 중심으로」. 광운대학교 대학원 박사학위논문.

4
쾌락형 연쇄살인
성욕은 살인과 어떻게 결부되는가?

❖ ❖ ❖

홈즈가 규정한 비면식 연쇄살인의 세 번째 유형은 **쾌락형**(hedonistic)
이다.[1][2] 이것은 사람을 고문하거나 살해하는 것이 성욕과 결부되어 있
어, 그 성욕을 채우기 위해 살인을 저지르는 유형이다. 따라서 이러한
범죄행동에는 강간, 고문, 성기상해 등의 성적 행동이 포함되어 있고,
범행 대상도 범인의 성적 취향이 반영된 경우가 많다. 예를 들면, 테드
번디는 주로 양갈래의 긴 머리를 한 여성을 범행대상으로 삼았고, 존
웨인 게이시는 젊고 잘생긴 남성들을 범행대상으로 삼았으며, 미야자
키 쓰토무는 여자아이만 노렸다. 이러한 쾌락형 연쇄살인의 범인은 거

---

1) Holmes, R. M. & Holmes, S. T. (2009). *Serial murder*. Sage.
2) 홈즈가 제시한 권한-지배형 연쇄살인은 사람의 생사여탈을 자신 마음대로 통제하려
   는 범인의 지배욕구가 범행동기가 되는데, 홈즈는 테드 번디를 이러한 유형의 연쇄살
   인범으로 분류하고 있다. 그러나 본래 남성의 지배 욕구는 성적 동기와 결부되는 경
   우가 많아서 테드 번디의 행동 패턴은 쾌락형에 해당되는 부분도 있다. 따라서 저자는
   권한-지배형도 쾌락형 연쇄살인에 해당될 수 있다고 보고 있다. 그러나 여성의 권한-
   지배형 살인은 반드시 쾌락형에 포함된다고 보기 어렵다.

의 대부분 남성이다.[3]*

성욕은 왜 살인과 결부되는가?

쾌락살인을 이해하려면 우선 성욕이 왜 살인과 결합되는지에 대한 문제를 밝혀야 한다. 정신분석학의 창시자인 프로이트(Sigmund Freud)가 언급한 바와 같이, 성욕은 매우 쉽게 변하는 욕구이다.[4] 정신분석학에서는 성욕이 인간의 발달단계에 따라 구순기, 항문기, 성기기 등으로 변화된다고 보았다. 성욕은 식욕 등의 다른 1차적 욕구와는 다른 특징을 갖는다. 일반적으로 욕구의 대상은 이성이고 행위목적은 성행위이지만, 이성이 아닌 대상이나 성행위 이외의 목적과 성욕이 어떤 형태로든 결합되는 경우도 있다. 여기에서 전자의 경우를 **성적 대상의 이상**(性対象異常), 후자의 경우를 **성적 목적의 이상**(性目的異常)이라고 한다. 성욕에 이와 같은 여러 가지 변형이 생기는 것은 본래 성욕 자체가 이렇게 변하기 쉬운 특성을 가지고 있기 때문이다.

그렇다면 성적 대상의 이상과 성적 목적의 이상은 어떻게 형성되는 것일까? 구체적인 과정은 알 수 없지만, 조건화 등의 메커니즘에 의해 본래의 목적과 다른 대상과 성욕이 연합되는 것은 그리 드문 일

---

3) 일본에서도 성적 동기에 의한 살인사건 및 연쇄살인사건이 외국과 거의 비슷한 양상으로 발생하고 있다. 이와 관련된 범행 특징 및 범행 패턴에 대해서는 다음의 문헌을 참고하기 바란다. 岩見広一 · 横田賀英子 · 渡邊和美(2003). 性的な殺人の犯行形態および犯人特徴『日本鑑識科学技術学会誌』8, 157.

4) 프로이트의 정신분석학에서 '성욕론'은 가장 중심적인 위치를 차지하고 있지만, 그 내용은 시대에 따라 크게 바뀌었다. 그의 초기 저서로는 『성욕에 관한 세 편의 에세이(Drei Abhandlungen zur Sexualtheorie)』가 있다.

이 아니다. 예를 들어, 가끔 어떤 대상을 보고 있을 때 성적 쾌감을 느낄 수 있는데, 이것은 그 대상과 성욕에 고전적 조건화[5]가 발생한 것이라고 할 수 있다. 또한 통증과 흥분, 긴장감 등과 성욕이 결합되는 경우도 있다. 특히 숨막힘, 즉 질식감은 성욕과 매우 연결되기 쉬운 감각 중 하나로, 자위행동(masterbation)을 할 때 질식을 이용하는 사람들도 있다. 폭력을 행사하거나 당하는 것과 그에 따른 통증이 성욕과 결합되는 경우도 많다. 이것이 이른바 사디즘(Sadism)과 마조히즘(Masochism)의 기원이다(프로이트를 비롯한 정신분석학자들은 이 부분에 대해 더 복잡한 메커니즘을 제시하고 있다). 이러한 성적 대상 및 성적 목적 이상 가운데 가장 일반적으로 알려진 것이 바로 사디즘일 것이다. 일반대중에게 사디즘이 잘 알려져 있는 것은 그만큼 음란물에서 사디즘을 많이 다루었기 때문이라는 연구결과도 있다.[6] 따라서 사디즘적 기호를 가진 많은 사람들 중에는 극단적인 사디즘, 즉 상대방을 살해할 정도의 사디즘을 가진 사람이 존재할 수 있다. 이들이 성적 동기에 의해 사람을 살해하는 성적 살인범이나 연쇄살인범이 되는 것이다.

그러면 왜 이러한 범죄자들은 단순히 다른 성적 이상 행동에 그치는 것이 아니라, 극단적인 사디스트(sadist)가 되는 것일까? 그 메커니즘에 대해서도 거의 규명된 바는 없지만, 이들 대부분이 아동기와 청

---

5) 고전적 조건화는 파블로프(Pavlov)에 의해 발견된 것이다. 개에게 본능적인 무조건 반응(예: 침 분비)을 일으키는 무조건 자극(예: 먹이)과 더불어, 원래는 조건 반응을 일으키지 않는 조건 반응(예: 벨소리)을 동시에 제시하는 시도를 반복하면, 조건자극에 의해 조건화된 반응이 나타난다. 이러한 고전적 조건화는 성적 취향의 형성에도 적용되는 것으로 알려져 있다.

6) Lebegue, B. (1991). Paraphilias in US pornography titles: "pornography made me do it" (Ted Bundy). *Journal of the American Academy of Psychiatry and the Law Online, 19*, 43-48.

소년기에 가정폭력을 일상적으로 경험했고, 폭력적인 음란물을 자주 보거나 그것을 보면서 자위행위를 했던 경험들이 그들의 사디즘적 성향에 영향을 미쳤을 것으로 보고 있다. 즉, 그러한 자극이 조건화 등의 메커니즘에 의해 점차 성욕과 연결될 수 있다고 간주하는 것이다. 히키(Hickey)[7]는 인간이 양육 거부 또는 육아 포기, 불안정한 가정환경, 성적 학대 등의 일련의 트라우마 사건들을 경험하면 무력감으로 스스로 하찮다고 여기거나 자존감이 낮아지게 되는데, 이것이 폭력적 환상(fantasy)으로 발전되고 그 안으로 도피하게 된다고 하였다. 그리고 그러한 환상이 어떠한 형태로 성욕과 결합되었을 때, 연쇄살인범이 될 수 있다고 하는 **트라우마-통제 모델**(trauma-control model)을 제시하였다.

한편, 일부 연구자들은 연쇄성범죄자들에게 이러한 후천적 요인보다 선천적인 요인이 중요한 역할을 한다고 보고 있다. 예를 들면, 연쇄살인범 중에는 간질 발작을 포함한 뇌 이상의 기왕력이 있는 경우가 많고, 어려서부터 다양한 문제 행동을 한 경험이 많기 때문에, 그 바탕에 뇌의 기질적 문제, 특히 전두엽 기능의 문제가 있을 수 있다고 보는 것이다.[8] 물론 연쇄살인범의 원인을 환경적 요인이나 생물학적 요인만으로 설명하는 것은 지나치게 단순화될 위험성이 있다. 그러므로 이러한 요인들이 어떻게 상호작용하여 연쇄살인을 저지르게 되는

7) Hickey, E. W. (1991). *Serial murderers and their victims*. Brooks/Cole Pub. Co.
8) Raine, A. (2001). Psychopathy, violence, and brain imaging. in A. Raine & J. Sanmartin(Eds.), *Violence & psychopathy*. Kluwer Academic; Raine, A. (1993). *The psychopathology of crime: Criminal behavior as a clinical disorder*. Academic Press.

것인지에 대해 종합적으로 고려해야 할 것이다.

쾌락형 연쇄살인의 동기부여 모델

쾌락형 살인자는 도대체 어떠한 심리적 과정을 통해 연쇄살인범이 되는 것일까? 레슬러와 홈즈는 그것을 밝히고자 노력하였는데, 그 결과는 대체로 다음과 같다.[9]

① **공상 단계**: 우선 첫 번째 단계는 '공상'이다. 대다수의 연쇄살인범은 실제 살인에 앞서, 자신이 살인이나 고문, 시체 훼손 등을 하는 공상을 자주 하고, 관련된 잡지 등을 읽기도 한다. 이러한 공상은 성욕과 결부되어 있어서, 공상과 더불어 자위행위를 하는 경우가 많다. 그러한 공상은 어느 날 갑자기 떠오르는 것이 아니라 장기간 동안 서서히 진행되어, 범인은 점차 이 공상에 매혹된다. 초기에는 완전히 상상에 불과한 것이지만, 점차 그러한 공상이 강력해져서 잡지나 책, 영화 등을 통해 획득한 새로운 아이디어를 공상 속에서 실현해 보게 된다. 홈즈는 이것을 "연쇄살인범이 본래 가지고 있었던 미숙한 폭력적 기호를 성숙한 충동으로 전환시키는 단계가 바로 이 시기이다"라고 하였다.

---

9) Holmes, R. M. & Holmes, S. T. (2009). *Profiling violent crimes: An investigative tool*, 4th. sage; Burgess, A. W., Hartman, C. R., Ressler, R. K., Douglas, J. E. & McCormack, A. (1986). Sexual homicide: A motivational model. *Journal of Interpersonal Violence, 1*, 251-272.

② **공상에서 현실로의 과도기**: 이 단계에 이르면, 공상으로 피해자에게 폭력을 행사하는 것만으로는 점차 만족할 수 없게 된다. 범인은 '기어를 변환'하고, 지인, 친구, 가게 점원, 주변에서 가끔 본 사람 등 실제 인물들을 자신의 공상에 대입한다. 이 단계에서는 아직까지 실제로 살인을 저지르지는 않지만, 공상 속에서 점점 현실성을 띠는 다양한 수법들을 시도한다. 이와 같은 빈번한 공상에 의해 그들은 실제 범행을 저지르는 훈련을 반복함으로써 숙련된 살인자가 되는 것이다. 최근에는 그러한 공상 속에서의 자극이 적더라도 실제 범죄를 저지를 수 있는가에 대해 진지하게 검토되기 시작했다.

③ **폭력 실행 단계**: 공상 속에서 범죄를 지나치게 자주 반복하다 보면, 어느새 자신의 충동을 억누를 수 없게 되고, 스스로도 그것을 자각하게 된다. 그리고 주변 사람들을 점점 '사람'으로 대하는 것이 아니라, 자신의 욕구의 대상이 될 '물건'으로 인식하고 그들을 멸시하게 된다. 이것은 자신의 공상을 현실에서 범죄로 실행했을 때 느낄 수 있는 죄책감에서 벗어나기 위해 미리 인지왜곡을 보이는 것이다(존 웨인 게이시는 자신이 동성애자이면서도 동성애자들을 경멸하고 그들을 살해했는데, 이와 같은 성향은 다른 연쇄살인범들에게도 많이 나타난다).

④ **최초 살인 단계**: 레슬러 등은 최초의 살인이 발생하는 세 가지 경

우를 들고 있다.[10] 첫 번째 경우는 어떤 우발적 사건(촉발요인)이 계기가 되어 발생하는 것이다. 촉발요인의 대부분은 어떤 형태의 통제(지배)와 관련이 있다. 예를 들어, 피해자가 도망치려고 했다거나 범인의 생각대로 행동하지 않았을 때, 범인은 자신의 지배력이 저하되거나 공상대로 현실이 진행하지 않는다는 점에 분노를 일으키고, 피해자를 살해해 버리는 것이다. 두 번째 경우는 범인이 자신의 공상을 실현하기 위해 피해자를 '사냥' 하러 나가서, 자신이 마음에 그리고 있었던 유형의 피해자를 만나는 것이다. 자신의 기준에 부합하는 인물이 나타났을 때 살인이 발생하는 것이다. 세 번째 경우는 자신도 알 수 없는 어떤 충동에 의해서 살인을 저지르는 것이다. 그중에는 환청에 의해 살인을 저지르거나, 음주상태에서 살인을 저지르는 행동들이 포함된다.

⑤ **현실 직면 단계:** 이렇게 실행된 최초의 살인은 그들을 만족시키지 못한다. 왜냐하면 그것이 지금까지 자신이 머릿속에서 몇 번이나 상상하고 훈련한 행위와 상당한 차이가 있고, 실수한 것도 많기 때문이다(최초의 살인에서는 상당수 범죄자가 초보적인 실수를 저지른다). 따라서 자신의 최초의 살인에 만족하는 경우는 거의 없다. 그들은 불만족감에 사로잡혀 어떻게 하면 자신의 상상대로 살인을 저지를 수 있을지를 궁리한다. 또한 체포되지 않으려면 어떻게 해야 할지에 대해 더욱 골몰하고, 보다 정교한 방법을 고안하

---

10) Ressler, R. K. et al. (1988). Antecedent behaviors and the act of murder. in R. K. Ressler, Ann. W. Burgess & J. E. Douglas. *Sexual Homicide*. Lexington.

게 된다. 예를 들면, 많은 경우 최초 살인에서는 시체 처리 등에 대해 미처 생각하지 못하지만, 두 번째부터는 미리 그것에 대해 계획하고 범행을 저지르게 된다. 또한 살인으로 인한 죄책감이 느껴질 때 이를 정당화할 수 있는 논리를 구성함으로써 미리 인지를 왜곡한다.

⑥ **외부반응 차단(피드백 필터) 단계:** 살인을 저지른 뒤 범인은 종종 범행현장에서 시체의 일부나 범행을 상징하는 기념품[11]을 가져오는 경우가 있다. 이것은 자신의 살인 이미지를 상기하기 위한 것이다. 그들은 살인을 통한 성적 욕구를 가지고 있으므로, 기념품을 가지고 범행 당시의 기억을 몇 번씩 회상하면서 즐기거나, 자위행위의 도구로 사용하기도 한다. 이러한 행위는 자신만의 세계에 빠져 성적 판타지를 더욱 강화시키고, 추가 범행을 하도록 동기부여하는데, 이것을 외부반응의 차단, 즉 피드백 필터(feedback filter)라고 한다. 이는 범죄의 연속성에 있어서 매우 중요한 의미를 갖는다.[12] **

---

11) 최근에는 연쇄살인범이 자신의 범행을 기념하기 위해 범행현장을 영상으로 촬영하는 경우도 있다. 예를 들어, 미야자키 쓰토무는 대여한 촬영장비로 시신을 촬영하고, 이를 수집하였다.

11) Purcell, C. E. & Arrigo, B. A. (2006). *The psychology of lust murder: Paraphilia, sexual killing, and serial homicide.* Academic Press.

역자주
보충학습

* 우리나라의 대표적인 쾌락형 연쇄살인범으로, 2006년부터 2008년까지 불특정 여성 7명을 연쇄 납치살해한 강호순(검거 당시 39세)이 꼽히고 있다. 범인은 2005년 화재사건으로 부인이 사망한 것을 계기로 전국을 돌아다니며 방화를 저지르다가 여자들을 보면 살인충동을 느꼈으며, 1차 범행 후 살인충동을 자제할 수 없었다고 진술하였으나, 2009년 사형확정판결을 받았다. 주로 성폭행이나 성관계를 목적으로 노래방 도우미나 낯선 여성들에게 접근하였고, 스타킹으로 목 졸라 살해하여 암매장하는 수법 등에 근거하여 쾌락형 연쇄살인범으로 분류되고 있다. 이 사건과 관련된 상세한 내용 및 분석은 다음 논문을 참고해 보기 바란다. 고준채(2010). 「연쇄살인에 대한 범죄심리학적 사례연구: 유영철, 정남규, 강호순을 중심으로」. 경기대학교 대학원 석사학위논문.

** 쾌락살인자의 '피드백 필터' 개념을 처음 소개한 논문은 다음과 같다. Burgess, A. W., Hartman, C. R., Ressler, R. K., Douglas, J. E. & McCormack, A. (1986). Sexual homicide: A motivational model. *Journal of Interpersonal Violence, 13*, 251-272.

5
여성에 의한 연쇄살인
여성 연쇄살인범은 누구인가?

❖ ❖ ❖

　　FBI가 실제 프로파일링에서 연구대상으로 삼았던 36명의 연쇄살인범은 모두 남성이었다. 이 때문에, 처음에 FBI는 연쇄살인은 남성이 저지르는 범죄라고 규정했지만, 이후에는 여성에 의한 연쇄살인에 대해서도 연구하였다.[1] 남성에 의한 연쇄살인 중에는 성적 동기에 의한 쾌락살인이 많지만, 여성이 성적 동기에 의해 연쇄살인을 저지르는 경우는 드물다. 여성에 의한 연쇄살인의 동기로 가장 많이 나타나는 것은 경제적 동기이다. 즉, 여성의 경우 돈이나 경제적 이득을 위해 살인을 저지르는 경우가 많다는 것인데, 그 대표적인 형태가 **블랙 위도 우형**(Black widow)이다.* 역사적으로 볼 때, 여성 연쇄살인범은 대개 다음과 같은 세 가지 유형으로 분류할 수 있다.

---

[1] Hale, R. & Bolin, A. (1998). The female serial killer. R. M. Holmes & S. T. Holmes (Eds.), *Contemporary perspectives on serial murder*. Sage.

① **고전형**: 범인은 주로 젊고 아름다운 여성으로, 비교적 나이가 많은 자산가나 귀족 등에게 접근하여 결혼한 뒤 배우자를 살해하여 유산을 받는다. 살해방법으로는 비소 등을 사용한 독살이 가장 일반적이다.[2)3)] 이러한 범행을 위해서는 미모나 젊음, 지성 등이 동원되므로, 스스로를 잘 통제할 수 있는 극히 소수의 여성범죄자들만 가능했다. 이러한 살인유형을 '블랙 위도우형'이라고 명명한 것은 '검은(black)'이라는 말을 악에 비유하고, 범인이 주로 남편을 살해하여 '미망인(widow)'이 되기 때문이다. 여기에 해당되는 대표적인 범죄자로는 프랑스의 브랑빌리에(Madeleine de Brinvilliers) 후작부인이 있다.

② **보험사기형**: 이 유형은 생명보험제도를 이용하여 남성을 살해하고 보험금을 획득하기 위한 살인사건으로, '고전형'도 보험금을 노리고 살인을 저지르는 유형으로 변화될 수 있다. 보험금을 노리면 범행 대상이 특별히 자산가가 아니어도 되므로, 범인은 적당한 남성과 결혼하여 생명보험에 가입하고 남편을 살해하면 보

---

2) 독살은 여성범죄자가 가장 사용하기 쉬운 살해방법으로 알려져 있다. 자이쓰(財津)에 따르면, 1989년부터 2009년까지 일본에서 발생한 독살사건 96건 가운데 여성에 의한 사건은 총 52건으로 전체의 54%에 해당한 것으로 나타났다. 이것은 살인사건의 대부분이 남성에 의해 저질러지고 있다는 점을 감안할 때, 놀라운 수치라고 할 수 있다. Zaitsu, W. (2010). Homicidal poisoning in Japan: Offender and crime characteristics. *International Journal of Police Science and Management, 12,* 503-515.
3) 독살 중에서도 비소는 오래 전부터 살충제로 많이 사용되었기 때문에, 입수하기가 비교적 쉬워 가장 많이 사용되는 독극물 가운데 하나이다. 여성에 의한 살인사건의 경우, 비소 이외에도 피해자에게 수면제나 술을 먹이고 익사 또는 추락사시키는 수법이 자주 사용되었다.

험금을 지급받을 수 있기 때문이다. 또한 미모나 젊음, 지성 등이 반드시 필요하지도 않다. 그러나 보험회사로부터 의심을 받을 수 있기 때문에, 고액의 보험 상품이나 여러 개의 보험에 가입하기가 어렵다. 범행수법으로는 역시 독살이나 피해자를 음주상태에서 욕조나 바다에 익사시키는 방법이 많이 사용된다. 의문사규명제도가 제대로 정비되지 않은 일본에서는 이와 같은 유형의 살인사건이 발각되지 않은 채 묻혀질 가능성이 높다. 실제로 이러한 범행이 발각된 경우, 그 범인의 주변에는 불명확한 원인에 의한 '사고사'가 다수 발생했었다는 사실이 뒤늦게 알려지곤 한다.

이러한 유형의 대표적 범죄자로는 19세기의 리디아 셔먼(Lydia Sherman)[4]과 메리 앤 코튼(Mary Ann Cotton)[5], 그리고 20세기의 마사 마렉(Martha Marek)[6], 마리 힐리(Marie Hilley) 등이 있다. 마리 힐리는 미국 앨라배마 주에 사는 주부였는데, 씀씀이가 크고

---

4) 리디아 셔먼은 '독살의 여왕'으로 알려진 여성살인범이다. 그녀는 경찰관이었던 자신의 첫 남편과 자녀 6명을 비소로 살해하고, 보험금을 타냈다. 그 후, 코넷티컷 주에서 농장을 운영하던 남성과 재혼한 후 곧바로 살해하고 보험금을 갈취하였다. 재산을 수년 동안 탕진한 뒤, 그녀는 또다시 한 재산가와 재혼하여, 그의 딸 2명을 살해하고, 남편도 음료에 비소를 넣어 독살하였다.

5) 메리 앤 코튼은 잉글랜드에서 보험사기형 연쇄살인을 저질렀는데, 비소를 사용하여 남편과 자녀를 살해하고 재혼하는 방식으로, 살해된 전남편만 3명, 애인 1명, 자녀는 다수였으며 총 21명을 살해하였다. 그녀의 세 번째 남편은 그녀가 생명보험에 가입하도록 하는 점을 수상하게 여기고 그녀와 헤어지면서, 어렵게 목숨을 건질 수 있었다.

6) 마사 마렉은 고전형과 보험사기형에 해당하는 연쇄살인을 저지른 범인이다. 그녀는 15세부터 양장점에서 일했는데, 그곳에서 우연히 만난 재벌의 애인이 된 지 얼마 되지 않아 그가 사망하자 유산을 상속받았다. 그 후 다른 남성과 결혼하여 그의 다리를 절단하는 사고를 일으켜 보험금을 받았지만, 결국 발각되어 검거되었다. 그녀는 출소 후, 탈륨으로 남편의 자녀와 숙모 등을 차례로 독살하고, 보험금을 편취하였다. 그러나 이를 이상하게 여긴 지인들의 신고로 그녀는 결국 검거되어 사형되었다.

빚이 많았다. 그녀는 빚을 갚기 위해 남편과 어머니를 비소로 독살하여 보험금을 타냈고, 나중에는 자신의 딸도 독살하려 했다. 이 외에도 그녀는 화재보험이나 도난보험 등을 이용하여 다수의 보험금 사기사건을 저질렀다.

일본의 대표적인 여성 연쇄살인범으로는 후쿠오카 술집 여주인 연쇄보험금 살인사건의 다카하시 유코(高橋裕子)와 교토 연쇄보험금 살인사건의 가케이 지사코(筧千佐子)**가 있다. 다카하시 유코는 건축가 남편이 있었지만, 경제 불황으로 건축사무소의 자금 사정이 나빠지자 남편을 살해한 뒤 자살로 위장하여 보험금을 타냈다. 그 후 재혼한 남편도 보험금을 노리고 욕조에 익사시켰다.

③ **인터넷 매개형**: 최근 인터넷을 통해 불특정다수와 만날 수 있는 시스템이 발달하면서 여성에 의한 연쇄살인사건은 크게 변화되었다. 생명보험제도를 이용하지 않아도, 자산을 가진 독신남성과 비교적 쉽게 만날 수 있게 된 것이다. 범인은 만남사이트나 결혼사이트에 등록하여 불특정다수의 남성과 만난다. 범행대상은 무조건 자산이 많은 남성이 아니라, 여성과 제대로 교제하지 못하는 남성이나 부인과 사별한 나이 많은 자산가 등이 될 수 있다. 범인은 이러한 남성과 교제하는 과정에서 이런저런 이유를 대며 재산을 빼돌리고, 문제가 생기면 상대남성을 살해하는 수법을 사용한다. 이 방법은 보험사를 거치지 않기 때문에 보험사기형보다 실행하기가 용이하며, 고전형처럼 미모, 젊음, 지성 따위를 필요

로 하지도 않는다. 따라서 앞으로 여성에 의한 살인사건은 보험사기형에서 이러한 인터넷 매개형으로 변화될 가능성이 크다고 하겠다.

일본에서는 기시마 가나에(木嶋佳苗)가 이 유형에 해당되는 대표적인 여성범죄자라고 할 수 있다. 그녀는 3명의 남성을 살해한 혐의로 기소되었는데, 이들에게 다양한 명목으로 총 1억 엔 이상의 금품을 갈취한 후, 모두 연탄을 이용하여 질식사시키고 자살로 위장하였다.

이러한 여성 연쇄살인범들에게는 비교적 유사한 성향이 발견되었다. 이들의 대다수는 사건 전부터 낭비벽이 있어서 씀씀이가 크고, 허세를 부려 주목받을 것을 좋아하는 가식적이고 연기성 성격을 가지고 있었다. 이들은 검거되어도 죄를 부인하거나, 자신이 오히려 피해자라고 연기하기도 하였다.

역자주
보충학습

* 우리나라 최초의 여성 연쇄살인범으로, 1986년부터 1988년까지 친인척 및 지인 5명을 독살하여 1997년 사형당한 김선자(검거 당시 49세)가 있다. 김재원 (2015)은 김선자를 포함하여 우리나라 여성 연쇄살인범 3명을 분석하여, 모두 경제적 이익을 동기로 한 블랙 위도우형 연쇄살인범으로 분류하였다. 김재원 (2015). 「한국 여성연쇄살인범의 특성에 관한 사례연구」. 광운대학교 대학원 석사학위논문.

** **교토 연쇄 보험금살인사건**: 2014년 11월, 가케이 지사코(67세)가 교토와 오사카 두 지역에서 사망한 70대 남성 두 명의 살인 용의자로 체포된 사건이다. 그 중 한 명은 용의자의 남편으로 2013년 눈에 띄는 외상없이 응급실에 실려와 사망하였고, 다른 한 명은 용의자와 교제하다 2년 전 자전거에서 떨어져 사망하였는데, 두 명의 체내에서 청산가리로 보이는 독극물이 검출되었다. 용의자는 현 남편을 포함해 네 번 결혼하여 모두 사별했을 뿐만 아니라, 남편 사망 후 용의자가 약 8억 엔의 유산을 상속받은 점을 수상하게 여겨 용의자를 체포하였다. 용의자는 수사 단계에서 "캡슐에 청산가리를 넣어 먹였다"라고 자백했지만, 2017년 6월 열린 공판에서 이를 전면부인하였다(http://www.sankei. com/west/news/170626/wst1706260035-n1.html).

6
의료보건 종사자에 의한 연쇄살인
왜 환자를 살해하는가?

❖ ❖ ❖

의료보건 종사자에 의한 연쇄살인은 간호사가 환자들에게 약물을 주입하는 등의 방법으로 증상을 악화시키고, 그 환자에게 응급조치를 했지만 결과적으로 환자들이 사망하는 사건을 말한다. 이러한 유형을 **죽음의 천사형**(Death angel) 연쇄살인이라고 부르기도 한다. 이 유형에 해당하는 가장 유명하고 전형적인 사건으로는 지닌 존스(Genene Jones) 사건이 있다.

1981년 5월부터 12월까지 텍사스 주 샌안토니오 병원에서 20명의 신생아가 원인불명의 심정지나 호흡곤란으로 사망하였다. 이것은 매우 높은 사망률이었기 때문에, 정부에서 조사를 실시하였다. 그 결과, 지닌 존스라는 간호사의 담당근무 시간에 이러한 사건들이 발생한 것으로 나타났다. 또한 그녀를 범인이라고 지목한 직원이 있었지만, 확증이 없어서 그녀가 사직하는 것으로 사건이 종결되었다. 그 후 그녀는 다른 병원으로 이직하였는데, 그곳에서도 다수의 신생아들이 호흡 곤란을 일으켰으며, 그중 사망한 한 신생아를 부검한 결과 근육이완 제 성분이 다량 검출되어, 결국 그녀의 범행이 발각되었다. 지닌 존스 는 이 병원에서의 사건을 포함하여 최대 46명의 신생아를 같은 수법 으로 살해한 것으로 알려져 있다.

의료보건 종사자 연쇄살인의 특징

요커(Yorker) 등[1]은 이러한 유형의 연쇄살인 90건을 수집하여 그 특 징을 분석하였는데, 약 86%가 간호사에 의한 범행이고, 의사가 저지 른 사건은 많지 않은 것으로 나타났다. 대다수의 사건은 병원 내에서 발생하였고, 피해자는 중환자나 영유아, 아동, 고령자 등 약자인 경우 가 많았다. 가장 일반적인 수법은 약물주사였다. 미국에서는 인슐린, 에피네프린을 과다 투입한 사건이 많았고, 유럽에서는 마약(몰핀)을 이용한 사건이 많았다. 범인은 연기성 성격장애를 가진 경우가 많은 데, 이들의 특징은 자해를 하거나, 자신이 환자에게 강간을 당했다고 주장하는 등의 행동을 보이는 것이다.[2]

---

1) Yorker, B. C., Kizer, K. W., Lampe, P., Forrest, A. R. W., Lannan, J. M. & Russell, D. A. (2006). Serial murder by healthcare professionals. *Journal of Forensic Sciences, 51*, 1362-1371.
2) 의료보건 종사자에 의한 연쇄살인을 분석한 다음과 같은 논문도 참고해 보기 바란 다. 대부분 요커 등의 연구와 유사한 결과를 나타내고 있다. Field, J. & Pearson, A. (2010). Caring to death: The murder of patients by nurses. *International Journal of Nursing Practice, 16*, 301-309.

의료보건 종사자 연쇄살인의 범행동기

이러한 유형의 연쇄살인범의 범행동기로서, 우선 **자기현시욕**을 들수 있다. 범인은 자존심이 강하고, 의학적 지식이나 기술이 탁월한 경우가 많다. 범인이 간호사인 경우 자신이 어디까지나 의사에게 종속적 지위에 있어서, 자신의 능력 자체가 정당하게 평가되지 않는다는 점에 불만을 품는다. 이러한 상황에서 자신의 능력을 보여 주기 위해 특정 환자의 상태를 악화시키고, 의사가 보는 앞에서 신속하게 적절한 처치를 한다(자신이 악화시켰으므로 치료방법도 자신이 가장 잘 알고 있기 때문이다). 두 번째 동기는 **자신의 능력이나 통제력의 확인**(Power control)이다. 간호사라는 직업은 의사의 지시에 따르는 일이 대부분이며, 자신이 의사결정을 내려 치료를 하는 경우는 없다. 이러한 상황에서 자신의 존재가치에 대해 의문을 품게 되는 것이다. 따라서 자신이 환자의 생명을 어느 정도 통제할 수 있다고 생각하고, 자신의 존재가치를 확인하기 위해 그러한 범행을 저지르게 된다. 세 번째 동기는 환자를 고통스럽게 만들고 나서, 그 환자가 괴로워하는 모습이나 가족이 걱정하는 모습을 보며 **스트레스나 불만을 해소**하기 위한 것이다.

이러한 범행동기를 살펴보면, 의료보건 종사자에 의한 연쇄살인은 범인이 여성이라는 점이 중요한 것이 아니라, '의료인'이라는 점이 중요하다는 것을 알 수 있다. 이러한 유형의 연쇄살인범으로 여성이 많은 것은 순전히 의료인 가운데 간호사라는 직업에 종사하는 사람의 상당수가 여성이기 때문일 것이다. 물론, '죽음의 천사형' 남성 연쇄살인범도 존재한다. 예를 들면, 뉴저지 주의 남자 간호사였던 찰스 컬렌

(Charles Cullen)은 16년간 9개 의료기관에서 최소 40명의 환자를 살해했다고 진술하였다.[3] 이러한 유형의 연쇄살인은 사회 고령화에 따라 복지기관의 간병인에 의해서도 발생할 가능성이 있다. 실제로 2010년 사이타마 현(埼玉県) 가스카베 시(春日部市)의 한 요양원에서 20대 남성 간병인이 4일간 4명의 노인에게 살인을 시도하여 3명을 사망에 이르게 한 사건이 발생하였다.[4] 범인은 범행동기에 대해 "최초 발견자가 되어 동료들에게 인정받고 싶었다"라고 진술하였다.

뮌하우젠 증후군과의 차이점과 유사점

이러한 유형의 연쇄살인은 대리인에 의한 뮌하우젠 증후군(Münchausen Syndrome)*과 유사한 행동으로 간주하기도 한다. 이 증후군은 어머니가 자신의 아이를 의도적으로 병에 걸리게 하고 헌신적으로 간호하는 일종의 학대행위이다.[5]

그러나 대리인에 의한 뮌하우젠 증후군은 피해자가 자녀나 가족인 경우가 대부분이지만, 의료보건 종사자에 의한 연쇄살인은 피해자가 자신과 혈연관계가 아닌 일반 환자인 경우가 많다. 또한 대리에 의한

---

3) 일본에서도 미야기 현 센다이 시(仙台市) 한 병원의 남성 간호사였던 모리 다이스케(守大助)가 환자들에게 약을 투약하여 1명을 살해하고, 4명에게 부상을 입힌 혐의로 검거되어, 무기징역을 받은 사건이 발생하였다. 그러나 범인은 형이 확정되고도 무죄를 주장하였다. 守大助・阿部泰雄(2001). 『僕はやっていない』. 明石書店.

4) 이 사건에서 1건의 살인사건만 기소되고, 나머지 사건에 대해서는 불기소처분되었다. 기소된 사건에 대해서는 범인에게 징역 8년의 실형이 확정되었다.

5) 대리인에 의한 뮌하우젠 증후군에 대해서는 다음 문헌들을 참고하기 바란다. 南部さおり(2010). 『代理ミュンヒハウゼン症候群』アスキー新書; 永水裕子(2005). 〈判例研究〉代理によるミュンヒハウゼン症候群と児童虐待『上智法學論集』48, 243-252.

뮌하우젠 증후군의 피해자는 장기간 간병해야 하는 중요 만성질환에 걸리는 경우가 많지만, 의료보건 종사자에 의한 연쇄살인은 자신의 기량을 외부에 알리는 것이 목적이므로 심정지나 호흡정지 등의 긴급한 증상이 연출되는 경우가 많다. 그러나 범행동기로 볼 때, 유사한 측면이 많다.

* **뮌하우젠 증후군**: 실제로는 병이 없는데도 아프다고 거짓말을 일삼거나 자해를 하여 타인의 관심을 끌려는 정신질환을 말한다. 주로 어린 시절 과보호로 인해 자립능력이 떨어지는 사람들이 어려운 상황을 회피하거나, 어린 시절의 정신적인 상처로 타인의 관심을 끄는 것에 집착하는 사람들에게서 나타난다. 이들은 병이 있는 것처럼 가장하여 이른바 병원쇼핑 또는 의사쇼핑을 하는데, 관련 증상이나 병원검사 등에 대해서 잘 알고 있는 의료계통에서 일하는 사람이 많은 것으로 알려져 있다. 이런 환자들은 과거력을 숨기고 자신의 상황을 과장하기도 하기 때문에, 검사가 정상으로 나오거나 시험적 개복술이 시행되고 나서야 자신의 주장이 허위임을 알게 된다(http://www.amc.seoul.kr/asan/healthinfo/disease/diseaseDetail.do?contentId=31910).

7

다중살인

왜 불특정다수를 살해하는가?

❖ ❖ ❖

    다중살인(Mass murder)은 한 명(드물게는 두 명 이상)의 범인이 같은 시간, 같은 장소에서 여러 사람을 살해하는 유형이다. 여기에서 말하는 '여러 사람'이 몇 명을 가리키는 것인지는 딱히 정해져 있지 않고 연구마다 조금씩 다르다. 서구의 연구에서는 보통 세 명 이상이 살해되는 경우로 정의되고 있지만,[1] 일본에서는 그런 사건이 거의 발생하지 않기 때문에 두 명 이상이 동시에 공격을 받아 한 명 이상이 사망하는 경우로 정의되고 있다. 이것은 연쇄살인이나 연속살인과 비슷하지만 범인의 행동 패턴이나 특징, 범행동기 등은 크게 다르므로 동일

---

1) 예를 들어, 홈즈 등(1995)과 히키(1997)는 세 명 이상을 살해한 경우를 다중살인이라고 정의하고 있지만, 디에츠(1986)는 5명 이상을 동시에 공격하여 3명 이상을 살해한 사건으로 정의하고 있다. Holmes, R. & Holmes, S. (1995). *Murder in America*. Sage Publications; Hickey, E.(1997). *Serial killers and their victims*. Wadworth Publishing; Dietz, P. (1986). Mass, serial, and sensational homicide. *Bulletin of the New England Medical Society, 62*, 477-491.

하게 다루어져서는 안 된다. 또한 다중살인은 연구에 따라 여러 가지 유형으로 분류되고 있는데, 여기에서는 다음과 같은 세 가지 유형을 살펴보도록 한다. 이것은 일본에서 발생한 77건의 다중살인사건의 범행현장 행동과 범인의 특성을 다중대응분석을 통해 2차원 공간상에 맵핑하여 분류한 것이다.[2]

① **무차별 살상형***: 이 유형은 주로 낮 시간에 야외에서 살상력이 높은 무기나 차량 등을 이용하여 불특정 다수를 무차별 살해한다. 범인은 10~30대의 비교적 젊은 층으로, 자존심은 강하지만 자신이 기대하는 수준의 지위를 성취하지 못하여 사회적으로 무시당하고 정당한 취급을 받지 못하고 있다는 점에 강한 반발심을 가지고 있는 경우가 많다. 대부분의 경우 해고, 사직, 이혼, 별거, 무시, 괴롭힘 등 최근 스트레스를 받는 상황에 처해 있다. 범인은 자신을 이런 지경으로 몰아넣었다고 생각하는 사회나 집단(학교, 직장, 동네 등)의 사람들을 최대한 많이 살해하고 자살하겠다는 결심을 하곤 한다. 범인은 꽤 오랫동안 범행을 계획하는데, 사회나 특정 집단에 대한 복수의 의미가 큰 만큼 최대한 효율적인 방법, 즉 사람이 가장 많거나 범행에 대한 방해 요소가 가장 적은 장소 및 시간, 가장 많은 사람을 살해할 수 있는 수단 등을 선택한다. 대다수의 범인은 자신의 무기를 사용할 수 없게 될 경우에 대비

---

2) 越智啓太·木戸麻由美(2011). 大量殺傷犯人の属性と犯行パターン(1) 日本における大量殺傷事件の類型『法政大学文学部紀要』62, 113-124; 越智啓太·中村有希子 (2014). 大量殺傷犯人の属性と行動パターン(2)『法政大学 文学部紀要』68, 117-124.

하여 비상 무기를 휴대하며, 가급적 살상력이 가장 높은 무기로 준비한다. 이 때문에 미국에서는 총기가 가장 많이 사용되고, 일본에서는 단검(survival knife)이나 식칼 등이 많이 사용된다.

범인은 처음부터 죽을 작정을 하고, 유서나 영상, 인터넷 메시지 등을 남겨놓는 경우가 많은데, 대부분은 나쁜 건 자신이 아니라 상대방이라는 식으로 자신의 범행을 정당화하는 내용이다. 또한 범행 후 도주할 생각이 없기 때문에 도주 방법을 치밀하게 계획하지는 않으며, 복면을 하는 등 얼굴 식별을 어렵게 만들지도 않는다. 오히려 자신이 바로 범인이라는 단서를 남기는 경우도 있다. 이러한 범인들은 본래 자살가능성이 높지만 실제 자살 여부는 사용되는 흉기에 따라 달라진다. 범인이 총을 이용한 경우에는 살상력이 높기 때문에 범인 역시 자살할 가능성이 매우 큰데 비해서, 칼을 이용한 경우에는 자살하지 않고 검거되거나, 자살을 시도하지만 자살미수로 끝날 가능성이 크다. 범인이 자살에 실패할 경우 사형에 처해 달라고 요구하기도 하고, 처음부터 사형되기를 바라고 범행을 저지르는 경우도 있다. 이와 유사한 현상으로, 외국에서는 범인 스스로 자살을 하지 못하는 경우 경찰에게 일부러 대항하여 사살되는 경우도 있다.[3]

일본에서 발생한 무차별 살상형 다중살인의 대표적 사례로, 아키하바라 무차별 살인사건과 시모노세키 묻지마 살인(下関通り

---

3) 이러한 사건을 보통 '경찰을 이용한 자살(Suicide by cop)'이라고 한다. 越智啓太 (2011). 「警察官を利用した自殺」. 越智啓太・藤田政博・渡邉和美(編). 『法と心理学 の事典: 犯罪・裁判・矯正』朝倉書店.

魔)사건이 있다. 전자는 도쿄 아키하바라(秋葉原)의 차량없는 거리로 유명한 '보행자 천국'에서 범인이 트럭으로 보행자들을 들이받은 후, 지나가는 행인들을 칼로 찔러 7명이 사망하고 10명이 중경상을 입은 사건이다. 후자는 시모노세키(下関) 지하철 역에서 범인이 자동차를 몰고 역 구내로 진입하여 7명을 들이받은 후, 행인 8명에게 무차별로 칼부림을 하여 5명이 숨지고 10명이 중경상을 입은 사건이다.** 또한 직장에서의 해고나 갈등, 군대나 학교에서의 집단괴롭힘이 원인이 된 총기난사사건도 발생하고 있는데, 한국의 연천 군부대 총기난사사건[4]과, 미국의 콜럼바인 총기난사 사건[5], 버지니아 공대 총기난사사건[6] 등이 여기에 해당된다.

다중살인은 '같은 장소, 같은 시간'에 발생하는 무차별 살인사건으로 정의되고 있지만, 실제로는 범행 장소가 반드시 한 곳이 아니라 두 곳 이상인 경우들도 있다. 즉, 무차별 살인을 저지르기 전에, 다른 장소에서 이미 가족이나 연인, 지인, 애완동물 등을 살상하는 것이다. 예컨대, 쓰야마(津山) 살상사건[7]에서 범인은 마

---

4) 2005년 한국의 경기도 연천군 육군 제28부대에서 일등병이 총기를 난사하여, 8명이 사망하고 2명이 부상을 당한 사건이다. 이 사건은 부대 내 집단괴롭힘이 발생원인으로 조사되었다.

5) 1999년 콜럼바인 주 제퍼슨 카운티의 콜럼바인 고등학교에서 재학생이었던 에릭 해리스(Eric Harris)와 딜런 크레볼드(Dylan Klebold)가 총을 난사하여 학생 12명과 교사 1명을 사살하고, 자살한 사건이다.

6) 2007년 버지니아 주의 버지니아 공대에서 재학생 조승희가 총기를 난사하여 32명을 사살한 사건이다. 범인은 범행 성명과 유서내용을 담은 영상을 찍어, 방송국에 보낸 뒤 자살하였다. 학교에서 발생한 대량살상사건 중에서 현재까지 가장 많은 사상자를 남긴 최악의 사건으로 기록되고 있다.

7) 1938년 5월 21일, 오카야마 현의 사카모토(坂本) 마을에서 도이 다케시(都井雄)가 이

을사람들을 대상으로 대량살상을 벌이기에 앞서 자신의 할머니를 먼저 살해했으며, 텍사스대 총기난사 사건[8]의 범인도 총기난사사건을 벌이기 전에 아내와 어머니를 먼저 살해하였다.

② **강력범죄형**: 이 유형은 남녀 갈등이나 경제적 문제 등을 해결하거나 개인적 원한을 풀기 위해 피해자와 그 가족을 함께 살해하는 경우, 강도가 침입한 장소의 가족이나 종업원 등을 다수 살해하는 경우, 조직폭력 집단 간의 세력다툼 과정에서 상대 조직원을 다수 살해하는 경우 등으로 나뉜다.

대개 범인은 30~50대의 중장년층으로 강·절도, 살인 등의 전과가 있다. 대부분의 범행은 저녁 무렵부터 심야시간동안 충분한 사전 계획에 의해 이루어지며, 공범이 있는 경우가 많다. 범행 장소는 주로 피해자의 집이나 상점 등이며, 범인과 피해자는 대개 서로 아는 사이이다. 무차별 살상형과는 달리, 이 유형은 범행 후 도주 방법 등을 미리 계획하고 범행 시에는 복면을 하거나 장갑을 끼는 등 증거 인멸을 시도한다. 시체는 가능하면 다른 장소에 유기하는 등의 수법을 취한다.

경제적 문제가 범행동기가 된 구체적 사례로는 일본의 네리마 (練馬) 일가족 살해사건이 있다. 범인은 부동산업을 하는 남성으로, 그 지역의 한 회사원 소유의 토지와 건물을 1억 280만 엔에

마을 주민들의 집을 차례로 습격하여 총으로 주민 30명을 살해하고 자살한 사건이다.
8) 1966년 8월 1일, 해병대 출신의 텍사스 대학 재학생 찰스 휘트먼(Charles Whitman)이 대학캠퍼스 중앙에 있는 시계탑 전망대에서 총기를 난사하여 15명을 살해하고 31명에게 중경상을 입힌 사건으로, 범인은 현장에서 사살되었다.

취득했지만 회사원이 퇴거하지 않고 범인에게 계속해서 냉담한 태도를 보이는 것에 화가 나서, 그의 가족을 모두 살해하고 이사 간 것처럼 위장하기로 결심한다. 범인은 회사원의 집을 방문하여 마침 집에 있던 그의 아내와 아이들을 살해하고 이어 귀가한 회사원도 살해한 뒤, 욕실에서 톱과 정원용 가위 등을 이용해 시체를 토막냈다.[9]

한편, 강도살인에 해당되는 사례로 우쓰노미야(宇都宮) 보석상 강도살인 사건이 있다. 범인은 금품을 털기 위해 고객으로 가장하여 보석상을 방문한 다음, 점장 등 여성 점원 6명의 손발을 테이프로 묶어 휴게실에 감금하고, 점포와 점원들의 몸에 휘발유를 뿌려 불을 지른 뒤, 반지 등 1억 4,000만 엔 상당의 금품을 훔쳐 달아났다.

조직폭력집단간 세력다툼에 대한 사례로는 다쿠미 마사루(宅見勝) 살해사건이 있다. 이것은 고베 시의 신고베 오리엔탈 호텔의 카페라운지에서 당시 5대 야마구치(山口)파의 실질적 운영자였던 다쿠미 마사루가 조직의 2차 산하단체인 나카이카이(中野会財津組)의 사주를 받은 4명의 암살범에 의해 사살된 사건이다.

③ **일가족 동반자살형**(一家心中)***: 이 유형에서 가해자가 남성인 경우는 주로 50대 이상의 자영업자로, 경영난, 빚, 간병 등의 문제로 갈등하다 가족과의 동반자살을 결심하고, 자택에서 가족을 먼저 살해하는 식의 범행을 저지른다. 단독범으로, 주로 야간에

---

9) 이 사건을 모티브로 노자와 히사시(野沢尚)는 소설 『주홍』을 발표한 바 있다.

서 새벽녘 사이에 범죄를 실행한다. 범행 후 자살하는 경우가 많지만, 자살미수로 그친 경우에는 검거되거나 자수한다. 범인 혼자 범행 현장에서 도주하여 다른 장소에서 자살하는 경우도 있다. 처음부터 자살이 목적이었으므로, 증거 은닉이나 도주 계획은 세우지 않는다. 유서를 남기는 경우도 있지만, 없는 경우가 많다. 가해자가 여성인 경우에는 주로 무직의 20~30대로, 범인이 경제적 문제나 육아 문제 등으로 고민하다 자녀를 살해하고 자살한다. 범인은 우울증을 앓아 왔고, 아이와 함께 높은 곳에서 투신하거나, 전동차에 뛰어드는 등의 방법을 선택하는 공통된 특징을 나타낸다.

역자주
보충학습

* 무차별 살인은 서구에서는 '대량살인(mass murder)'으로, 우리나라에서는 주로 '묻지마 범죄' '무동기 범죄'로 불리고 있다. 일본에서는 길을 지나는 모르는 사람을 살해하거나 폭행하는 사건을 가리켜 '도리마(通り魔) 범죄'라고 칭하고 있는데, 우리나라의 묻지마 범죄와 일맥상통하는 용어라고 할 수 있다. 이수정(2015). 『최신 범죄심리학』(제14장). 학지사.

** **아키하바라 무차별 살인사건**: 2008년 6월 건설회사 파견근로자였던 27세의 가토 도모히로(加藤智大)는 자신의 본심을 털어놓을 수 있는 유일한 공간인 인터넷 커뮤니티에서 괴롭힘을 당하자, 범행을 저지르게 되었다고 진술하였다. 그는 범행 전 커뮤니티에 자신의 범행을 예고하였으나, 이를 아무도 제지하지 않았고 17명의 사상자를 내고난 후 현장에서 체포되어, 결국 사형판결을 받았다(http://www.jpnews.kr/sub_read.html?uid=6118).
시모노세키 묻지마 살인(通り魔)사건: 범인 우와베 야스아키(上部康明)는 잇따른 사업실패와 이혼으로 이민을 고려하고, 1999년 9월 부모에게 자금 지원과 대출금을 대신 갚아줄 것을 요청하였으나 이를 거절당하자, 같은 날 범행을 저지른 것으로 밝혀졌다. 재판에서 범인은 범행 당시 피해망상에 의한 심신미약을 주장하며 항소까지 제기하였으나, 결국 사형확정 판결을 받고 2012년 사형집행되었다(http://yabusaka.moo.jp/simonoseki.htm).

*** **일가족 동반자살형(一家心中)**: 신주(心中)는 죽음으로써 사랑을 지켜낸다는 일본 고유의 사생관이 담긴 용어로서, 오늘날 '무리신주(無理心中)'는 상대방과 합의 없이 하는 동반자살 행위로 간주되고 있다. 특히 부모가 자녀의 인권이나 의사를 무시하고 벌이는 일가족 동반자살 사건들이 많이 발생하여 심각한 사회문제가 되고 있다. 서구에서는 이러한 행위를 동반자살이 아닌 명백한

살인행위로 보고 '살해 후 자살(suicide by homicide)'이라는 개념으로 설명하고 있다. 이에 따라, '일가족 동반자살'보다는 '일가족 살해 후 자살'이 올바른 표현이라고 할 수 있지만, 여기에서는 일본의 독특한 정서가 담긴 용어를 그대로 소개하고자 굳이 '일가족 동반자살'이라고 번역하였음을 참고하기 바란다.

8
테러리즘
테러의 명분은 무엇인가?

❖ ❖ ❖

테러리즘(Terrorism)은 폭력적인 행위로 사람들에게 공포심을 일으키고 그 두려움을 이용하여 정치적 목적을 달성하려는 것을 말한다. 살인, 상해, 폭행, 폭파, 파괴, 협박, 유괴, 납치, 인질극, 독극물 및 생화학적 무기 살포 등과 같이 목적 달성에 직결되는 위법행위뿐만 아니라 자금 획득을 위한 강·절도 행위도 테러에 포함될 수 있다. 자신의 성적 욕구를 위해 강간이나 강제 추행을 저지르거나, 개인적 원한에 인해 타인을 해치거나, 질투나 사회에 대한 복수를 위해 다중살인을 저지르는 것과는 달리, 테러는 그것이 과연 '올바른' 행위인지에 대한 문제보다도 거기에 개인적 문제를 뛰어넘는 어떤 '명분'이 존재한다는 점이 중요하게 여겨지고 있다. 그러므로 테러리즘과 테러리스트의 범행동기 및 유형을 이해하거나 예측하기 위해서는 그들의 성격이나 성장배경 등에 주목하기보다 그들의 사고방식을 이해할 필요가 있다.

테러리즘의 유형

이러한 관점에서 테러리즘을 몇 가지 유형으로 분류해 보면 다음과
같다.

① **좌익 정치테러리즘**: 좌익운동은 마르크스, 레닌, 트로츠키, 마오쩌
둥 등의 사상에 기반한 사회주의 혁명을 통해 자본주의 체제 타
파를 목적으로 하는데, 이러한 목적을 가진 집단이 하는 테러를
좌익 테러리즘이라고 한다. 이것은 자본주의체제를 파괴하기 위
한 행동(자본주의적 지배 장치의 파괴와 자본계층 및 관료의 살해)과,
국민에게 자본주의체제의 모순을 알리고, 그들에게 동참하도록
선동하는 활동을 포함한다. 그러나 오늘날 실제로 좌익 테러리즘
에 동참하는 사람은 거의 없다.

　일본의 좌익 테러리즘은 제2차 세계대전 이후 일본공산당이
주로 이끌어 왔다. 마르크스주의에 따라, 공산주의 혁명은 무력
적으로 이룰 필요가 있었기 때문이다. 일본공산당은 평시(平市)
경찰서 점거사건,[1] 시라토리(白鳥) 경위 살해사건,* 나가노 현(長
野県) 다구치 촌(田口村) 경찰관 집단폭행 사건 등의 테러사건을
일으킨 전력이 있었다. 그러나 일본공산당이 1955년 제6회 전국

---

1) 이 사건은 1949년 점령군에 의해 후쿠오카 현 평시경찰서장이 공산당의 게시물을 철
거한 것에 항의하여, 500여 명의 공산당원이 경찰서 내로 난입하여 8시간 동안 경찰서
를 점거한 사건이다. 그들은 "경찰이 인민당의 손에 들어갔다. 이 혁명은 전국적인 혁
명이며, 중국 공산당이 이곳에 도착할 때까지 우리가 이곳을 점거할 것이다"라는 명분
을 내세우며 농성을 이어갔다.

협의회에서 무장 투쟁을 포기하는 방침을 세우자, 이에 불만을 품은 학생 당원이 1958년 공산주의자 동맹을 결성하여 '폭력혁명' 노선을 유지하고 테러활동을 계속하였다. 이러한 흐름을 이어간 집단을 '신좌익'이라고 하는데, 이들이 그 후 좌익 테러리즘의 중심이 된다. 신좌익은 몇 개의 하부조직으로 분파되어, 각각 경시청 경무부장 자택 폭파사건, 미쓰비시(三菱) 중공업 폭파사건,[2] 연쇄 기업폭파사건, 연합적군 아사마산장 사건, 자민당본부 방화사건 등을 일으켰다. 그러나 테러가 과격화되어 같은 동지들끼리 공격하는 내분이 일어나자, 국민의 지지는 급격히 감소했다. 현재는 더욱 고립되어 쇠퇴하고 있지만, 일부지역에서 여전히 테러활동을 전개하고 있는 단체도 있다. 또한 최근에는 글로벌리즘 반대운동,[3] 원자력 발전 반대운동과의 연계 활동이 두드러지고 있다.

② **우익 정치테러리즘**: 우익운동은 국가주의(내셔널리즘)나 민족주의에 근거한 정치운동으로, 일본의 경우, 일본 황실을 중심으로 전통문화에 기초한 국가를 구축하는 것을 궁극적인 목적으로 한다.

---

2) 1974년 8월, 미쓰비시 중공업 본사 1층에 설치된 폭탄이 폭발하여 8명이 사망하고, 376명이 부상당한 좌익 테러사건이다. 범인은 동아시아 반일무장단체 소속이었다. 미쓰비시 중공업이 표적이 된 이유는 이 회사가 자본주의 사회를 지원하는 군수산업 기업이자, 아시아에 진출하여 제국주의적 경제침략을 도모하고 있는 기업이라고 간주되었기 때문이었다. 이 사건은 옴진리교 사건이 발생하기 전까지 전후 일본 최대의 테러 사건이었다.

3) 이것은 세계화(Globalism)로 인해 정보와 사람, 자본이 빈번하게 이동하는 자본주의 사회에서 빈곤층과 부유층의 격차가 점점 더 커지고, 국제적 수준에서의 착취가 이루어지고 있다는 사상에 근거하여 세계화를 반대하는 운동이다. 이들은 세계정상회의 및 세계은행 연차총회 등을 주요 타깃으로 삼고 있다.

그러나 현재의 우익운동은 이러한 국가를 설립하기 위한 활동보다 반공산주의, 반사회주의 운동이 중심이 되고 있다. 우익사상은 국가 주요 인사 한 명을 살해함으로써 많은 일반 국민을 구제한다고 하는 '일살 다생(一殺多生)', 자신의 이익을 버리고 국가와 민족을 위해 희생한다는 국가봉사 사상인 '몰아 헌신(沒我献身)' 등의 정신을 바탕으로 하고 있기 때문에, 경우에 따라서는 테러와 같은 과격한 행동을 할 수 있다. 우익 테러리즘의 공격 대상은 마이니치(朝日) 신문사, 일본교직원조합(일교조), 공산주의 성향의 발언을 하거나 황실에 대해 불순한 언동을 하는 저명인사 및 언론인들이다. 그러나 오늘날에는 거리선전이나 시위 활동을 전담하는 우익단체가 조폭 행태의 활동을 하거나, 반대로 조직폭력집단이 자신들을 우익단체라고 사칭하는 사례가 적잖이 발생하고 있다. 대표적인 사례로는 극우정당 당원에 의한 사회당 아사누마(浅沼) 위원장 암살사건과 경제단체연합회(경단련) 습격사건[4] 등이 있다.[5]

③ **원리주의 종교테러리즘**: 사회주의 정권의 잇단 실패와 그에 수반한 마르크스주의의 추락으로 좌익 테러리즘은 점차 힘을 잃어가

---

4) 노무라 야키스케(野村秋介) 등 4명의 우익단체 회원이 'YP(얄타 포츠담) 체제타도 청년동맹'을 결성하고, 권총과 엽총 등의 흉기를 들고 경단련회관에 침입하여 직원 12명을 인질로 삼아, 회장실에서 약 11시간 동안 감금농성을 벌인 사건이다. 범인들이 발표한 성명은 일본의 부흥을 가져오는 데 기여한 경단련의 역할을 어느 정도 인정하면서도 "경단련을 중심으로 진출한 기업들의 영리지상주의가 오늘날 일본의 황폐화와 혼란을 촉진하였으며, 영리를 위해 '조국'의 눈을 멀게 하고 있다"라는 내용을 주요 골자로 하고 있다.
5) 일본 정치테러리스트의 행동패턴을 분석한 논문으로는 다음과 같은 것이 있다. 大上 渉(2013). 日本における国内テロ組織の犯行パターン『心理学研究』84, 218-228.

는 반면, 종교적 테러리즘은 눈에 띄게 성장하였다. 이러한 종교적 테러는 크게 전통적 종교원리주의자에 의한 테러와 신흥종교에 의한 테러로 구분된다.

원리주의란 각 종교집단에서 원전(성경과 코란 등)을 절대시하여, 현대사회와의 안이한 타협을 거부하고 종교적 가치관대로 생활하는 것을 목적으로 하는 계파이다. 물론 이들의 신념에 특별한 문제가 있는 것은 아니며, 원리주의자가 곧 테러리스트는 아니라는 점에 주의해야 한다. 그러나 원리주의는 현대사회가 세속화·근대화됨에 따라 종교가 멸시받고 있으며, 근대 이전에 존재했던 신에 대한 경외감과 도덕심이 사라졌다고 부정적으로 규정하거나, 세계화에 의해서 외국의 타락한 문화와 종교가 유입되어 세상을 오염시켜 버렸다고 인식하는 경향이 높다. 이들은 본래의 모습으로 돌아가기 위해서는 '타자'의 영향을 배제하고 순결성을 되찾는 수밖에 없다고 생각하여, 다른 문화와 종교의 침입이나 사회에 타협하는 타락한 종교인의 침입을 막기 위해 무력을 이용한 테러를 감행하기도 한다.

원리주의 테러에는 기독교 원리주의 테러나 유대교 원리주의 테러 등이 있지만, 현재 가장 크게 문제시되고 있는 것은 이슬람 원리주의에 의한 테러이다. 여기에 팔레스타인 문제와 이슬람 내전 등이 얽혀서 더욱 복잡한 양상을 띠고 있다. 해외에서 일본인이 이슬람 원리주의 테러에 연루된 사건도 적지 않다.

미국의 9·11 테러를 비롯하여, 룩소르 외국인 관광객 피격 사망사건,[6] 이슬람 수니파 무장단체 ISIL의 일본인 납치사건[7] 등이 그 예이다. 또한 일본에서는 반이슬람적 소설로 알려진 『악마의 시』를 번역한 쓰쿠바(筑波) 대학의 교수가 학내에서 살해된 사건 등도 발생한 바 있다. 이슬람 원리주의 테러리스트 중에는 이슬람 국가에서 자란 사람도 많지만, 미국이나 유럽 등에서 자란 무슬림이 그 나라에서 테러를 저지르는 경우도 있는데, 이들을 **자생적 테러리스트**(Homegrown terrorist)라고 한다. 이들은 이슬람 국가에서 이주한 이민 2, 3세인 경우가 많은데, 특히 젊은층은 자국 내 무슬림에 대한 소외감을 느끼면서 자신의 자아정체성을 이슬람에서 찾고, 인터넷에서 지하드(성전) 영상이나 선동적인 설교를 들음으로써 과격화되는 것으로 알려져 있다. 보스턴 마라톤 폭발사건과 런던 동시다발 테러도 이러한 자생적 테러리스트에 의한 범행으로 밝혀졌다.

④ **신흥종교 테러리즘**: 이것은 신흥종교단체가 주체가 되어 벌이는 테러로서, 일본에서 발생한 가장 큰 사건으로 옴진리교의 지하철 사린가스(sarin) 사건 및 마쓰모토(松本) 사린가스 사건을 비롯한 일련의 테러사건을 들 수 있다.** 신흥종교단체가 테러를 저지르

---

6) 1997년 2월, 이집트 룩소르의 하트셉수트 여왕 장례전에서, 이슬람 원리주의 과격파인 '이슬람 집단'의 '마라두르 라만사의 파괴부대'라고 자칭하는 조직이 외국인 관광객에게 총을 난사하여 일본인 10명을 포함한 외국인 관광객 61명과 이집트 경찰관 2명 등 총 63명이 사망하고, 85명이 부상을 당한 사건이다. 범인 6명은 현장에서 사살되었다.

7) 2015년 1월, 시리아에 거점을 둔 이슬람 무장조직 '이슬람 국가(Islamic State)'가 고토 겐지(後藤健二)와 유카와 하루나(湯川遙菜)를 납치한 뒤, 일본 정부와 요르단 정부에 인질의 몸값과 사형 죄수에 대한 석방을 요구하고, 인질들을 살해하는 장면을 인터넷에 공개한 사건이다.

는 이유는 다양하다. 본래부터 사회를 적대시하여 사회를 파괴시켜야 한다고 생각한 경우, 자신의 종교단체에 대해 방해활동을 하는(또는 방해활동을 한다고 망상적으로 생각) 집단에게 반격하는 경우, 자신의 종교집단의 정치적 지위를 확보하려는 경우(예를 들어, 자신의 종교집단을 지지하는 의원의 당선을 반대하는 세력을 제거) 등이다. 게다가 그러한 신흥종교의 규모도 매우 다양하기 때문에, 그들의 행동 원리나 범행동기를 일률적으로 파악하거나 예측하기가 더욱 어렵다.

또한 신흥종교단체가 집단자살을 한 사건들도 있는데, 거기에는 자살 의도가 없는 사람과 영유아까지 포함되어 있어, 이것도 일종의 테러라고 할 수 있다. 대표적으로 인민사원(People Temple) 집단자살 사건[8], 다윗파(Branch Davidian) 집단자살 사건[9] 등이 있다.

⑤ **단일논점형 테러리즘**: 정치적 테러는 국가체제의 변혁을 지향하여 매우 원대한 목표를 설정한다. 이에 비해, 개별적으로 단일 논점을 설정하고 그 목표를 실현하기 위해 테러를 저지르는 것을 단일논점형 테러리즘이라고 한다. 그러한 논점으로는 낙태 반대(기

---

8) 인민 사원은 남아메리카의 가이아나(Guyana)에 짐 존스(Jim Jones)가 설립한 신흥종교단체로서, 이들이 마을을 형성하여 집단생활을 하고 있는 정보를 입수하고 이를 시찰하기 위해 방문한 미국 상원위원 및 언론단을 살해한 후 집단자살한 사건으로, 총 914명이 사망하였다.
9) 다윗파는 종말론을 신봉하는 무장 신흥종교단체로서, 데이비드 코레쉬(Daivid Koresh)가 교주이다. 불법총기단속을 위한 미국 ATF(주류·담배·화기 및 폭발물 단속국)의 강제수사에 불응하며 51일간 무장대치를 하다가 결국 시설을 폭파하고 집단자살하였다.

독교 원리주의와 연관되어 있음), 총기 규제 반대, 국토개발 반대, 동물 실험 반대, 핵개발 반대, 기타 각종 민족주의적 주장 등이 있다.

단일논점형 테러 가운데에서 최근 크게 화제가 되고 있는 것은 국토개발 반대, 동물실험 반대, 고래잡이 반대 등의 과격한 생태운동을 전개하는 **에코 테러리즘**(Eco-terrorism)이다. 이 가운데 일본에서 큰 문제가 된 사건은 폴 왓슨(Paul Watson)이 이끄는 뉴질랜드 해양동물보호단체인 '시 셰퍼드(Sea-Shepherd Conservation Society: SSCS)'의 고래잡이 반대운동 테러이다. 이것은 시 셰퍼드가 일본의 남극해 조사포경활동(연구목적을 표방한 고래잡이 활동)을 불법포경행위로 간주하고, 해당 선박에 총공세를 가해 침몰시키려 한 사건이다. 에코 테러리즘을 전개하고 있는 또 다른 대표적 단체들로서, 영국을 중심으로 모피공장 및 밍크 취급매장에 테러행위를 전개하고 있는 동물해방전선(Animal Liberation Front: ALF)과, 동물실험에 반대하여 동물실험 관련기업 및 제약회사를 공격하거나 임직원에 대한 살해협박을 하는 SHAC(Stop Huntingdon Animal Cruelty) 등을 들 수 있다.

기존 정치 테러 및 종교 테러의 주체는 정치단체와 종교단체였지만, 최근의 단일논점형 테러는 그 주체가 단독형 테러리스트이거나 소규모 집단인 점이 특징이다. 특히 인터넷 등에서 본 정보에 의존하여 분노를 표출하는 개별적 테러 사례들이 늘어나고 있는데, 이러한 사건은 사전에 예측할 수 없는 경우가 많기 때문에, 세계적으로 큰 위협이 될 수 있다. ***

테러리스트의 유형

앞서 설명한 테러리즘의 유형이 그 배경이 되는 사상이나 신념에 의거하여 분류한 것이라면, 지금부터는 테러리스트의 개인적 특성에 근거한 유형을 살펴보도록 한다.[10]

① **사명형**: 이러한 유형의 범인은 특정 사상이나 종교에 감화되어, 그것을 실현하기 위해서는 살인을 포함한 반사회적 행위까지도 불사할 각오를 하고 테러단체에 가입한 경우가 대부분이다. 일본에서 이른바 학생운동기의 주도자 및 일본 적군의 구성원, 종교적 테러집단의 간부 등이 이 유형에 해당된다.

② **단독형**(Lone wolf): 이 유형은 사명형이지만 특정 단체에 소속되지 않고, 언론 등의 영향을 받아 개인적으로 테러행위를 벌이는 경우이다. 이 유형은 오래전부터 존재했지만 앞으로 더 증가할 것으로 전망되고 있다. 예를 들어, 미국에서 발생한 낙태 반대론자에 의한 산부인과 의사 테러사건의 경우, 조직화되지 않은 개인이 테러 행동을 하는 것도 가능하다는 것을 보여 주고 있다. 이 유형의 대표적인 테러리스트로서 오클라호마 연방정부 빌딩을 폭파하여 아동 19명 포함, 총 168명을 살해하고 800명 이상에게

---

10) 越智啓太(2004), テロリストの心理的特性に関する研究の現状と展開『東京家政大学研究紀要(人文社会科学)』44, 209-217.

상해를 입힌 티모시 멕베이(Timothy McVeigh)가 있다.[11] 그의 범행 동기는 미국 정부의 총기 규제에 대한 저항이었다. 이러한 유형의 범인을 예측하고 협상할 때에는 사명형과는 달리, 범죄자의 개인적 특성을 중요한 변수로 고려해야 할 것으로 보인다.

③ **망상형**: 이것은 망상에 의해 테러를 저지르는 유형으로, 사회문화적 영향보다 개인의 정신질환적 영향이 크다. 범인은 주로 편집성 성격장애, 과대망상, 정신분열증(조현병), 반사회성 성격장애 등으로 진단된다. 종교적 테러를 저지르는 단체의 교주나 간부들이 이러한 유형일 가능성이 크다. 이 유형의 범인에 대한 행동예측 및 협상을 할 때는 우선 범인의 정신질환 유무 및 종류를 파악하고 진행할 필요가 있다.

④ **직업형(용병형)**: 이 유형의 테러리스트들은 특정 단체에 소속되어 자신의 역할을 수행함으로써 자아실현을 하지만, 때때로 자신이 맡은 임무는 테러행위일 뿐이며 자신은 그저 유능한 용병 또는 직장인에 불과하다고 여긴다. 이 유형은 특정 정치사상과 관련된 경우도 있지만 기본적으로는 직업으로써 테러행위를 할 뿐이며, 범인이 정신질환을 가지고 있을 가능성은 적다. 대표적인 사례로

---

11) 멕베이는 백인우월주의 무장민병대인 '미시간 밀리시아(Michigan Militia)'에도 소속된 적이 있는 총기규제 반대론자였다. 그는 정부가 다윗파(Branch Davidian)를 진압한 것은 개인의 총기소지에 대한 부당한 개입이라며 분개하였고, 다윗파 집단자살사건이 발생한지 정확히 2년 후에 폭파사건을 일으켰다.

김현희[12]를 꼽을 수 있을 것이다. 이 유형의 범인과 협상을 할 때에는 사무적으로 진행하는 것이 감정에 호소하는 방식보다 효과적이라고 하겠다.

⑤ **추종형**: 집단의 리더에게 심리적 통제를 받거나, 그에게 명령이나 감화를 받고 지시에 따라 테러를 저지르는 유형이다. 이것은 의존성과 같은 개인적 특성과 집단 제일성(uniformity)과 같은 사회적 영향력 등에 의해 나타난다. 이러한 유형의 범인은 자살테러도 할 가능성이 있으므로, 이 점에 유의하면서 수사와 협상을 진행해야 한다. 학생운동권 테러, 종교적 테러, 정치적 테러 등을 통틀어 테러리스트 가운데 스스로가 추종형이라고 생각하는 경우는 많지 않지만, 실제 대다수는 이 유형에 해당한다.

⑥ **권력형**: 이 유형의 범인은 기본적으로 자신이 사회에 대해 어떠한 영향력을 행사할 수 있다는 것을 확인하기 위해 테러를 저지른다. 국가나 사회에 특정 정치적 메시지를 던지는 경우도 있지만, 그러한 주장을 위해 테러를 저지른다기보다 자신의 행위를 정당화하거나 하나의 게임으로써 이데올로기를 차용하는 것으로 보인다. 이러한 유형은 보통 단독범행이며, 유나바머가 여기에 해당한다고 하겠다. 범인이 지적 수준이 높은 경우도 많아, 향후

---

12) KAL기 폭파사건의 주범 김현희는 전 북한공작원으로, 일본어교육을 받아 일본어에 능숙하였다. 일본여권으로 비행기에 탑승한 후 폭탄을 설치하였으며, 인도양에서 비행기를 폭파시켜 승객과 승무원 총 115명을 살해하였다.

사이버테러 및 화학 생물무기 테러 등을 저지를 가능성도 있다.

⑦ **자살폭탄 테러형**: 이 유형은 최근 수많은 테러에서 사용되는 자살폭탄 수법을 이용하여, 범인이 폭발물을 자신의 몸에 두르거나, 자신이 운전하는 차량 및 선박에 폭탄을 싣고 표적을 들이받아 자폭하는 테러이다. 큰 비용이나 기술을 들이지 않고 표적에 접근할 수 있고 성공률도 높으며, 심리적 파급 효과가 커서 언론에 자주 보도되는 등의 많은 이점이 있다. 특히 이 수법을 자주 사용하는 것은 이슬람 원리주의 테러리스트, 특히 알카에다(Al-Qaeda)이지만 타밀 · 이슬람 해방호랑이(LTTE), 쿠르드 노동당 등 민족주의적 테러단체도 사용하는 경우가 있다. 테러단체들은 여러 가지 방법을 통해 이러한 자폭테러를 실행할 대원을 선정하지만, 기본적으로는 테러조직에 대한 충성심이 높은 사람을 선택하므로, 결국 이러한 유형의 테러리스트는 넓은 의미에서 추종형 테러리스트라고 볼 수 있을 것이다.[13]

---

13) 이슬람 원리주의의 자살폭탄 테러에 가담한 사람들 중에는 미국 등에게 살해당한 가족에 대한 복수를 위해 자폭테러를 지원한 경우도 있지만, 지하드(Jihad), 즉 종교를 위한 투쟁으로서 자폭테러에 동참하도록 설득당한 경우도 있다. Kruglanski, A. W., Chen, X., Dechesne, M., Fishman, S. & Orehek, E. (2009). Fully committed: Suicide bombers' motivation and the quest for personal significance. *Political Psychology, 30*, 331-357.

* **시라토리 경위 살해사건:** 1952년 삿포로시경의 경비과장이었던 시라토리 가즈오(白鳥一雄)가 귀가도중 사살된 사건이다. 당시 36세의 시라토리 경위(警部)는 비합법적 활동을 하고 있는 일본공산당 대책을 담당하고 있었는데, 공산당 삿포로 시당 위원들이 그의 암살을 모의한 것으로 드러났다(https://ko.wikipedia.org/wiki/白鳥事件).

** **옴진리교 지하철 사린가스 테러사건:** 1995년 3월, 신흥종교 단체인 옴진리교가 도쿄 지하철의 아침 출근 시간대를 노리고 일으킨 대규모 지하철 화학테러 사건이다. 옴진리교의 신도들이 도쿄의 5개 주요 노선의 지하철에 살포한 사린(Sarin)은 중추신경을 마비시키는 무색무취의 치명적 신경가스의 일종으로, 2차 세계대전 당시 나치 독일이 개발한 비교적 제조가 쉬운 화학물질이다. 이 사건으로 13명이 사망하고 6,000여 명이 부상을 입었으며 이 중 50명은 중태에 빠졌다. 주범인 옴진리교의 교주 아사하라 쇼코(麻原彰晃)는 경찰이 옴진리교 본부를 기습할 것이라는 첩보를 입수하고 경찰의 관심을 다른 데로 돌리기 위해 사린가스 테러를 벌인 것으로 밝혀졌다. 옴진리교는 1993년부터 화학물질 제조실험을 진행해 왔으며, 1994년 6월에도 일본 나가노 현 마쓰모토 시에서 사린가스 살포사건을 일으켰으나 이후 도쿄 지하철 사린가스 테러 사건이 발생하고 나서야 그것이 옴진리교의 소행임이 드러났다. 이 사건은 주범의 다수가 일본 명문대의 의학이나 유기화학 전공자라는 특징을 보였으며, 이들은 사건 발생 후 17년 가까이 장기 지명수배를 받다가 결국 검거되어, 아사하라 교주는 2006년에, 나머지 주모자 12명은 2011년까지 모두 사형확정 판결을 받았다(http://www.huffingtonpost.jp/2015/03/20/subway-sarin_n_6908588.html?utm_hp_ref=japan).

*** 최근 미국과 유럽을 중심으로 발생한 테러사건들의 특징을 살펴보면, 정치
종교적 목적이 비교적 명확한 과거의 테러사건들과는 달리 명분이나 목표가
불분명하여 사전예측이 어려운 경향이 뚜렷이 나타나고 있는 것으로 분석되
고 있다. 즉, 과거 테러단체들의 테러는 특정 목표대상이 있고 메시지와 공격
의도도 분명했지만, 최근 발생한 테러는 대체로 도시의 불특정 군중을 대상으
로 삼는 경향이 있고, 범인의 상당수가 사회 부적응자이거나 경제적 낙오자인
자생적 테러리스트인 것으로 분석되고 있다. 이와 관련된 다음 기사를 참고해
보기 바란다(http://www.huffingtonpost.kr/2017/08/18/story_n_17778600.
html?utm_hp_ref=korea).

9
방화
무엇 때문에 불을 지르는가?

✧ ✧ ✧

방화는 범인이 주택, 차량, 쓰레기장, 공원, 공터 등에 불을 지르는 범죄로서 화재 원인 중 가장 많은 비중을 차지하고 있고, 사망자가 발생하는 경우도 많다. 방화는 수사 및 범인 검거가 어려운 범죄 중의 하나이다. 현장은 불에 타서 증거가 거의 남아 있지 않고, 피해자와 가해자 사이에 직접적인 인간관계가 없는 경우도 많으며, 무엇보다도 왜 그런 행동을 했는가에 대한 범행동기를 파악하기 어렵다. 연쇄방화 사건이 발생한 경우, 그 지역주민들은 공포에 빠져서 범인이 검거될 때까지 불안에 떨게 된다. 이로 인해, FBI는 연쇄살인 등과 마찬가지로 방화사건도 프로파일링 대상으로 삼고 있다.[1]

---

1) Rider, A. O. (1980). The firesetter: A psychological profile part. 1. *FBI Law Enforcement Bulletin, 49,* 6-13

방화범의 유형별 행동패턴

방화 사건에도 다양한 유형이 존재하며, 범행동기 및 범인의 행동 패턴은 유형마다 크게 다르다.[2] 따라서 이를 이해하기 위해 다음과 같은 방화범의 유형을 살펴보기로 한다.[3]*

① **성적 일탈형 방화**: 방화를 통해 성적 흥분을 얻는 성적 일탈 증상을 가지고 있는 범인에 의한 범죄로서, 이러한 유형의 범인을 방화광(Pyromania)이라고 한다.[4] 이들은 자신이 일으킨 불을 보면서 흥분을 느끼거나, 사람들의 진화활동이나 혼란스러운 화재현장을 보면서 스릴을 느낀다. 따라서 범인은 방화 후 현장 근처에서 화재를 지켜보는 경향이 있다. 또한 방화 직전에 성적 흥분이 고조되어, 자위행위를 한 직후 방화를 저지르는 경우도 있다. 방화광에 의한 방화는 순전히 범인의 개인적 동기에 의해 이루어지기 때문에, 범행 장소는 단순히 불을 붙이기 쉬운 곳이나 많은 사람이 모이기 쉬운 곳이라는 특징이 있을 뿐, 범행 장소에 사는 주민과 가해자 사이에 사전의 인간관계가 있을 가능성은 희박하다. 범인은 중하류층 가정의 남성으로, 부모와 동거하고 있고 무직인

---

2) 방화범을 유형화한 연구로는 다음과 같은 것이 있다. Prins, H. (1993). *Fire-Raising: Its motivation and management*. Routledge; 上野厚(2000). 『都市型放火犯罪: 放火犯罪心理分析入門』. 立花書房.

3) 越智啓太(2013). 『ケースで学ぶ犯罪心理学』. 北大路書房.

4) 방화광(Pyromania)이라는 증상이 존재하는가에 대한 논란도 있는데, 다음 자료를 참고해 보기 바란다. Doley, R. (2003). Pyromania Fact or Fiction?. *British Journal of Criminology, 43*, 797-807.

경우가 많다. 또한 사회적으로 미성숙하고 특히 이성과의 관계가 미숙할 가능성이 높다. 성장기에 우연히 저지른 불장난이 성적 흥분으로 조건화된 것으로 보기도 한다.

② **영웅심형 방화**: 이 유형은 자신이 방화를 저지른 후, 스스로 적극적인 진화활동을 하거나 경찰이나 소방서에 직접 신고하는 행동을 한다. 이러한 행동으로 '영웅'이 되는 것이 그들의 범행동기이다. 즉, 타인에게 인정을 받고 싶은 욕구 때문에 방화를 저지르는 것이다. 범인 중에는 소방관을 지망했던 사람, 이미 소방관이나 소방단원인 사람 등도 있다. 방화현장에 달려가는 것이 부자연스럽지 않도록, 방화를 집 근처나 자신의 활동 범위 내에서 저지르는 경우가 많다.

③ **복수형 방화**: 복수를 범행동기로 하는 방화는 범인이 개인적인 원한을 품고 있는 대상에게 방화를 저지르는 경우와 사회 전체 및 특정 사회계층(인종, 대기업, 경찰 등)에 대한 원한으로 방화를 저지르는 경우가 있다. 전자는 피해자와 범인이 서로 아는 사이인 경우이다. 구체적인 대상은 연인이나 직장동료 등이며, 범인은 피해자와의 관계를 상징하는 어떤 것에 방화를 한다. 예컨대, 여성 방화범이 애인사이였던 남성에게 복수하기 위해 차의 조수석이나 침실 등에 불을 지른다. 범행 장소까지는 대중교통을 이용하여 일부러 다른 곳에서 이동하고, 범행 도구도 미리 준비하는 경우가 많다. 또한 휘발유나 석유 등을 현장에 과도하게 뿌리는

행동을 하기도 한다.[5] 범인은 사회적 관계가 원만하여 고독하지는 않지만, 관계를 오래 지속하지 못하는 편이다. 범행 후에 도주하여 알리바이를 만드는 경우도 있다.

한편, 사회 전체 및 특정 사회계층에 대한 복수로서의 방화는 다중살인의 일종으로 간주되는 편인데, 이러한 방화범은 칼이나 총 대신 불을 사용하여 살인을 저지르는 것이다. 범인은 복수대상이 되는 사회계층의 상징물이나 그러한 사람들이 모인 장소를 대상으로 연쇄적으로 방화를 저지르기도 있다. 이 유형의 범인은 다중살인범과 마찬가지로 자존심이 강하고, 자신이 사회로부터 모욕적이고 차별적인 취급을 받고 있다고 생각하여 분개하는 성향이 높지만, 자주 외톨이가 되는 특성을 보인다. 범행은 집이나 직장 근처에서 단독으로 범행을 저지르며, 도보로 이동하는 경우가 많다.

④ **울분해소형 방화**: 일상생활 속에서 쌓인 불만이나 초조함을 해소하기 위해 방화를 저지르는 유형이다. 불만이나 초조함의 원인이 되는 것에 직접 방화를 저지르는 경우는 복수형 방화이다. 울분해소형 방화는 불만이나 초조함의 원인과는 전혀 상관없는 것에 방화를 저지른다(회사에서 상사에게 질책을 받은 후 인근 주택에 불을 지르거나, 길에서 누군가에게 조롱을 당한 후 공공장소에 불을 지르

---

5) 여기에 해당하는 대표적인 사건으로 히노(日野) 불륜 방화살인사건이 있다. 이 사건은 1993년 12월, 히노 시에 거주하는 회사원의 집에 불륜관계였던 여성이 침입하여, 휘발유로 불을 질러 6세 여아와 1세 남아를 살해한 사건이다.

는 등의 행위). 방화 중에는 이 유형이 가장 많다.[6][7]

⑤ **범죄 은폐형 방화**: 강·절도, 살인 등 범죄의 은폐 및 증거 인멸을 목적으로 행해지는 방화이다. 최근에는 현장에 남겨진 땀이나 정액 등에서 DNA를 검출하는 것을 막기 위해 범인이 방화를 저지르는 경우도 있다.

⑥ **이득형 방화**: 경제적 이득을 목적으로 한 방화는 보험금 사기 및 회사 부정회계의 위장이나, 권리관계가 복잡한 건물의 철거 등을 위해 저지르는 것이다. 범행은 계획적이며, 대다수의 경우 필요 이상의 손실은 발생하지 않도록 계획된다. 예를 들면, 종업원이 없는 휴일이나 재고가 별로 없는 시기의 창고 등에 방화를 저지르는 것이다. 고가의 물건을 방화 전에 다른 곳으로 옮겨놓는 경우도 있다. 예를 들어, 그림을 거는 장식 못은 있는데 그림이 걸

---

6) 이에 대한 연구를 실시한 잭슨(Jackson) 등은 방화범은 대인관계를 통해 발생하는 적대감을 엉뚱한 대상에게 '치환'하여 공격하는 방화의 대체공격가설(Displacement aggression hypothesis)을 주장하였다. 실제로 방화범은 폭력범 및 일반인과 비교했을 때 낮은 사회적 기술(social skill)을 가지고 있어, 대인관계의 어려움을 나타내는 경우를 많이 발견할 수 있다. 이러한 방화범들은 자신의 스트레스에 적절하게 대처하지 않고, 감정을 표출하는 데 문제가 있다는 점에 많은 연구자들이 동의하고 있다. Jackson, H. F., Hope, S. & Glass, C. (1987). Why are arsonists not violent offenders? *International Journal of Offender Therapy and Comparative Criminology, 31,* 143-151.

7) 일본의 농촌지역에서는 복수형 방화가, 도시지역에서는 울분해소형 방화가 많이 발생하는 것으로 나타나고 있다. 전자를 농촌형 방화, 후자를 도시형 방화라고 부르기도 한다. 桐生正幸(1995). 最近18年間における田舎型放火の檢討 『犯罪心理学研究』33, 17-26.

려 있지 않는 등의 상황을 통해 이러한 유형의 방화를 판단할 수 있다. 분명히 방화에 의한 화재라고 할 수 있는 사건 현장에서 외부 침입의 흔적이 나타나지 않는 경우도 많다. 이 경우, 범인은 피해자측 사람이나 회사조직이기 때문에, 그들의 재정이나 보험 내역을 정밀 조사함으로써 이득형 방화인지의 여부를 판단하게 된다.

⑦ **테러형 방화**: 이 유형은 범인과 범인이 속한 집단의 정치적 · 종교적 신념에 의해 그들이 타깃으로 하는 상징적 대상을 파괴하기 위해 이루어지는 범죄행위이다. 정치적 테러형 방화로는 좌익이 정부조직 및 관련 시설, 관료의 저택 등에 방화를 저지르는 경우,[8] 황실 및 전통적 종교시설에 방화를 저지르는 경우, 서로 대립하고 있는 파벌과 관련된 시설에 방화를 저지르는 경우, 우익이 좌익적 보도를 하는 언론 및 각종 단체와 좌익적 정책을 펼친 정치인 및 공산주의 국가 관련시설에 방화를 저지르는 경우 등이 있다. 그 밖에 낙태 반대주의자가 낙태를 시술하고 있는 병원에 방화를 저지르는 경우, 종교적 테러리스트가 대립하는 종교의 상징 및 시설에 방화를 하는 경우 등이 있다.

테러형 방화의 경우, 범인은 자신의 주장이나 소속단체의 명칭을 밝히는 메시지를 현장에 남기거나, 범행 성명을 언론에 발표

---

8) 예를 들면, 나리타 공항 반대세력이 일으킨 게이세이(京成) 스카이라이너 방화사건, 도테츠(東鉄) 경공업 직원숙소 방화살인사건, 교통부 항공국 임원자택 방화사건, 자민당 본부 방화사건 등이 있다.

하기도 한다. 범행은 계획적이며, 시한폭탄장치나 박격포 등의 복잡한 장치가 이용되는 경우도 있다. 이러한 유형의 방화는 집단에 의해 발생하는 편이었지만, 최근에는 개인이 이러한 테러형 방화를 저지르는 경우도 나타나고 있다.

⑧ **반달리즘형 방화**: 반달리즘(vandalism)은 10대 비행청소년이나 갱집단에 의한 기물 파손, 낙서 등의 악질적인 장난이다. 반달리즘의 수단으로 방화가 사용되는 경우가 이러한 유형에 해당된다. 학교 등의 교육시설, 공터나 빈집, 비행청소년과 관련된 장소나 물건이 방화대상이 되기 쉽다. 범행은 무질서하고 계획성이 없으며, 그 자리에 있는 어떤 물건에 방화를 저지르는 경우가 많다. 범행 현장에 발자국이나 지문 등이 남아 있을 가능성이 높고, 유리창 깨기 등 다른 형태의 반달리즘이 함께 나타나기도 한다. 범행은 집단으로 하는 것이 대부분이며, 범인들은 범행 현장에서 2km 이내에 거주하고 있고, 방화 후에 현장에 돌아오지는 않지만 멀리서 현장을 관찰하고 있을 가능성이 높다. 범인집단은 비행청소년들이며, 피해 장소와 어떤 관련이 있거나, 경찰이나 학교에서 이미 비행집단으로 파악하고 있을 가능성이 있다.

⑨ **불장난형 방화**: 아동이 범인인 방화사건 가운데에는 불장난에 의한 방화와 호기심에 의한 방화, 그리고 '학교가 싫다'는 등의 이유로 학교에 방화를 저지르는 도피형 방화가 있다. 또한 가해아동이 학대당하고 있거나, 심각한 가정문제에 처해 있는데도 주위에

서 알아주지 않는 것에 대한 '구조요청(Cry for help)'의 수단으로
서 방화를 저지르는 경우도 있다.[9]

---

9) 아동의 방화에 대해서는 다음 문헌들을 참고하기 바란다. Jacobson, R. R. (1985).
Child firesetters: A clinical investigation. *Journal of Child psychology and
Psychiatry, 26*, 759-768.; Jachobson, R. R. (1985). The subclassification of child
firesetters. *Journal of Child psychology and Psychiatry, 26*, 769-775.

* 국내 방화범죄관련 연구로는 다음과 같은 것이 있다. 김경옥 · 공은경(2011). 연쇄성 방화범과 비연쇄성 방화범의 범죄행동 비교 분석.『한국심리학회지: 법정』2(3), 237-261; 김경옥 · 이수정(2009). 범죄현장 행동에 근거한 방화범죄의 유형분류에 관한 연구.『한국심리학회지: 사회 및 성격』23(4), 131-146; 성한기 · 김교헌(2004). 대구지하철 방화피의자의 방화행위에 대한 사례연구.『한국심리학회지: 건강』9(1), 163-186; 유지선 · 정영진(2015). 분노 조절 장애의 방화에 대한 연구.『위기관리 이론과 실천』11(10), 273-287; 임준태(2009). 연쇄방화범 프로파일링과 이동특성.『한국공안행정학회보』18(4), 369-402.

10
강간
강간행위의 본질과 특징은 무엇인가?

❖ ❖ ❖

강간은 주로 남성이 여성에게 강제로 성행위를 하는 범죄이다.[1] 법률적으로 범죄의 주체는 남성, 객체는 여성으로 한정되는 경우가 많지만, 범죄심리학적으로는 여성이 남성에게, 남성이 동성에게 강제로 성행위를 하는 경우도 강간으로 규정하고 있다.

강간은 크게 가해자가 낯선 사람을 대상으로 범행을 저지르는 **비면식관계 강간**(Stranger rape)과 친구, 지인, 직장 동료나 상사 등의 지인을 범행대상으로 하는 **면식관계 강간**으로 구분할 수 있다. 경찰 통계에 따르면, 강간으로 검거된 범인 가운데 피해자와 지인관계인 경우는 10~20%에 불과하고, 나머지는 비면식 강간사건이었다. 그러나 실제 발생한 강간사건의 대다수는 지인에 의한 면식관계 강간이다. 이러한 사건은 경찰에 신고되는 경우가 매우 적어서 경찰 통계에 반영되지

---

1) 성범죄에 대해 포괄적으로 논의한 일본의 연구서로서, 다음과 같은 저서가 있다. 田口 真二 ら(2010). 『性犯罪の行動科学』. 北大路書房.

않고, 숨은 범죄(dark figure)로 남게 된다. 따라서 실제 어느 정도의 강간사건이 발생하고 있는지조차 파악하기 어려운 실정이다. 다만, 일반 학생과 시민을 대상으로 피해자 조사를 실시했을 때, 자신의 의사에 반하는 성폭력 피해를 당한 적이 있다고 응답한 여자 대학생은 약 1~3%, 성인여성은 약 3~8%로 나타났다.

또한 연인이나 부부 사이에 발생하는 강간의 경우, 예전에는 이들 간의 강제적인 성행위를 여성이 받아들일 수밖에 없다고 생각하는 경향이 있었기 때문에 피해자도 그것을 범죄라고 잘 인식하지 못했다. 따라서 이에 대한 실태는 피해자 조사에서도 잘 드러나지 않았다. 그러나 최근에는 연인이나 부부간의 강제적 성행위도 범죄라는 인식이 널리 확산되었으며, 부부 강간, 데이트 강간 등과 같은 용어가 등장하게 되었다.

강간은 성욕에 의해 저질러지는 범죄라고 생각될 수 있지만, 그로스(Groth)[2]는 강간은 오히려 힘 또는 권력(power)에 의한 범죄라고 지적하였다. 즉, 여성에 대한 남성의 통제력의 과시가 강간의 동기라는 것이다. 실제 일본에서도 강간사건으로 검거된 범인이 "회사에서 언짢은 일이 있어서 짜증이 났기 때문"이라거나 "상사에게 화가 났기 때문"이라는 등의 성적 동기가 아닌 이유를 대는 경우가 많은데, 이것이 그로스의 주장을 뒷받침한다고 볼 수 있다. 그러나 특히 청소년이나 대학생과 같이 젊은 층에서 발생하는 강간은 성적 동기에 의한 경우가 좀 더 많이 나타나고 있다.

---

2) Groth, A. N. (1979). *Men who rape: The psychology of the offender*. Plenum Press.

남성 강간범의 유형

강간범의 범행동기 및 행동패턴을 이해하거나 프로파일링을 하기 위해서는 강간범을 분류해 볼 필요가 있다. 강간범의 분류는 많은 연구자가 하고 있지만, 여기에서는 홈즈(Holmes)[3]가 분류한 비면식 강간범의 유형을 살펴보기로 한다.

① **권력형**(power assertive; sexually aggressive rapist): 이 유형은 남성 성이나 우월성을 과시하기 위해 강간을 저지른다. 그들은 스스로 남성적이고 강하다는 이미지를 가지고 있고, 평소에 이를 과시하는 편이다. 크게 이야기하고, 소란을 일으키거나, 남들 앞에서 아내나 여자친구에게 모욕을 준다. 경찰관, 군인, 육체노동 등의 남성적인 직업을 가지고 있는 경우가 많다. 강간은 그러한 남성성의 표현 중 하나이다. 그들은 신체적 · 정신적으로 피해자를 지배하여 자신이 원하는 것을 손에 넣으려고 한다. 강간은 폭력적이며, 옷을 찢거나 때리거나 난폭한 말로 상대를 모욕하고, 항문성교나 구강성교를 강요하기도 하는 등 점점 심각한 형태로 발전한다. 또한 이러한 비면식관계 강간범은 복면 등으로 얼굴을 가리지 않고, 피해자와 재회하는 경우도 없다.

② **복수형**(anger retaliatory; punishment-angry rapist): 이 유형의 강간

---

3) Holmes, R. A. & Holmes, S. T. (2009). *Profiling violent crimes: An investigative tool,* 4th ed. Sage Publications.

범은 자신을 남자로서 유능하다고 생각하고, 자존심도 강하다. 그들은 아내나 여자친구, 여자 상사 등 여성과의 관계에서 생긴 어떤 감정적인 문제를 '여성' 전체에 확대시키고 그들에게 복수하기 위해 강간을 저지른다. 강간은 불만을 발산하는 하나의 형태일 뿐이며, 줄곧 과도한 폭력을 행사한다. 피해자를 폭행하고 따귀를 때리거나, 얼굴에 사정(射精)을 하거나, 피해자에게 소변을 보는 등의 모욕적인 행동을 하며, 최악의 경우 피해자를 살해한다.

③ **권력 재확인형**(power reassurance; sexually inadequate rapist): 이 유형의 강간범은 조용하고 연약하며, 자존심도 낮다. 사회생활도 유능하지 못하고 친구나 여자친구도 없으며, 독신이거나 부모님과 함께 거주하는데, 특히 어머니와의 관계가 깊다. 노출증, 관음증, 페티시즘 등의 성적 일탈이나 특별한 성적 기호가 있는 경우가 많다. 이들의 범행 목적은 다른 유형처럼 권력 중심의 동기가 아니라 성적인 동기가 크다. 하지만 그와 동시에 자기 자신의 능력을 확인하여 자존심을 높이거나 유지하고자 하는 목적도 있다. 따라서 자신의 성적 공상을 상대방에게 실현하는 형태로 성행위를 시도하며, 피해자와 연애관계를 가지려는 행동도 보인다. 피해자에게 상해를 입히지 않고, 오히려 그들을 걱정하는 말을 하기도 한다. 강간 후에 피해자와 다시 만날 것을 약속하고, 실제로 피해자 집을 다시 방문하거나, 사과하기 위해 연락하는 경우도 있다.

④ **가학형**(anger excitation; sadistic rapist): 이 유형의 강간범은 여성을 공격하거나 폭행함으로써 성적 만족을 얻는다. 폭력 자체가 목적이기 때문에 폭력의 강도가 높으며, 피해자가 고통이나 공포, 불안감을 많이 나타낼수록 범인의 성적 흥분은 높아진다. 피해자를 납치 감금하여, 가슴이나 성기, 항문 등 특정 부위에 집중적으로 폭력을 가하거나, 어떤 의식을 치르듯 피해자를 고문하거나 강간한다. 이러한 유형의 강간범은 가장 위험하며, 최악의 경우 피해자를 살해한다. 그들은 평소부터 여성을 폭력적으로 강간하거나 살해하는 상상을 해왔으며, 그 공상을 실제 여성에게 실현하는 것이다. 범행은 치밀하게 계획되기 때문에, 범행이 거듭될수록 수법이 단련되어 검거하기가 더 어려워진다. 범인은 다른 유형보다 고학력자에 기혼이며, 직장이 있는 등 사회적 능력도 높은 사람일 가능성이 크다.

여성 강간범의 유형

강간범의 대부분은 남성이지만, 여성이 강간범으로 검거된 사건도 있다. 다만 이러한 사건의 대부분은 남성 강간범의 애인이 강간을 도왔거나, 집단 강간사건의 가해자 집단에 여성이 포함되어 있었던 경우 등이다. 여성에 의한 강간사건은 기본적으로 매우 드물고 검거된 사례도 많지 않지만, 여성이 주도적으로 강간을 한 경우도 있다. 매튜스(Matthews) 등[4]은 여성 강간범을 다음과 같이 분류하였다.

---

4) Matthews, R., Matthews, J. K. & Speltz, K. (1989). *Female sexual offenders: An*

- 학교 교사가 학생과 연애를 하면서 성적 학대를 한 유형
- 범인이 자신의 남편이나 애인에게 학대를 받아왔고, 그들에 의해 강제로 성행위(주로 자신의 자녀 대상)를 한 유형
- 어떤 정신질환에 의해 자신의 어린 자녀에게 성적 학대를 한 유형

이처럼 여성 강간범은 사회문화적 측면과 피해자학적 측면에서 다루어져야 할 부분이 있기 때문에, 남성 강간범과는 다른 점이 많다고 하겠다.

강간범의 행동특징 및 범행패턴

워렌(Warren) 등[5]은 총 565건의 강간을 저지른 연쇄강간범 108명의 특징을 분석하였는데, 범인이 젊은 층인 경우에는 자신의 집 근처에서 범행을 저지른 경우가 많은 것으로 나타났다. 예컨대, 범인이 미성년자인 경우, 전체 범행의 98%가 범인의 집에서 4.4km 이내의 지점에서 발생하였다. 이에 비해, 장년층 이상의 강간범은 집에서 먼 지점에서 범행을 저지르는 경우가 많은 것으로 나타났다. 한편, 헤이젤우드(Hazelwood)와 워렌(Warren)[6]은 총 837건의 강간을 저지른 41명의 연쇄강간범에 대해 연구하여, 그들의 92%가 직장이 있고, 71%가 한 번

empirical study. The Safer Society Press.

5) Warren, J., Reboussin, R., Hazelwood, R. R., Cummings, A., Gibbs, N. & Trumbetta, S. (1998). Crime scene and distance correlates of serial rape. *Journal of Quantitative Criminology, 14*, 35-59.

6) Hazelwood, R. & Warren, I. (1990). Rape: The criminal behavior of the serial rapist. *FBI Law Enforcement Bulletin, Feb*, 11-15.

결혼을 했으며, 34%는 두 번 이상 결혼했다는 결과를 발표하였다. 이 것은 강간범이 이성과 관계를 맺기 어렵기 때문에 성욕을 분출하기 위해 강간을 저지른다는 당시의 사회통념에 배치되는 것이었다. 또한 그들 중 1/3은 어떠한 성적 기능부전을 경험하고 있는 것으로 나타났다. 연구자들은 이러한 결과를 바탕으로, 비면식 강간범의 범행패턴을 다음과 같은 세 가지로 분류하였다.

① **기습형**(The blitz style): 칼 등의 흉기를 사용하여 피해자를 공격한 후 범행을 저지르는 유형으로서, 전체 사건의 약 17~23%에 해 당하였다.

② **기망형**(The con approach): 피해자를 속여서 어딘가로 데리고 들어가 범행을 저지르는 유형이다. 피해자의 뒤를 쫓아가다가 피해자가 엘리베이터에 탔을 때 자신도 함께 타서 범행을 저지르는 경우 등도 여기에 해당된다. 이러한 유형은 전체 사건의 약 24~35%를 차지하였다.

③ **잠복형**(The surprise approach): 피해자의 집 등에 미리 침입해 있다가, 귀가한 피해자에게 범행을 저지르는 유형이다. 전체 사건의 약 44~54%를 차지하였다.

성범죄 범행패턴의 일관성

성범죄자의 범행 대상 및 범행 장소 선택은 어느 정도 일관성이 있는가? 이 문제는 프로파일링 및 범행 예측을 할 때 매우 중요해진다. 요코타(横田) 등[7]은 일본에서 발생한 연쇄 강간사건 및 연쇄 강제추행사건 총 466건을 통해, 한 사건과 바로 직전 선행사건 간의 범행 특징의 일관성을 분석하였다. 그 결과, 우선 피해자의 연령에서 비교적 높은 일관성이 나타났다. 다만, 연령층이 높은 피해자를 대상으로 범행을 저지른 뒤에는 그보다 젊은 피해자를 범행대상으로 삼고, 피해자가 고등학생 이하인 경우에는 그 다음의 범죄에서도 같은 연령층을 범행대상으로 삼는 경향이 나타났다. 특히 피해자가 11세 미만인 경우에는 후속 범죄의 피해자도 같은 연령대인 경향이 매우 높게(84%) 나타났다. 한편, 범행 장소에 있어서 야외나 상점 등의 공공장소에서 범행을 저지르는 사람은 후속 범죄도 그러한 장소에서 저질렀으며, 주택 등의 실내에서 범행을 저지른 사람은 후속 범죄도 실내에서 저지른 것으로 나타나, 이러한 유형의 범죄는 어느 정도의 일관된 범행 패턴을 보였다.

또한 요코타 등[8]은 강간 재범자 총 244명의 데이터를 통해, 그들의 최초 범행의 행동주제와 가장 최근 범행의 행동주제 간의 일관성을 분석하였다. 최초 범행이 지배성 및 폭력성(성애성)을 띠는 경우, 그러

---

7) 横田賀英子・渡邉和美・和智妙子・佐藤敦司・藤田悟郎(2007). 性犯罪者の犯行対象の選択行動における一貫性と変遷『犯罪心理学研究』45, 34-35.
8) 横田賀英子・大塚祐輔・和智妙子・渡邉和美(2009). 強姦累犯者の犯行テーマの一貫性に関する分析『犯罪心理学研究』47, 32-33.

한 사건의 약 70%가 가장 최근의 범행에서도 지배성 및 폭력성을 띠는 것으로 나타나 범행패턴의 일관성이 높은 것으로 분석되었다. 이에 비해, 최초 범행에서는 관여성[9]이 나타났으나 가장 최근의 범행에서는 폭력성으로 변질된 사건은 약 40% 이상으로 나타났다. 이것은 범인이 최초 범행에서는 피해자를 어느 정도 배려했으나, 점차 피해자를 자신의 욕구를 발산하는 도구로 이용하게 되었음을 나타내는 것이라 할 수 있다.*

---

9) 이 연구에서는 강간범의 행동주제를 폭력성, 지배성, 관여성 세 가지로 분류하였는데, 이 중 관여성은 속임수를 써서 피해자에게 접근하고, 피해자와 사적인 이야기를 나누며, 키스 등 연애와 유사한 행동을 하는 등의 범행형태를 나타내는 것이다.

역자주
보충학습

* 국내 성범죄 범행패턴관련 연구들로는 다음과 같은 것이 있다. 고선영 · 김경
옥 · 정연대 · 최대호(2010). 범죄현장 행동에 근거한 연쇄 강간범죄자의 유형
분류. 『한국심리학회지: 법정』1(3), 171-183; 서종한 · 김경일(2011). 성범죄
자 군집유형분석과 프로파일링 연구. 『한국심리학회지: 사회 및 성격』25(1),
155-172; 신상화(2009). 연쇄 강간범에 대한 지리적 프로파일링에 관한 연구.
『경찰학논총』4(2), 125-160; 조윤오(2015). 성범죄자들의 피해자 선택 특징
에 관한 프로파일링 연구. 『한국경찰학회보』17(1), 157-184; 장은영 · 이수
정(2017). 성범죄자 하위유형 분류 및 차별화된 처우방안 제안. 『한국범죄학』
11(1), 79-112; 전대양(2006). 연쇄강간범의 범행특징과 대응방안: 일명 '발
바리'사건을 중심으로. 『한국공안행정학회보』24, 179-210; 조윤오 · 이미정
(2009). 성범죄자의 성적 일탈경험과 자기합리화에 관한 연구. 『한국공안행정
학회보』18(1), 331-362.

11

아동성범죄

왜 아동을 노리는가?

❖ ❖ ❖

아동대상 성범죄는 아동을 대상으로 성기 노출, 강제추행, 강간 등을 저지르는 행위이다. 범인이 피해아동과 아는 사이가 아닌 경우에는 대부분 성적 목적으로 범행을 저지른다. 아동성범죄자에 대한 일반적 이미지는 이른바 '추잡한 늙은이(dirty old man)'이다. 즉, 고령에 더러운 옷매무새를 하고 있는 노숙자의 이미지에 가깝다고 하겠다. 그러나 실제 범인은 그러한 이미지와는 상당히 큰 차이를 보이고 있다. 와타나베(渡邉)와 다무라(田村)의 연구[1]에 따르면, 아동 강간범, 유괴범, 성추행범 등의 70%가 30대 이하이고, 50%는 고학력자, 25% 정도는 학생으로 나타났다. 아동성범죄자가 독신인 경우는 80% 정도이며, 이들 대부분은 부모와 함께 살거나 혼자 살고 있었다. 성인을 대상으

---

1) 渡邉和美·田村雅幸(1999a). 幼少児誘拐·わいせつ犯の犯人像(上)『警察学論集』51, 142-158; 渡邉和美·田村雅幸(1999a). 幼少児誘拐·わいせつ犯の犯人像(下)『警察学論集』51, 173-196.

로 하는 성범죄자와 비교했을 때, 이들은 대개 지속적인 성적 파트너가 없는 특징을 보였다. 연구자들은 아동성범죄자의 또 다른 특징으로 저학력을 들고 있다. 고교 중퇴를 포함한 최종 학력이 중졸인 경우가 50% 정도였고, 중학교나 고등학교 재학생인 경우는 17%를 차지하고 있다.*

아동성범죄자의 유형

많은 연구자들은 아동성범죄자를 여러 가지 기준으로 분류하고 있다. 여기에서는 래닝(Lanning)[2]에 의해 제안되어, FBI 및 미국의 여러 법집행기관에서 사용되고 있는 아동성범죄자 유형에 대해서 살펴보도록 한다.

① **고착형(습관형)**: 이 유형은 본래부터 아동에 대한 성적 기호를 가지고 있어 평소에 아동 포르노를 수집하는 행동을 한다. 고착형 성범죄자에는 아동과의 의사소통이 비교적 원활하여 오랜 시간에 걸쳐 피해아동과 애정을 쌓는 과정에서 성적 접촉을 하는 유형과, 평소 아동과의 의사소통이 잘 되지 않고 어떤 장소에서 혼자 있는 모르는 아동을 대상으로 억지로 성적 접촉을 하는 유형이 있다.

---

2) Lanning, K. V. (1987). *Child molesters: A behavioral analysis. For law-enforcement officers investigating cases of child sexual exploitation*. National Center of Missing and Exploited Children.

② **상황형(퇴행형):** 이 유형의 성범죄자는 기본적으로 성인여성에 대한 성욕을 품고 있지만, 여러 가지 상황적인 요인에 의해 아동과 성적 관계를 맺는다. 즉, 어떤 스트레스 상황에서 자존심이 떨어지자 아동을 성적 대상으로 삼는 경우, 사회적으로 적응하지 못하고 성인여성과도 정상적인 관계를 맺기 어려워 자신보다 체구도 작고 어린 아동을 대상으로 성적 행위를 하는 경우, 성적 윤리관 및 도덕관이 부족하고 다양한 성행위를 시도하던 중 아동을 대상으로 성적 행위를 하는 경우 등이 있다.

대다수의 아동성범죄자는 상황형이며, 일부는 고착형이다. 고착형은 검거된 후에도 재범을 계속하는 경향이 높고 예후도 나쁘다. 이러한 유형의 성범죄자가 젊은 층인 경우, 생활고, 저학력, 정신질환, 지적장애, 각종 문제행동 등의 특징이 거의 나타나지 않아 겉으로는 사회생활에 아무런 문제가 없는 것처럼 보이기도 한다.

청소년 아동성범죄자의 특징

데이비스(Davis) 등의 연구[3]에 따르면, 청소년 성범죄자 중에 아동을 범행대상으로 삼는 경우도 많이 나타나고 있다. 더욱이 성인기에 검거된 성범죄자의 대다수는 청소년기부터 그러한 범행을 지속해 왔다고 한다. 그들이 처음 범죄를 저지른 연령은 평균 13~14세이고, 25% 정도

---

3) Davis, G. E. & Leitenberg, H. (1987). Adolescent sex offenders. *Psychological Bulletin, 101*, 417.

는 12세 이전에 이러한 성범죄를 처음 저질렀다고 보고하고 있다. 바인롯(Weinrott)[4]에 따르면, 아동대상 성범죄를 저지르는 청소년은 남녀 모두 피해자로 삼는 경우는 드물며, 남자청소년이 여자아이를 대상으로 범행을 저지르는 경우가 많고, 주로 피해자와 아는 사이거나 자신의 형제자매를 대상으로 범행을 저지르며, 모르는 아동을 대상으로 하는 경우는 6% 정도에 불과하다고 한다. 또한 범행 수법은 노골적인 신체적 공격보다는 언어적 강제인 경우가 많다고 한다. 그러나 형제자매에 대한 성적 학대를 포함하여 이러한 아동 성범죄는 좀처럼 발각되거나 신고되지 않기 때문에 전체적인 실태 파악조차 어려운 실정이다.[5]

아동성범죄자의 범행수법

오치[6]는 아동성범죄자의 범행수법을 다음과 같이 분류하고 있다. 즉, 아동을 말로 교묘하게 유혹하여 인적이 없는 장소에 데리고 가 강제추행을 하는 **유인형**, 시간을 들여서 아동과 친해진 다음 자신의 집

---

4) Weinrott, M. R. (1996). *Juvenile sexual aggression: A critical review*. Center for the Study and Prevention of Violence.

5) 노인 성범죄의 피해자도 대부분 아동이다. 야마우에(山上)와 와타나베(渡邉)에 따르면, 노인이 12세 이하의 아동을 대상으로 성범죄를 저지른 경우가 45%에 해당한다. 또한 노인 성범죄 피해대상의 약 5%가 남성이며, 이 경우 대부분의 피해자는 12세 이하의 아동이다. 노인 재범자들은 아동을 대상으로 한 성범죄 전과를 가지고 있는 경우가 많고, 소아기호적 성향이 강한 것으로 나타났다. 노인 성범죄자들의 학력은 낮고 무직이 많으며, 경제상황도 열악하였다. 성범죄 전과가 많은 노인 범죄자들은 범행이 계획적이고, 피해자와 최초 접촉한 장소에서 다른 장소로 이동하여 범행을 저질렀으며, 장기간 동안 피해아동을 감금하기도 하였다. 山上皓・渡邉和美(2007). 高齢者に見られる性犯罪『老年精神医学雑誌』16, 1274-1280.

6) 越智啓太(2013). 『ケースで学ぶ犯罪心理学』. 北大路書房; 越智啓太(2007). 子どもに対する性犯罪に関する研究の現状と展開(2)『法政大学文学部紀要』55, 87-99.

등에 데리고 가 강제추행을 하는 **친밀형**, 흉기로 협박하거나 억지로 끌고 가 강제추행을 하는 **강압형**, 아동의 집에 침입하여 강제추행을 하는 **침입형**이다. 경찰에 신고된 사건 중에는 유인형이 가장 많고, 침입형은 강간까지 저지르게 될 위험성이 큰 것으로 나타났다. 기존에 아동대상 성범죄는 주로 단독범의 소행이었지만, 최근에는 인터넷을 통해 공범자를 모집하여 범행을 저지르기도 한다.

아동대상 성범죄자는 극히 평범한 외모를 가진 경우가 많기 때문에 그러한 사람을 보고 수상한 점을 발견하기는 쉽지 않지만, 그러한 범행이 발생하기 쉬운 장소는 밝혀지고 있다. 예를 들어, '인적이 드문 장소'와 '관리가 되지 않는 장소(쓰레기가 쌓여 있거나, 창문이 깨진 채 방치된 장소 등)'는 아동성범죄가 발생하기 쉬운 중요한 상황적 요인으로 파악되고 있으며, 범죄예방 활동에도 이러한 '범죄가 발생하기 쉬운 장소'에 대한 정보가 중요시되고 있다.[7]

---

7) 현재까지 아동대상 범죄예방교육은 범죄가 일어나는 장소에 대한 특징을 아이들에게 교육시키고, 그러한 장소에 혼자 가지 않도록 하는 것이 주된 방법이었다. 그 대표적인 것으로 지역 범죄예방지도 만들기 운동 등이 있다. 그러나 이것은 '수상한 사람'에게 접근하지 말기와 같은 고전적인 방법에 의해 아이들의 차별의식을 조장할 수 있는 한편, 범죄예방 효과가 그리 크지 않다는 지적을 받고 있다.

역자주
보충학습

* 아동성범죄자를 분석한 국내 연구들로는 다음과 같은 것이 있다. 정승민 (2010). 아동 대상 성범죄자의 범죄심리학적 특성에 관한 고찰.『한국범죄심 리연구』6(3), 189-216; 이미정(2013). 친족성폭력범죄자의 심리적 특성 분석: 근친강간의 범행동기 및 성폭력행위 유형의 중복성을 중심으로.『한국범 죄심리연구』9(2), 146-167; 이수정·이선영(2013). 13세 미만 아동성폭력범 의 정서인식력과 일탈적 성적 기호.『한국심리학회지: 사회 및 성격』27(2), 51-68; 고려진·이수정(2008). 아동 대상 성범죄자, 친족 성범죄자 그리고 강 간범 간의 특성 비교: 인구통계적 변인과 범죄 관련 변인을 중심으로.『한국심 리학회지: 일반』27(1), 161-178.

12
스토킹
왜 특정인에게 집착하는가?

❖ ❖ ❖

스토킹의 기본 특징

스토킹(Stalking)은 특정인을 악의적으로 쫓아다니는 행위를 가리키는데, 이것은 교제나 만남을 목적으로 하거나 복수나 괴롭힘을 목적으로 하기도 한다. 역사적으로 볼 때, 스토킹 행위는 오랫동안 범죄로 규정되지 않았다. 지속적으로 쫓아다니는 행위 자체를 경범죄 정도로 치부했으며, 경찰도 심각한 문제로 취급하지 않았던 것이다. 하지만 그러한 행위가 피해자에게는 엄청난 정신적 피해를 준다는 사실이 규명되었고, 스토킹 행위가 살인사건으로 연결되는 사례도 속출하면서[미국의 레베카 쉐퍼(Rebecca Schaeffer) 사건[1], 리처드 팰리(Richard

---

1) 미국의 신인여배우였던 레베카 쉐퍼가 남성스토커에 의해 살해당한 사건이다. 범인은 스토킹 마니아로, 다수의 유명인들을 스토킹한 전력을 가지고 있었다. 범인은 쉐퍼에게 팬레터와 선물 등을 보내면서 팬으로서 관계를 유지하였는데, 그녀가 점차 유명세를 타자 협박과 괴롭힘을 시작하였고, 1989년 7월 그녀의 집에 찾아가 총으로 살해하

Farley) 사건[2], 일본의 오케가와(桶川) 여대생 스토킹 사건[3] 등], 1990년 무렵부터 각국에서 스토킹에 대한 법제화가 추진되었다. 일본도 2000년 '스토커 행위 등 규제에 관한 법률'(일명 스토킹 규제법)[4]을 제정하여 스토킹을 범죄행위로 규정하였다. 그 후, 경찰에 스토킹 상담 창구가 설치되어 스토커 문제에 대한 상담이 본격화되었으며, 상담 건수가 계속 증가하여 2013년에는 전국에서 2만 건 이상이 접수되었다(스토킹 행위도 숨은 범죄가 상당히 많아, 이러한 수치는 전체 발생 건수의 극히 일부로 간주되고 있다). 이렇듯 스토킹 행위가 급증하고 있는 데 비해, 경찰은 충분한 담당인력을 확보하지 못하고 있는 상황이다. 경찰이 상담한 스토킹 사건 가운데 가해자의 80~90%는 남성이고, 피해자의 80~90%는 여성이다.[5] 60~70%의 사건은 피해자와 가해자가 전·현

였다.

2) 리처드 팰리는 직장에서 알게 된 여성에게 일방적으로 호감을 보이며 따라다녔고, 피해여성은 야간에 학교나 자택 부근에서 그가 나타나기 시작하자 두려움을 느끼고 법원에 접근금지명령을 신청하였다. 이에 분개한 팰리는 1988년 2월, 다량의 무기를 소지하고 피해여성의 회사에 침입하여 총을 난사하였다. 피해여성은 총에 맞았지만, 다행히 생명에는 지장이 없었다.

3) 이 사건의 범인인 고마츠 가즈토(小松和人)는 오락실에서 만난 여대생에게 호감을 품고 비싼 선물 등을 그녀에게 계속 선사하였지만 이를 거절하자, 그녀에게 점차 스토킹과 폭력행위를 하기 시작하였다. 범인이 그러한 행동을 피해자의 가족에게까지 집요하게 계속하자, 피해자는 사이타마 현 경찰서에 신고하였지만 경찰은 거의 대응하지 않았고 고소장을 단순 피해신고로 위조하기까지 하였다. 그 후 범인은 오케가와 역에서 피해여성을 살해하고, 홋카이도에서 자살한 채 발견되었다. 이 사건에서 경찰의 대응에 대해 국가배상청구가 제기되었고, 유가족 측이 승소하였다.

4) 스토킹 규제법에서는 스토킹 행위에 대해 6개월 이하의 징역, 50만엔 이하의 벌금을 부과할 수 있고, 경찰에 의한 경고 및 공안위원회에 의한 접근금지명령 등을 내릴 수 있도록 하고 있다. 스토킹 행위에는 주거지, 직장, 학교 등에서의 잠복, 만남 강요, 감시 행위 등이 포함된다.

5) 그러나 남성이 피해자인 경우 숨은 범죄가 되기 쉽고, 실제 여성가해자도 적지 않은 것으로 나타나고 있다. 따라서 스토킹 범죄에 대해 피해자의 심리측정 및 구체적인 질문문항을 통해 남녀 간 피해율의 차이를 보다 정확하게 파악할 수 있는 조사가 실시되

애인이나 부부사이인 것으로 나타났다. 피해자 중 가장 많은 연령층은 20대이고, 가해자는 30대가 많지만 최근 60대 이상의 노인층 스토커도 큰 문제가 되고 있다.[6]*

스토커의 유형별 행동패턴

스토커는 유형에 따라 다른 특성과 행동패턴을 나타내므로, 일반적으로 '스토커'라고 통칭하는 것은 지나치게 단순화될 위험이 있다. 그동안 국내외에서 스토커의 특징에 따라 여러 가지 유형이 제시되었는데, 여기에서는 뮬렌(Mullen)의 분류 방식을 바탕으로 한, 스토커의 네 가지 유형을 살펴보도록 한다.[7]

① **복수형**: 이 유형은 경찰의 스토킹 상담사례 가운데에서 가장 많으며, 전체 상담 건수의 50% 이상을 차지하고 있다. 이러한 유형의 스토커 대부분은 남성이며, 피해자와 전 애인 또는 전 배우자 관계이다. 그들은 기본적으로 자존심이 강하고, 허세적 나르시시즘 성향이 높다. 그러나 다른 한편으로, 자기 스스로에게 자신이

어야 할 것이다.

6) 노인 스토커의 피해자는 반드시 중년이나 노인층에 한정되지 않는다. 특히 가해자가 남성노인인 경우 피해자는 10대에서 20대 여성인 경우가 많다. 구마모토 현(熊本県)의 한 80대 남성 스토커는 60살 연하의 20대 여성을 스토킹하여 여러 차례 체포되었다. 노인 스토커의 범행동기는 다양하며, 협박이나 폭력을 수반하는 '폭력적 구애형'도 존재하지만, 대부분은 '연애미숙형'에 해당하며, 상대방에게 순애보적 감정을 나타낸다. 이들은 일생의 마지막 연애라고 생각하고 시간과 정성을 모두 피해대상에게 쏟기 때문에, 체포되어 경고를 받아도 거기에 굴하지 않고 범행을 계속하는 경향이 있다.

7) 越智啓太(2014). ストーカーの動機と行動を理解する『更生保護』65, 6-11.

없고, 연인에게 지나치게 의존적인 편이다. 첫 인상은 비교적 좋은 편이지만, 정작 사귀게 되면 상대를 감시하거나 구속하는 행동을 보인다. 예를 들어, 연인의 휴대전화 착신 기록을 확인하거나 메일을 감시하고, 다른 친구들과의 교제를 금지하거나 취미활동 및 아르바이트를 못하게 하는 것이다. 이것은 연인이 자신의 곁을 떠나 다른 사람에게 가버릴까 봐 두려워한 나머지, 연인의 행동을 감시하거나 통제해야 한다고 생각하기 때문인 것으로 보인다.

대부분의 여성들은 이러한 유형의 남성과 사귀게 되면 비교적 초기 연애단계부터 정나미가 떨어져 교제를 끝내려고 하지만, 이별을 선언하는 시점에 스토킹이 시작된다. 그 동기는 '교제를 계속하고 싶다'와 '나를 거절한 것에 대한 복수'의 뒤섞인 감정이다. 후자의 감정은 이러한 유형의 스토커가 원래 자존심이 강하기 때문에 발생하는 경우가 많다. 그래서 연인에 대한 애정표현과 괴롭히는 행위가 공존하는 것이다. 예를 들면, 피해자가 가해자로부터 지속적으로 악의적인 장난전화나 괴롭힘을 받는 것에 대해 항의를 하면, "사랑해서 그런 거니까, 한 번만 더 기회를 줘. 너를 위해서라면 뭐든지 할게"라는 식의 변명으로 애원을 하고, 이로 인해 피해자는 더욱 혼란에 빠지게 된다.

복수형 스토커는 연인과의 관계 회복이 불가능하다는 것을 스스로 깨닫게 되면, 다음과 같은 행동을 취한다. 우선 첫 번째 행동패턴은 '철저한 공격'으로서, 모든 수단을 동원하여 피해자를 괴롭게 만드는 것이다. 그들은 피해자와 사귄 적이 있기 때문에 피해자의 집이나 학교, 직장 및 친구 등에 대한 정보는 물론, 피해자의 생활패턴이나 취미, 기호 등을 잘 알고 있으므로, 다양하고 효과적인 공격을 할 수 있다. 교제 중에 함께 촬영한 성관계 영상 등을 인터넷에 유포하는 경우도 있는데, 이를 **리벤지 포르노** (Revenge Pornography)^{**}라고 한다. 이들의 강한 자존심으로 인해 발생한 복수심은 최악의 경우 살인까지도 저지르게 하며, 검거되어도 사죄나 반성을 하지 않고, 책임을 피해자에게 떠넘기는 편이다.

두 번째 행동패턴은 '살해 후 자살(無理心中)'이다. 교제한 상대와의 관계를 너무나 중요하게 여긴 나머지, 상대로부터 버림받으면 자신의 인생도 끝이라고 생각하는 것이다. 그래서 상대방을 살해하고 자신은 스스로 목숨을 끊는 행동을 하게 된다.

복수형 스토킹 행위는 지금까지 경찰 및 상담기관에서 경미한 사건으로 다루어졌다. 이유는 가해자와 피해자가 연인관계였기 때문이다. 연인사이였다면 대화를 통해 둘이 어떻게든 문제를 풀어나갈 수 있을 것이고, 단순히 사랑싸움의 연장일지도 모른다고 생각하는 것이다. 그러나 실제로 살인사건까지 저지른 스토커의 대부분은 이 유형에 해당되며, 그 위험성이 가장 큰 것으로 나타나고 있다. 따라서 최근에는 경찰도 이 점을 인식하여, 복수형 스토킹사건에 대해 적극적으로 개입하고 있다.

복수형 스토커의 기본적인 문제는 그들의 미성숙한 성격에 있다. 따라서 그들의 예후는 스스로 자립한 성인으로서의 자아정체성을 형성할 수 있느냐의 여부에 달려 있다. 또한 자존심만 지나치게 내세울 것이 아니라 자신에게 알맞는 자아개념을 형성할 필요가 있다. 그러나 이것은 현실적으로 상당히 어려운 일이기 때문에, 실제 이러한 유형은 재범 가능성이 높다.

② **분노표출형**: 이 유형의 스토커는 평소 스트레스와 불만이 쉽게 쌓이는 인물로서, 항상 불평불만을 토로하는 성향이 높다. 이들은 사소한 계기(발을 밟혔다거나, 가벼운 홀대를 받았다거나, 자존심을 상하게 한 일 등)로 불만이 폭발하여, 그 상대방에게 스토킹을 시작한다. 이들은 자신의 행위를 상대방에 대한 정당한 보복이라 생각하고, 검거된 후에도 "그 사람(상대방)이 나쁘다"라고 주장한다. 그러나 이들의 행위는 상대방의 행위와는 질적으로 다르고, 훨씬 악의적이며 끈질기다. 사실상 그들은 정당한 반격을 한 것이 아니라 상대방을 괴롭힘으로써 평소 자신의 여러 가지 울분을 표출한 것이다. 이들의 대다수는 자신의 정체를 숨기고 상대를 서서히 공격하면서, 상대가 괴로워하는 모습을 보거나 상상하며 만족을 얻는다. 피해자는 자신이 왜 괴롭힘을 당하는 것인지 모르는 경우가 많다.

분노표출형 스토커는 상대방이 과민반응을 보이지 않고 가만히 있으면, 점차 스토킹 행위를 줄이거나 하지 않기도 한다. 피해자가 괴로워하거나 곤혹스러워 하는 모습을 보이지 않으면, 그들은 스트레스 발산이 안 되기 때문이다. 이 경우, 스토커는 공격대상을 다른 사람으로 옮기기도 한다. 이러한 분노표출형 스토킹의 주된 원인은 연인에 대한 집착이 아니기 때문에, 스토킹 규제법에 적용되지 못하는 경우가 많다.

③ **망상형**: 이것은 연애 망상으로 인해 스토킹을 하는 유형으로, 이러한 스토커의 대다수는 정신분열증(조현병)이나 망상을 수반한 정신질환을 가지고 있다. 연애 망상은 상대와 자신이 사귀고 있거나 서로 사랑하는 사이라고 생각하는 것인데, 이들의 대다수는 조금 아는 지인을 대상으로 그러한 망상에 빠진다. 그 결과 스토커는 상대방을 '연인사이'라는 전제하에 대하기 시작하고, 상대방은 그러한 태도에 당황하게 된다.[8]

망상은 합리적인 설득에 의해서 부정하기 어렵다. 따라서 망상형 스토커에게 "저는 당신을 좋아하지 않아요"라거나 "저는 당신과 사귈 생각이 없어요"라고 말해도 그 말을 받아들이지 않는다. 오히려 "왜 나를 좋아하면서 좋아하지 않는다고 하는 거지? 누가 우리 교제를 반대하고 있는 거야?"라는 식으로 자신의 망상에 따라 사실을 왜곡하여 상황은 점점 악화된다.

이 유형의 스토킹은 상대방에 대한 연애 감정이 범행동기가 되기 때문에 폭력이나 괴롭힘 등의 행동을 거의 하지 않을 것이라고 생각하기 쉽다. 그러나 실제로는 "우리들의 연애를 누군가 방해하고 있다" 따위의 망상이 심해져서, 피해자의 가족이나 실제 연인

---

8) 망상형 스토킹의 대표적 사례로 데이비드 레터맨(David Letterman) 스토킹 사건이 있다. 이 사건은 미국의 유명 사회자인 데이비드 레터맨이 마거릿 레이(Margaret Mary Ray)라는 여성에게 오랫동안 스토킹을 당한 사건이다. 범인은 자신이 레터맨의 아내라고 믿고 있었으며, 레터맨의 차를 마음대로 몰고 나가거나 집에 침입하기도 했다. 범인은 검거 후 자살하였다.

등을 공격하는 경우가 있기 때문에, 스토커의 유형 중에서 제3자에게 위해를 가할 가능성이 가장 높은 것으로 알려져 있다.[9]

망상형 스토커에 대한 기본적인 대처방법은 가해자의 정신질환에 대한 의학적 개입이다. 그러나 문제는 스토커 본인에게 병식이 없기 때문에 자발적으로 병원에 가는 것을 기대하기 어렵고, 강제적인 치료를 하기도 어렵다는 것이다. 게다가 망상은 있지만 그것이 병적인 수준은 아니고, 다른 정신질환 증상도 없으며, 성격상 큰 문제가 나타나지 않는 경우에는 더욱 더 대처하기가 어려워진다.

④ **구애형**: 이 유형의 스토커는 자신이 교제하고 있는 상대방의 마음을 공감하거나 이해하지 못하고, 그로 인해 상대방이 불편하게 생각해도 그것을 전혀 개의치 않고 일방적으로 이기적인 사랑을 강요한다. 즉, 직접적으로 계속 사랑고백을 하거나, 끈질기게 찾아온다든지 전화나 메일을 하는 식이다. 상대방이 분명하게 이별을 선언했음에도 그것을 이해하지 못하거나 전혀 개의치 않고 그러한 행동을 계속한다.

이 구애형 스토커는 다음과 같은 하위 유형으로 세분화시킬 수 있다.

• **폭력적 구애형**: 이 유형은 피해자에게 직접적으로 계속 구애를 했

---

9) Mullen, P. E., Pathe, M., Purcell, R., & Stuart, G. W. (1999). A study of stalkers. *American Journal of Psychiatry, 156,* 1244-1249.

는데도 상대방의 사랑을 얻지 못하면 분노하여, 협박이나 폭력, 강간 등의 행위로 피해자를 반격한다. "이만큼 내가 사랑한다고 했는데도, 왜 차갑게만 대하는 거야?"라는 식의 논리이다. 이 유형의 스토커는 전부터 폭력적이거나 문제 있는 행동을 한 경우가 많다. 본래 행동패턴이 폭력적이었기 때문에 검거 후에도 재범할 가능성이 높다. 일반적으로 스토킹뿐만 아니라 다른 종류의 폭력범죄도 많이 저지르는 편이다.[10]

- **연애 미숙형**: 이러한 스토커는 요즘 흔히 볼 수 있는 유형이다. 여성과의 교제나 결혼 경험이 없는 사람이 어느 정도 나이가 들어 처음으로 연애 상대를 만나서 성심을 다하지만, 연애에 미숙하여 상대방의 기분이나 의도를 파악하지 못하고 계속해서 불편함을 주는 행동을 하는 것이 전형적인 예이다. 이 유형은 피해자에게 협박이나 공격을 하지는 않지만, 자신이 계속 구애하는 행동을 상대방이 싫어하고 있다는 것을 자각하지 못하는 것이 문제이다. 경찰관이나 주변사람의 도움으로 상대방이 불편해하고 있고 교제할 생각이 없음을 스토커에게 자세히 설명한 후에야 문제가 해결되는 경우가 많다. 따라서 가장 예후가 좋은 유형이라고 볼 수 있다.

- **발달장애형**: 일방적인 구애 행동을 반복하는 원인의 하나로, 스토

---

10) 이러한 유형의 대표적인 사건으로, 2009년 8월 도쿄 미나토 구(西新橋)의 상점에 한 남성이 침입하여 여성 종업원과 그녀의 할머니를 살해한 사건이 있다. 남성은 여성이 일하고 있던 가게의 단골손님으로 매월 30~40만엔 어치의 물건을 사면서 그녀에게 교제를 요구했지만, 그녀가 거절하자 범행을 저질렀다. 범인은 무기징역을 선고받았다.

커가 발달장애인 경우를 들 수 있다. 구체적으로 지적장애 및 아스퍼거 증후군 등이 그것이다.[11] 이러한 장애는 상대방의 마음 상태를 공감하고 이해하거나, 상황에 적합한 행동을 하는 데 서투르거나, 행동이 고정적이고 집요한 특징을 가지고 있다. 따라서 연애(또는 우정, 사제 관계 등)에 있어서도 일방적인 행동을 취하게 된다. 이러한 유형의 스토킹 행동에 대해서는 보호자 등의 주변사람들이 가해자의 행동에 어느 정도 개입하거나, 가해자가 대인 기술이나 연애 기술 등을 습득할 수 있도록 도와주는 것이 필요하다.

스토커의 위험성 평가

최근 스토킹 사건은 매우 많이 발생하고 있으므로, 대응하는 경찰은 그 피해 상황 및 범인의 특징을 통해 사안의 위험성을 추정할 필요가 있다. 이를 위해, 각국의 경찰은 스토커의 위험성 평가 체크리스트를 개발하고 있다. 이러한 체크리스트 개발의 근거 중 하나로 하몬(Harmon) 등의 연구[12]가 있다. 그들은 175명의 스토커 행동을 분석하여 스토커가 폭력적인 행동을 하는 경우와 하지 않는 경우를 예측하는 요인을 규명하고자 하였다. 그 결과, 스토커의 폭력적 행동은 피해

---

11) 물론, 이러한 발달장애로 인해 반드시 스토킹행위를 하는 것은 아니라는 점에 유의해야 할 것이다.

12) Harmon, R. B., Rosner, R. & Owens, H. (1998). Sex and violence in a forensic population of obsessional harassers. *Psychology, Public Policy, and Law, 4*, 236-249.

자와의 이전의 관계성이 밀접한 관련이 있는 것으로 나타났다. 피해자와 친밀한 사이인 경우에는 스토커의 65%, 단순 지인인 경우에는 37%, 완전히 모르는 타인인 경우에는 27%가 폭력적인 행동을 한 것으로 나타났다. 이에 따르면, 앞서 설명한 스토커 유형 가운데 복수형 스토커가 가장 위험하다고 할 수 있다.

또한 이 연구에서 스토커의 정신의학적 특징을 당시 DSM(미국 정신장애 진단 및 통계 편람) 진단기준으로 보았을 때, 2축 장애의 성격장애와 약물중독이 동반된 스토커의 경우, 88%가 폭력행위를 한 것으로 나타났다. 이에 비해, 1축 장애 스토커의 경우에는 33%만 폭력행동을 보인 것으로 나타났다.[13] 이러한 결과로 볼 때, 정신질환 자체보다도 성격의 편향성과 약물남용이 폭력성에 관한 가장 큰 예측요인임을 알 수 있다. 또한 협박행위 후에 스토킹 행동이 나타날 위험성이 높은 것(60%)으로 나타났다. 이는 스토커가 피해자에게 협박을 했을 경우 그것이 스토킹 행동으로 실행될 가능성을 시사하는 것이다. 로젠펠드(Rosenfeld) 역시 이와 유사한 연구[14]를 통해, 스토커의 연령과 교육 수준이 낮은 경우, 범행동기가 보복인 경우, 폭력범죄 전과가 있는 경우 등을 스토커의 위험성을 예측하는 요인으로 제시하였다. 반면, 스토커의 성별 및 폭력범죄 이외의 전과는 위험성을 예측하지 못했다.

---

13) 최신판 DSM-5에서는 다축진단체계를 폐지하고, 중증도를 백분율로 나타내는 다원적 진단체계가 도입되었다.
14) Rosenfeld, B. (2004). Violence risk factors in stalking and obsessional harassment A review and preliminary meta-analysis. *Criminal Justice and Behavior, 31*, 9-36.

* 국내에는 다음과 같은 스토킹 실증연구들이 있으니 참고해 보기 바란다. 김은 경(2003). 스토킹 피해실태와 그 쟁점들. 『형사정책연구』 14(3), 91-140; 박미 랑(2010). 대학생들의 스토킹 피해에 있어 성별과 위험한 생활 행태의 영향력 연구. 『한국경찰연구』 9(1), 27-54; 조무용 · 김정인(2016). 대학생들의 스토 킹에 대한 태도와 두려움 지각 간의 관계. 『청소년학연구』 23(3), 341-364; 이 동길(2015). 「스토킹 통념이 스토킹에 대한 인식에 미치는 영향: 대학생들을 중심으로」. 경기대학교 대학원 석사학위논문.

** 최근 국내에서도 결별을 선언하면 남성이 여성을 쫓아다니다가 살해하거나, 함께 찍었던 성관계 영상을 인터넷에 유포하여 피해여성이 정신적 고통으로 자살하는 사건들이 잇따라 발생하여, '리벤지 포르노'를 비롯한 스토킹 범죄 가 큰 사회적 문제가 되고 있다. 특히 우리나라는 디지털 기술의 급속한 발달 과 90%를 넘는 스마트폰 보급률로 인해, 리벤지 포르노와 같은 디지털 성폭 력 피해가 갈수록 늘고 있는 반면, 관련 법제도의 미비로 적극적 대처가 어려 운 실정이다. 즉, 아직까지 현행법상 스토커를 처벌할 수 있는 근거가 '경범 죄 처벌법'의 지속적 괴롭힘 행위에 불과하기 때문에, 가해자 처벌을 강화하 고 피해자를 보호하는 법이 새로 제정되어야 한다는 주장이 제기되어 왔다. 이에, 2016년 6월, 국회에 '스토킹 범죄의 처벌 특례법 개정안'이 발의돼 법제 사법위원회 전체회의에 상정된 상태이며, 여성가족부는 여성 대상 폭력에 대 응하기 위해 젠더폭력방지기본법(가칭) 제정 등 여러 방안을 강구하고 있다 (http://www.hankookilbo.com/v/ddb1b04326164d11a61884a541a802c9; http://www.huffingtonpost.kr/2017/07/21/story_n_17546840.html?utm_ hp_ref=korea).

13

가정폭력 및 데이트 폭력
왜 폭력에서 벗어날 수 없는가?

❖ ❖ ❖

가정폭력은 주로 동거하고 있는 배우자 및 연인 사이에서 발생하는 신체적·성적 폭력 등을 말한다. 최근에는 동거하고 있지 않은 연인이나 데이트 상대에게 가하는 폭력적 행동도 일종의 가정폭력으로 인식되고 있는데, 이를 **데이트 폭력**(Dating violence)이라고 부른다.[1]

기존에 가정폭력은 남성이 여성에게 가하는 폭력행위로만 규정되었지만, 최근에는 여성이 남성에게 가하는 폭력행위도 무시할 수 없을 만큼 많이 발생하고 있다는 점이 밝혀지고 있다. 이로 인해 기존에 사용되었던 '매맞는 아내(Battered woman) 증후군'이라는 용어가 최근에는 거의 사용되지 않고, 배우자 학대(Spouse abuse)라는 용어로 불리고 있다.[2]

---

1) 越智啓太·長沼里美·甲斐恵利奈(2014). デートバイオレンス·ハラスメント測定尺度 の作成 『法政大学文学部紀要』69, 63-74; 越智啓太ら(2015). 改訂版デートバイオレンス·ハラスメント尺度の作成と分析(1) 『法政大学文学部紀要』71, 135-147.
2) Carlson, B. E. (1987). Dating violence: A research review and comparison with

가정폭력의 대표적 형태는 때리기, 발로 차기, 머리채 잡아당기기, 깨물기, 뜨거운 물 붓기, 신체결박하기 등의 신체적 폭력이다. 그러나 이러한 것 외에도 성교 강요, 피임 거부, 낙태 강요 등의 성적 폭력과 협박, 공갈, 무시, 사람들 앞에서의 모욕, 감시, 외출 방해, 머리 모양이나 복장의 강요, 눈 앞에서 애완동물이나 자녀 학대 등의 심리적 폭력, 생활비를 주지 않거나 자기 마음대로 쓰기, 가족 몰래 채무 끌어다 쓰기 등의 경제적 폭력 등도 있어서, 광범위한 의미에서는 강제적 지배행위라고 규정할 수 있다.

가정폭력의 발생률은 동거 관계에서의 가정폭력만 인정되는 점, 그 정의가 명확하지 않은 점, 경찰에 신고되지 않은 사건이 많은 점 등으로 인해 전체적으로 파악하기 어려운 상황이다. 그러나 일반 대중을 대상으로 한 피해자 조사에서는 남녀 각각 50% 정도가 어떠한 형태로든 가정폭력을 경험한 적이 있다고 보고한 바 있다.

가정폭력범의 유형

더튼(Dutton) 등[3]은 가정폭력의 가해자 유형을 세 가지로 분류하고 있다. 이것은 가해자의 특징을 '통제력 과잉-통제력 결핍' 축과 '충동성-도구성' 축에 적용한 것이다([그림 8] 참고).

---

spouse abuse. *Social Casework, 68*, 16-23.
3) Dutton, D. & Golant, S. (2008). *The batterer: A psychological profile*. Basic Books.
　[D・G・ダットン, S・ゴラント／中村正(訳)(2001). 『なぜ夫は, 愛する妻を殴るのか？: バタラーの心理学』. 作品社].

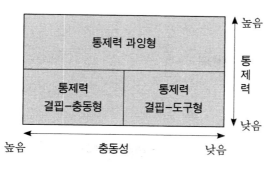

[그림 8] 가정폭력 가해자의 세 가지 유형

① **통제력 과잉형**: 이 유형의 가해자는 자신은 화를 잘 내지 않는다
고 생각하며, 어떤 가해자의 경우에는 자신은 화를 내본 적이 없
다고 진술하기도 한다. 정서적 문제는 크게 없어 보이며, 갈등을
회피하려 하고, 사회적 기대가 높다. 그러나 이것은 자신의 감정
을 과도하게 통제한 결과이며, 실제로는 만성적 분노를 느끼고
있는 경우가 많다. 그들은 음주 등으로 통제력이 저하되면 폭력
성을 드러내는데, 그 대상은 주로 아내나 가족으로 제한된다.

② **통제력 결핍-충동형**: 이 유형의 가해자는 처음부터 화를 통제하지
못한다. 따라서 이들은 화가 나면 충동적으로 행동하고, 그것이
폭력으로 연결된다. 경계성 성격장애를 의심해 볼 수 있으며, 버
림받는 것에 대한 불안이 크고, 외로움을 두려워한다.

③ **통제력 결핍-도구형**: 이 유형의 가해자는 공감능력이 부족하고,
상대방을 통제하기 위한 수단으로 폭력을 행사한다. 반사회성 성

격장애 및 사이코패스 성향이 의심되며, 가정 내에서나 밖에서도 폭력적이고, 자동차 절도 및 강도, 폭력 등의 전과를 가지고 있기도 하다. 폭력 방법은 잔인하고 무자비하다.

일본의 가정폭력범 유형

더튼의 유형은 주로 가해자의 신체적 폭력을 염두해 두고, 분류한 것이다. 이에 대해, 최근에는 가해자를 분류하는 데 있어서 상대방의 행동 감시 및 지배 등과 같은 괴롭힘(Harrassment) 행동도 가정폭력으로 간주되고 있다. 이러한 관점을 포함하여 가정폭력 가해자를 크게 두 가지 유형으로 분류할 수 있다.[4] 첫 번째는 신체적 · 언어적 폭력 등의 직접적 폭력이 중심이 되는 유형이고, 두 번째는 상대방에 대한 감시 및 지배, 심리적 학대 등 대체적으로 간접적 폭력이 중심이 되는 유형이다. 이것은 다시 전자는 남성우위 사고형과 보상적 폭력형으로, 후자는 감시지배형과 정신질환형으로 분류된다.

① **남성우위 사고형**: 이 유형의 가해자는 남성이 여성보다 우수하고 월등한 지위를 가지고 있으므로, 여성은 남성에게 순종해야 한다는 남성우위적 신념에 근거하여 신체적 · 언어적 폭력을 행사한다. 이들의 상당수는 체육계열이나 육체노동 직종에 종사하고 있는 것으로 나타났으며, 남성 친목단체 활동을 통해 여성멸시적 태도가 형성되기도 한다. 전형적인 가정폭력 가해자에 이 유형이

---

4) 越智啓太(2013). 『ケースで学ぶ犯罪心理学』. 北大路書房.

가장 많았지만, 현재는 여성의 사회진출 및 지위향상의 영향으로
감소하고 있는 것으로 보인다.

② **보상적 폭력형**: 이 유형은 겉으로는 사회 적응력이 좋고, 사교성도
좋은 것으로 보이지만, 쌓인 불만이나 스트레스를 애인이나 배우
자(또는 자녀, 부모 등의 가족, 동성 친구 등)에게 터뜨리는 패턴을 보
인다. 폭력의 대상으로 가해자와 가까우면서 가장 취약한 지인이
선택되고, 신체적 폭력과 언어적 폭력을 동시에 행사하곤 한다.
가해자는 언뜻 보기에 온순하고, 대인관계가 원만한 것처럼 보이
는 등 겉모습은 양호해 보이기 때문에 가정폭력이 발각되기 어렵
고, 발각이 된 후에도 주변에서는 "어떻게 그 사람이 그런 짓을?"
같은 반응을 보인다. 가해자는 연애 초기에는 폭력을 행사하지
않고, 어느 정도 관계가 형성된 후에 차츰 폭력을 행사한다. 이 유
형은 더튼이 제시한 통제력 과잉형에 해당된다고 하겠다.

③ **감시지배형**: 이 유형의 가해자는 최근 증가하고 있는 가정폭력 형
태로서, 피해자의 행동을 감시하고 지배하려는 행동을 한다. 예
를 들어, 피해자의 휴대전화 통화기록이나 메일을 확인하거나,
피해자의 행동을 감시하고 머리 모양이나 복장, 친구관계, 직장
등에 대해 통제하기도 한다. 이러한 유형은 자존심 및 나르시시
즘 성향이 높은 반면, 자기 스스로에 대한 자신감이 없어서 상대
방의 외도나 배신을 의심하고 불안해하다가 그러한 행동을 하게
되며, 피해자가 자신의 명령에 반발하면 신체적·언어적 폭력 등

의 직접적 폭력을 행사한다.

④ **정신질환형**: 이 유형의 가해자는 사람들과 대등한 관계를 형성하는 데 미숙한 사람이며, 정신질환적 특징이 가장 두드러지게 나타난다. 이들 가운데 친화력이 있는 경우는 경계성 성격장애 등을 가지고 있을 가능성이 높다. 또한 이 유형에는 여성가해자도 많은데, 교제 상대에게 지나치게 의존적이다가 갑자기 냉담한 태도를 보이는 등 극단적으로 동요하는 특징이 있다. 따라서 교제 상대는 가해자에게 휘둘리거나, 감시 또는 지배당하게 된다. 예를 들어, 가해자가 자해를 하거나, 평소 자살을 암시하여 피해자를 갑자기 불러내거나, 헤어지면 자살하겠다고 협박하는 등의 방법으로 피해자를 심리적으로 지배하는 것이다.

왜 가해자와 결별하지 못하는가?

가정폭력 사건이 발생하면, 대부분의 사람들은 "그런데도 왜 헤어지지 않을까?"라고 의아해한다. 특히 데이트 폭력의 경우는 가해자와 피해자가 결혼한 것도 아니고 단지 사귄 것에 불과하므로, 언제든 헤어지면 되지 않겠느냐고 생각한다. 그러나 실제로는 대부분의 피해자가 그 관계에서 벗어나기 어려운데, 이는 **폭력의 사이클**(cycle of abuse)이라는 현상으로 설명할 수 있다.[5] 즉, 가해자가 **축적기**(긴장이 높아지는 단계) → **폭발기**(폭력 및 학대가 발생하는 단계) → **허니문기**(가해자가

---

5) Walker, L. E. (2009). *The battered woman syndrome*, 3rd ed. Springer.

사죄하고, 관계를 회복하려는 단계로서, 피해자에게 다시는 폭력을 행사하지 않겠다고 맹세하거나, 선물을 안겨주거나, 감언이설로 부드럽게 대함)라는 세 가지 단계의 행동을 반복하는 것이다. 여기에서 특히 허니문기는 피해자를 폭력의 사이클에서 벗어날 수 없도록 한다. 이 단계에서 피해자는 "이 사람은 사실 좋은 사람이야"라거나 "내가 이 사람을 버티게 해 주고 있는 거야"라는 식으로 자신이 당한 폭력을 합리화하거나 자기세뇌를 하게 된다.[6]*

---

6) 과거 미국 경찰은 가정폭력사건에 적극적으로 개입하지 않았다. '법은 가정에 개입하지 않는다'는 원칙이 있었던 것이다. 그러나 심각한 가정폭력에 따른 피해가 속출하자, '미니애폴리스 가정폭력 실험 프로젝트'라는 대규모 사회실험을 실시하여, 가해자 체포 등의 단호한 대응이 재범방지에 가장 효과적이라는 점을 발견하고, 최근에는 적극적인 개입을 하고 있다.

역자주
보충학습

* 국내 가정폭력 및 데이트 폭력의 심리적 메커니즘을 분석한 연구들로는 다음
과 같은 것이 있다. 조윤오(2010). 가정폭력 피해여성의 폭력수용성에 관한
연구.『피해자학연구』18(2), 159-182; 이화영(2014).「데이트 폭력을 경험한
여성의 관계 중단 과정에 대한 연구」. 성공회대학교 대학원 석사학위논문; 박
경은 · 유영권(2017). 데이트폭력 피해여성의 심리내면에 관한 질적연구.『한
국심리학회지: 상담 및 심리치료』29(3), 711-742; 최윤경 · 송원영(2014). 여
대생의 가정폭력경험이 데이트폭력 피해에 미치는 영향: 명시적 · 암묵적 성
고정관념의 매개효과 검증.『한국심리학회지: 여성』19(4), 433-446; 이은
혜 · 이초롱 · 현명호(2009). 데이트 폭력 관계를 유지시키는 요인으로서 용
서: 투자모델에 더하여.『한국심리학회지: 일반』28(2), 385-403; 서경현 ·
김유정 · 정구철 · 양승애 · 김보연(2010). 데이트 폭력에 대한 가부장/비대
칭 패러다임과 성-포괄적 모델의 타당성 제고.『한국심리학회지: 건강』15(4),
781-799; 홍영오(2017). 성인의 데이트폭력 가해요인.『형사정책연구』28(2),
321-353.

14
강도
어떤 범행패턴을 나타내는가?

❖ ❖ ❖

강도는 폭행이나 협박을 사용하여 타인의 재물을 강탈하는 범죄인데, 그 형태는 다양하다. 예를 들어, 타인의 주거지에 침입하여 집주인을 폭행하고 재물을 빼앗는 행위, 지나가는 사람이나 여행자들을 공격하여 금품을 빼앗는 행위, 편의점 및 우체국 등의 직원에게 흉기를 들이대고 매출금을 강탈하는 행위, 여러 명이 집단으로 은행이나 현금수송차량을 습격하여 현금을 탈취하는 행위 등이 있다.

강도의 행동패턴

앨리슨(Alison) 등[1]은 이러한 강도행위의 패턴을 분석하였는데, 영

---

1) Alison, L., Rockett, W., Deprez, S. & Watts, S. (2000). Bandits, Cowboys and Robin's man: The facets of armed robbery. In Canter, D. & Alison, L. (Eds.), *Profiling property crimes*. Ashgate. pp. 75-106.

국에서 발생한 무장강도사건의 범인 144명의 범행패턴을 34개의 변인으로 집계하여 다차원척도법에 의해 공간 맵핑을 실시하였다. 이것은 전체적으로 2개의 축을 중심으로 해석할 수 있는데, 하나는 **계획성 유-무 축**이고, 다른 하나는 **충동성 유-무 축**이다. 이렇게 맵핑된 결과를 통해 연구자들은 강도의 행동패턴을 세 가지로 분류하였다.

① **전문가형**(Robin's men): 주로 '계획성 유-충동성 무'의 범행패턴을 보인다. 범인은 범행현장을 미리 답사하거나, 전화선이나 경보장치를 절단해 놓는 등의 준비를 하고 범행을 개시한다. 피해자를 협박하지만, 가능한 한 상해를 입히지 않는 경향이 있으며, 효율적으로 금품을 탈취하는 유형이다.

② **무법자형**(Bandits): 주로 '계획성 유-충동성 유'의 범행패턴이 나타난다. 금융기관 등을 타깃으로 하여, 계획성이 있고 어느 정도 범행준비를 갖추지만, 실제 범행 당시에는 침착하지 못하고 필요 이상의 폭력을 행사하거나 쉽게 동요하는 유형이다.

③ **풋내기형**(Cowboys): 주로 '계획성 무-충동성 유'의 범행패턴을 보인다. 이 유형은 마구잡이로 계획성 없이, 손쉽게 금품을 강탈할 수 있는 시설이나 상점 등에 변장도 하지 않고 들이닥치는 식으로 범행을 저지른다. 결국 돈을 빼앗는 데 실패하거나, 도주에 실패하는 경우가 많다.

고무라(高村) 등[2]은 일본의 침입강도사건 263건을 분석하여 범인의 행동패턴을 유형화하였는데, 이 역시 앨리슨의 연구결과와 유사하다. 즉, 주로 부잣집을 타깃으로 주도면밀하게 범행을 계획하고 준비한 후 범행을 저지르는 전문가형, 금융기관을 타깃으로 계획성은 높지만 범행현장에서 통제력을 상실하는 경우가 많은 무법자형, 계획성도 없고 변장도 하지 않은 채 무작정 편의점 등에 침입하는 풋내기형으로 분류되었다.*

강도의 실상

영화나 TV에서는 전문가형 강도가 많이 묘사되고 있지만, 실제로 그러한 유형의 강도는 거의 없고, 대부분이 풋내기형이다. 이것은 그들이 사용하는 흉기에서도 분명히 나타난다. 일본에서 강도가 범행 시 가장 많이 사용하는 흉기는 칼이며, 금융기관을 대상으로 한 강도 사건에서는 약 70%가 칼을 사용한 것으로 나타나고 있다. 그런데 이 가운데 범인이 범행을 위해 흉기를 미리 구입하거나 치밀하게 준비한 경우는 거의 없고, 대부분은 집에서 식칼이나 커터칼 등을 들고나오는 정도이다. 또한 적당한 흉기를 입수하지 못한 경우에는 삽, 손도끼, 톱, 각목, 야구방망이, 휘발유 등 우선 눈에 띄는 흉기가 될 만한 것들을 가지고 침입하거나, 처음부터 흉기를 소지하지 않고 범행을 저지르는 경우도 있다.

---

2) 高村茂・横井幸久・山本修一(2002). 強盗事件データの分析(5)『犯罪心理学研究』 40, 136-137.

실제 강도를 많이 당하는 곳은 방범시설이 취약하여 금품 강탈이 용이해 보이는 소매점이나 편의점 등이다. 금융기관 중에서도 상당한 현금을 보유하고 있는 대형 은행보다는 작은 길가에 있는 소규모 우체국이 훨씬 더 표적이 되기 쉽다. 또한 금융기관에 강도가 침입한 경우에도 창구 직원을 협박하여 현금을 탈취하는 경우보다 ATM이나 야간금고를 이용하는 고객으로부터 현금을 빼앗는 경우가 더 많다.[3]

연속형 강도

일반적으로 강도사건은 연속적으로 발생하기 어렵지만, 예외적으로 동일범이 범행 당일에 2개 이상의 편의점에서 강도를 저지르는 경우도 꽤 발생하고 있다. 이것을 **연속형(Spree) 강도**라고 한다. 하나야마(花山)[4]는 이러한 강도 유형의 범행패턴으로부터 범인의 거주지를 추정하는 연구를 실시하였다. 첫 번째 범행장소와 두 번째 범행장소를 직선으로 연결하고, 각 지점과 교차하는 직선을 긋는다. 이 두 지점 사이의 영역을 B라고 하고, 첫 번째 범행장소의 바깥쪽 영역을 A, 두 번째 범행장소의 바깥쪽 영역을 C라고 했을 때, 첫 번째와 두 번째 범행장소 사이의 거리와 범인의 거주지 간에는 밀접한 관련성이 있는 것으로 나타났다([그림 9] 참고). 즉, 두 범행장소의 거리가 1~2km 이내인 경우에는 범인이 C영역에 거주할 가능성이 낮고, 2~5km 이내

---

3) 越智啓太(2010). 銀行・郵便局強盗の犯行パターン『法政大学文学部紀要』61, 175-181.
4) 花山愛子(2010). 同一日に連続犯行する店舗強盗事件被疑者の居住地推定『犯罪心理学研究』48, 40-41.

인 경우에는 범인이 A영역에 거주할 가능성이 낮다는 것이다. 이것은 연속형 강도가 체포될 위험성을 감안하여, 가급적 자신의 집과 멀리 떨어진 곳을 두 번째 범행장소로 선택하지만, 첫 번째 범행장소에서 멀리 떨어진 곳을 두 번째 범행장소로 선택할 경우에는 그만큼 체포될 가능성이 적다고 생각하여 자신의 집과 비교적 가까운 곳에서 범행을 저지르는 것으로 분석할 수 있다.

[그림 9] 연속형 강도의 거주지 추정

* 국내 강도관련 실증연구들로는 다음과 같은 것이 있다. 박지선 · 최낙범 (2013). 범죄 행동을 통한 대인 강도 범죄자의 유형별 분류에 관한 연구.『한국공안행정학회보』19(4), 207-235; 이민식 · 박미랑(2011). 강도범죄의 양형에 관한 경험적 연구: 제1기 양형기준 적용현황 분석.『한국공안행정학회보』20(3), 139-170; 김지영 · 이나림 · 박지선(2017). 여성을 대상으로 한 강도 범죄 피해: 남성 피해자와의 비교를 중심으로.『한국심리학회지: 여성』22(2), 247-261; 이유나 · 정대관(2014). 주거침입 피해에 영향을 미치는 요인.『한국경호경비학회지』38, 137-161.

찾아보기

〈인명〉

Langleben, D. D. 114
Lanning, K. V. 244
Letterman, D. 255
Loftus, E. F. 118, 119, 125
Lombroso, C. 97, 98
Lundrigan, S. 85
Lykken, D. T. 104

Marek, M. 191
Marin, B. V. 129
Matthews, R. 237
McVeigh, T. 219
Meaney, R. 78, 81
Meirhofer, D. 36
Mitchell, H. 165
Mulcahy, D. 54
Mullany, P. 35
Mullin, H. 37, 173

Neshige, R. 112

Obermann, C. E. 110

Pardo, M. 176
Pavlov, I. 182

Raskin, D. C. 102
Ray, M. M. 255
Reid, J. 100, 143, 144
Ressler, R. 36, 37, 42, 162, 184, 185

Riva, J. 173
Rosenfeld, J. P. 112, 259
Rossmo, D. K. 24, 85, 87

Salfati, C. G. 62, 71
Santtila, P. 73
Schaeffer, R. 249
Sherman, L. 191
Sirhan, S. B. 37, 39
Spence, S. A. 114
Stevenson, S. 47
Stout, P. 48

Teten, H. 35
Tian, F. 116
Tooley, P. 47

Vorpagel, R. 30
Vrij, A. 90

Wachi, T. 60
Warren, J. 77, 238
Webster, W. 37
Weinrott, M. R. 246
Whitman, C. 205

Yorker, B. C. 196

Zaitsu, W. 190

〈내용〉

〈 저자 소개 〉

오치 케이타(越智啓太)
가쿠슈인(学習院) 대학 심리학 박사
경찰 과학수사연구소 연구원
현 호세이(法政) 대학 심리학과 교수

주요 저서
『범죄심리학 사전』(공저, 2016)
『조작된 기억』(2014)
『사례로 배우는 범죄심리학』(2013)

〈 역자 소개 〉

이미정(LEE MIJUNG)
동국대학교 경찰행정학 석·박사
중앙경찰학교 외래교수
일본재단(JF) 국제교류기금 학술전문가 연수과정 수료
현 한림대학교 의과대학부설 자살과 학생정신건강연구소 연구교수
　한국범죄심리학회 위원

주요 역서
『피해자학』(공역, 2011)

범죄수사 심리학

犯罪捜査の心理学

2017년 9월 25일 1판 1쇄 발행
2024년 3월 25일 1판 4쇄 발행

지은이 • 오치 케이타
옮긴이 • 이 미 정
펴낸이 • 김 진 환
펴낸곳 • (주)**학지사**

04031 서울특별시 마포구 양화로 15길 20 마인드월드빌딩 5층

대표전화 • 02) 330-5114   팩스 • 02) 324-2345

등록번호 • 제313-2006-000265호

홈페이지 • http://www.hakjisa.co.kr
인스타그램 • https://www.instagram.com/hakjisabook

ISBN 978-89-997-1348-4 93180

정가 **15,000원**

출판미디어기업 **학지사**

간호보건의학출판 **학지사메디컬** www.hakjisamd.co.kr
심리검사연구소 **인싸이트** www.inpsyt.co.kr
학술논문서비스 **뉴논문** www.newnonmun.com
원격교육연수원 **카운피아** www.counpia.com
대학교재전자책플랫폼 **캠퍼스북** www.campusbook.co.kr